種(たね)から育てる

花つくり
ハンドブック

渡辺とも子 著

農文協

目次

まえがき ……………………………………………… 1

Prologue 私の花暮らし …………… 5

春を告げるプリムラに誘われて ……………… 5
こぼれ種の芽生えに励まされ ………………… 6
自称「ナーサリー」の密かな喜び …………… 6
冬の室内は育苗温室 …………………………… 7
困った「フラワーコレクター」 ……………… 7
育てた花を生ける楽しみ ……………………… 8

PART 1 四季の種まき花図鑑 …… 9

■早春 …………… 10

アゲラタム ……………………… 11
アサリナ ………………………… 11
アジュガ ………………………… 12
アスクレピアス ………………… 12
アスター ………………………… 13
アルテミシア …………………… 13
イソトマ ………………………… 14
インパチェンス ………………… 14
エリゲロン ……………………… 15
ガイラルディア ………………… 15
クリスマスローズ ……………… 16
クレマチス ……………………… 16
ケマンソウ ……………………… 17
サルピグロッシス ……………… 17
ジニア …………………………… 18
シュウメイギク ………………… 18
ソバナ …………………………… 19
ナスタチウム …………………… 19
ニーレンベルギア ……………… 20
ニコチアナ ……………………… 20
ノラナ …………………………… 21
ハルシャギク …………………… 21
バーベナ ………………………… 22
ハツユキカズラ ………………… 22
フロックス・ディバリカタ …… 23
ペチュニア ……………………… 23
マリーゴールド ………………… 24
ラナンキュラス・ゴールドコイン … 24

■春 …………… 25

アキレア ………………………… 26
アクレギア ……………………… 26
アンゲロニア …………………… 27
エノテラ ………………………… 27
オキシペタルム・ケウレウム … 28
ガウラ …………………………… 28
カラミンサ ……………………… 29
キク ……………………………… 29
カンパニュラ …………………… 30
ギボウシ ………………………… 31
キャットミント ………………… 31
キンミズヒキ …………………… 32
クレオメ ………………………… 32
コリウス ………………………… 33
コレオプシス（宿根草） ……… 33
サルビア ………………………… 34
ジギタリス ……………………… 35
宿根ネメシア …………………… 36
宿根フロックス ………………… 36
センニチコウ …………………… 37
ダイコンソウ …………………… 37
トレニア ………………………… 38
ニチニチソウ …………………… 38

バーベイン……………… 39	セントランサス……………… 59
ハツユキソウ…………… 39	チェイランサス……………… 60
ヒマワリ………………… 40	バーバスカム・フェニセウム… 60
フクシア………………… 40	ハナシノブ…………………… 61
フランネルソウ………… 41	パンジー、ビオラ…………… 61
プレクトランサス……… 41	ビジョナデシコ……………… 62
プリムラ………………… 42	ビスカリア…………………… 62
フレンチハニーサックル… 43	ヘアーベル…………………… 63
ベロニカ………………… 43	ヘスペリス・マトロナリス… 63
ペンステモン…………… 44	ペレニアル・フラックス…… 64
ポテンティラ…………… 44	ホワイトレースフラワー…… 64
ムラサキセンダイハギ… 45	マルバ………………………… 65
モナルダ………………… 45	ムラサキハナナ……………… 65
ユウガオ………………… 46	リシマキア…………………… 66
ユーパトリウム………… 46	リナリア……………………… 66
ラミウム………………… 47	ルッコラ……………………… 67
ルナリア………………… 47	ルピナス……………………… 67
ルリマツリ……………… 48	

春植え球根

アシダンセラ・ビコロール… 48	■**秋**……………………… 68
グロリオサ……………… 49	アークトティス……………… 69
ダリア…………………… 49	アグロステンマ……………… 69

■**夏から初秋**……… 50

	アストランティア…………… 70
アドニス………………… 51	イベリス……………………… 70
アレナリアモンタナ…… 51	カスミソウ…………………… 71
アンドロサセ・スターダスト… 52	カリフォルニアポピー……… 71
エロディウム…………… 52	ギリア………………………… 72
オーブリエチア………… 53	クリサンセマム……………… 72
カウスリップ…………… 53	クリムソンクローバー……… 73
カタナンケ……………… 54	クレピス……………………… 73
カレンジュラ…………… 54	サポナリア・バッカリア…… 74
カンパニュラ・パーシシフォリア	シノグロッサム……………… 74
……………………………… 55	シャーレポピー……………… 75
キンギョソウ…………… 55	スイートピー………………… 75
サポナリア・オキモイデス… 56	セリンセ……………………… 76
シレネ・ペンジュラ…… 56	チドリソウ…………………… 76
スイートアリッサム…… 57	デルフィニウム……………… 77
スカビオサ……………… 57	ニゲラ………………………… 77
ストック………………… 58	ネモフィラ…………………… 78
セキチク………………… 58	ファセリア・カンパニュラリア
セラスチューム………… 59	……………………………… 78
	ブラキカム…………………… 79
	プルモナリア………………… 79

花名から調べたいときは巻末の**花名索引**をご参照ください。

アプローチの一角に
立てた小さな看板

こぼれ種の芽ばえに励まされ

　5月、にぎやかに咲き競っているパンジーやデージーなど春の花の葉陰で、前年にこぼれたヒマワリの種が芽を出していました。野鳥のご馳走にならずに残った幸運な種は、冬の間、凍った土の中でじっと春を待っていたのでしょう。時を知って小石を持ち上げ、落ち葉を突き破って発芽するその力強さに、毎年のことながら驚かされます。いったいあのわずか6〜7ミリの小さな種の中に、どんな力が潜んでいるのでしょう。

　そんな感動を、自分で種をまいた小さな鉢でも味わえるのです。これは一度始めたらやめられません。

　毎年同じようにまいていても、その年の天候や用土、水やりなどによって発芽や育ち方が違ってきます。一喜一憂しながら気が付くと、30数年が過ぎていました。

　種をまいて育てる仕事は、その生命の営みにほんの少し手を貸しているような気がします。

↑6月中旬、涼しげに揺れるフロックス・ディバリカタとケマンソウ。奥は出番を待つ苗置場

自称「ナーサリー」の密かな喜び

　種から育てる楽しさは格別です。ことに発芽の難しい野草の類が芽を出し、花を咲かせたときは、思わず顔がほころびます。私はその魅力にとりつかれ、熱病に冒されたごとく一年中、種をまいています。年間にまく種は100種類以上、150品種くらいになります。

　ある年、ロベリアの育ちが良く、600株も苗ができてしまい途方に暮れていたところ、知り合いの花屋さんが引き取ってくれました。それをきっかけに苗をお分けするようになりました。私の手塩にかけた苗たちが、どこかの庭で花開くことを思うと、苗作りの楽しみも倍増します。

↑玄関のドアに吊るしたプレート

冬の室内は育苗温室

春花壇の花の多くは秋まきの草花です。私の花作りは、秋まきの草花の種をまく初秋からスタートします。秋まき一年草の多くは、「寒地では春まき」と書かれていますが、春にまくと開花が遅れるばかりか、貧弱な株のまま咲いてしまいます。そこで私は、秋まきの草花はできるだけ秋にまくことにしました。

耐寒性がわからないものは失敗を覚悟で、何度くらいの寒さに耐えられるのか実際に試しました。私はその結果から冬越しの場所を、露地植え、ビニールがけトロ箱、無暖房の室内、暖房した部屋などに分けて、室内に取り込む草花の数を極力少なくしています。また、水やりを制限し乾かし気味にすると耐寒性が高まることがわかりました。

12月になると、私の部屋には所狭しと苗が並びます。寒さに弱い宿根草は9月に挿し芽し、小苗で冬越しさせています。これも、狭い部屋を有効に使いたいという悩みから生まれました。そして3月に冬越しさせた苗をもとに、もう一度挿し芽をして増やしています。

困った「フラワーコレクター」

私の庭を見たら、誰もがあまりの密植状態にあきれかえることでしょう。何しろ狭い庭に花木が20本、バラが60本、草花に至っては常時100種を優に超えるのですから。多分私は「ガーデナー」というよりは「フラワーコレクター」なのでしょう。

春はなんとかまとまって見えますが、梅雨が近くなると何もかもがぐんぐんと伸び出し、早くもジャングル状態。夏本番ともなれば、暑さと蚊の大群に恐れをなして水やりの時以外は庭に出ないので、そこここに蜘蛛の巣が張りめぐり、何やら恐ろしい様相を呈してきます。その上、常時2000鉢ものポット苗が並び、狭い通路はますます狭くなり、さながら平均台の上を歩いているようです。

時折、反省はするのですが、一度花作りにハマッてしまうとなかなか抜け出せそうにありません。19世紀のプランツハンターよろしく、あちこちに出かけては目新しい草花を探し、種苗会社のカタログを物色する日々です。

↑室内の窓辺で冬越しする花苗たち

↑耐寒性が「中」の草花は、ビニールがけトロ箱で冬越し

↑東側の育苗場。奥の倉庫の屋根も育苗場。スチールパイプの栽培棚の中下段に暑さに弱いものを置く

↑苗やいろいろな草花が溢れる通路

↑5月上旬、チューリップが満開の春花壇

↑6月、クライマックスを迎えた私の秘密の花園

←5月下旬、庭に咲いた花を生けたフラワーアレンジメント

↑ナスタチウム、ロベリア、ラミウム、ツルキキョウ、ブロンズフェンネルの寄せ植え鉢

育てた花を生ける楽しみ

　私は花壇の花を、季節ごとに切って生けています。庭で見るのとは違った雰囲気になり、小さな野草やドクダミ、ヘクソカズラなどの見向きもされない雑草も、身近に置くとまた違った姿を見ることができます。

　生けた花は写真に撮るようにしています。あとになってその年に育てた花の種類や、その季節に同時に咲く花の種類がわかり、花の組み合わせや配色の参考になるからです。栽培日誌もよいですが、写真に撮っておけば一目瞭然です。

凡例

Ⓐ 特性

花色：
- 🔴 赤　濃紅色　緋紅色
- 🟠 オレンジ　サーモン
- 🌸 ピンク　ローズ
- 🟠 アプリコット
- 🟡 黄色
- 🟡 薄黄
- 🔵 青
- 🔵 空色　水色　淡青
- ⚪ 白
- 🟤 茶　褐色
- ⚫ 黒
- ⚪ グレー
- 🟢 シルバーグリーン
- 🟡 クリーム
- 🟢 緑
- 🟢 白覆輪　斑入り
- 🟣 紫
- 🟣 赤紫
- 🟣 青紫　藤紫　藤青色　紫青色
- 🟣 淡紫

用途： 壇…花壇　コ…コンテナ　切…切り花
ハ…ハンギングバスケット　ド…ドライフラワー
グ…グランドカバー　ロ…ロックガーデン
ハーブ…ハーブ　フェ…フェンス　水…水栽培

土：
- 乾……水はけが良く乾き気味土壌
- 普……水はけが良い標準的な土壌
- 湿……水はけが良く湿り気味土壌

耐寒性：
- 強……－10℃でも耐える（露地植えで冬越し）
- 中……－5℃まで耐える（ビニールがけトロ箱フレームで冬越し）
- 弱……0℃前後までしか耐えられず霜に当たると枯死（無暖房の室内で冬越し）
- なし…＋3℃以上必要（半耐寒性、暖房した室内で冬越し）

耐暑性：
- 強……暑さや乾燥に強い（夏の暑さ対策が必要ない）
- 中……暑さにやや弱い（家の東側に植えるなど西日を避け、切りもどして夏越し）
- 弱……暑さや多湿に弱く、夏越しが困難（コンテナや鉢植えは、夏は朝日が当たる程度の日陰に置き、乾かし気味に管理して夏越し。露地植えは夏に日陰になるような場所に植えるか、挿し芽して小苗で夏越し）

Ⓑ 栽培暦

- ⋮⋮⋮ 種まき　▼ 植え付け　🌸 開花　🌺 暖房室内で開花
- ✕ 挿し芽　◆ 株分け　● 球根の掘り上げ　▽ 発芽
- ── 屋外（露地）で生育　‖‖‖ 屋外で夜間のみ保温
- •••• 屋外でビニールがけトロ箱などで保温
- ── 無暖房の室内で保温　── 暖房した室内で保温
- ‖‖‖ 冷蔵庫に入れ低温処理　⋯⋯ 球根の土中休眠

※本文中に出てくる基本用土1〜3の作り方は110ページ参照

四季の種まき花図鑑

花の育て方を
種まき（ないしは入手苗の植え付け）の
時期別に掲載しました。

PART 1

早春

2月下旬～3月下旬

2月下旬
寒さに強い子から屋外へ

　室内に入れたスイセンが咲きだし、庭のスノードロップは雪の中でけなげに咲いています。窓から差し込む光の帯が日に日に狭くなって、いよいよ春が近いことを感じます。2月下旬の平均最低気温は−1.5～−1.0℃。時折、春を思わせるぽかぽか陽気の日もありますが、まだまだ−3～−4℃まで下がることもあり、浮かれ気分をたしなめます。冬まきの苗や急に伸び出した秋まき草花の鉢替えで、室内の一畳半ほどのスペースはすでに一杯。寒さに強い草花から順に、暖かい日が続くような時を見計らって軒下に移動します。

3月上旬
春の早まき苗の鉢上げが佳境に

　3月に入るとようやく梅の花が咲き、庭は西洋節分草やクロッカスの黄色い花で少しずつ明るさを取り戻します。最低気温は1日に0.1℃のペースで着実に上がり、3月10日を過ぎたころ氷点下を脱出。この頃になると、春まき一年草の早まき苗の鉢上げが佳境になります。スペースがないので半耐寒性の草花も外に出します。まだ寒い時期なので昼はよく日に当て、夜はトロ箱を重ねて冷気が入らないようにします。トロ箱は保温性が良いので−2～3℃になっても箱の中の鉢土は凍りません。また、重ねられない植物は毎晩、室内に入れます。この作業は4月になるまで続きますが、いよいよ春になると思うと少しも苦にならないから不思議です。

3月中下旬
心ウキウキ、庭仕事のスタート

　気の早い私は、いよいよ庭仕事をスタートします。この頃に降る重い雪は、草木灰をまいて一刻も早く溶かし、手始めに厳しい冬の間、花壇で冬を越してくれた植物に芽だし肥を与えます。秋にできなかった宿根草を株分けし、屋外でポットで冬越しさせた草花も徐々に植え付けます。霜柱で根が浮き上がることがあるので、苗キャップや腐葉土で保護しておきます。冬の間お休みしていたパンジーが咲きだしたら、一年で一番忙しく、心浮き浮きする春の到来です。

早春の作業暦

2月下旬～3月上旬

主な管理作業
- 春まき一年草の早まき
- ポット苗の植え替え（室内）
- 室内から外へ（セリンセ、ヘリオフィラなど）

種まきする草花	植え付けする草花	採種する草花	挿し芽する草花
アスクレピアス	ビジョナデシコ		ビジョナデシコ
サルピグロッシス	ヘリオフィラ		アルテミシア
ナスタチウム	セリンセ		
アスター	アレナリアモンタナ		
イソトマ	シレネ		
ノラナ	カタナンケ		
ハルシャギク	アドニス		

3月中旬

主な管理作業
- 春まき一年草の早まき
- 半耐寒性草花を外へ（ロベリア他）
- 挿し芽（室内）
- 芽だし肥

種まきする草花	植え付けする草花	採種する草花	挿し芽する草花
アサリナ	ビジョナデシコ		サルビア類
インパチェンス	ヘリオフィラ		インパチェンス
ガイラルディア	セリンセ		アゲラタム
アゲラタム	アレナリアモンタナ		バーベナ
ジニア	シレネ		アークトティス
ニコチアナ	カタナンケ		ペチュニア
ニーレンベルギア	アドニス		フクシア
バーベナ			ナスタチウム
			ニコチアナ
			イソトマ
			ニーレンベルギア
			ブラキカム
			キンギョソウ
			アルテミシア
			シロタエギク
			アナガリス

3月下旬

主な管理作業
- 春花壇の植え付け
- 春用コンテナの寄せ植え
- 宿根草の株分け

種まきする草花	植え付けする草花	採種する草花	株分けする草花
ペチュニア	スィートアリッサム		宿根フロックス
マリーゴールド	ギリア		リクニス
	ネモフィラ		エノテラアフリカンサン
	ストック		モナルダ
	カレンジュラ		ソバナ
	アンドロサセスターダスト		ラミウム
	チェイランサス		ユーパトリウム
	バーバスカム		マルバモスカータ
	ヘスペリス		アジュガ
	クレピス		カラミンサ
	ペレニアルフラックス		サクラソウ
	オーブリエチア		コレオプシス
	スカビオサ		
	セラスチューム		
	リナリア		

― 屋外露地　|||| 屋外夜間保温　●●●●● 屋外保温　…… 地中休眠　── 室内常温　── 低温処理　── 室内暖房

キク科　春まき一年草（宿根草）　別名★カッコウアザミ

アゲラタム

- 春先に覆土せずにまくか挿し芽で増やす
- チッソ過多を避け、肥料は控え目に

原産地：熱帯アメリカ
花期：5〜10月　草丈：20〜70cm
花色：● ● ○ ●
用途：壇 コ 切　　日照：☀
土：普（風通しの良い場所）
耐寒性：弱　　耐暑性：中
発芽温度：18〜22℃
発芽日数：5〜7日
覆土：なし　　肥料：少なめ
播種用土：赤玉土4・バーミキュライト4・パーライト2（早まきはバーミキュライト単用）

寒さに弱く冬越ししにくいので、一般には一年草として扱っています。よく枝分かれしてアザミに似た花をこんもりと咲かせます。花持ちが良いので高性種は切り花に利用でき、矮性種は花壇の縁取りや寄せ植えに向きます。夏の間一時休みますが涼しくなると元気を取りもどし、霜の降りるころまで咲き続けます。

育苗法

春に苗を求め、株元の節から発根している枝を切り取ってポットに植えると、簡単に開花株ができます。私は矮性種をこの方法で増やしています。戸外での種まきは4月中旬からになりますが、私は、6月中下旬の夏花壇への植え替えまでに咲かせたいので、高性種は3月上旬に暖房した室内で少量まきます。バーミキュライトにまき、好光性種子のため覆土はしません。本葉3〜4枚のころ、基本用土2にパーライトを1割加えた用土でポットに移植します。4月に徐々に外に出して寒さに慣らし、根が回ったらひとまわり大きなポットに植え替えます。4〜5月に摘芯を兼ねて挿し穂を採り、挿し芽でも増やせます。

定植と管理

元肥に緩効性肥料（マグアンプK）を1株当たりティースプーン1杯与え、株間20cmで定植します。チッソ分が多いと葉ばかり茂り、花つきが悪くなるので、追肥はほとんどしません。矮性種は夏に整枝をかねて10〜15cmに切り戻すと、涼しくなってから再び咲きだします。9月に挿し芽をして、室内で乾き気味に冬越しさせ、春にその苗を親株にして挿し芽して増やすこともできます。

早春　2月下旬〜3月下旬

ゴマノハグサ科　春まき一年草　別名★ツルキンギョソウ

アサリナ

- 早春に早まきして花数を増やす
- チッソ過多を避ける

原産地：北アメリカ　メキシコ
花期：6〜11月　草丈：200cm
花色：● ○ ●
用途：壇 コ フェ　　日照：☀
土：普
耐寒性：弱　　耐暑性：強
発芽温度：15〜21℃
発芽日数：10〜15日
覆土：2mm　　肥料：少なめ
播種用土：赤玉土5・バーミキュライト3・パーライト2

花径2cmの花が初夏から秋遅くまで咲き続けます。葉柄がからみついて伸びるので、フェンスに絡ませたり、支柱をして育てます。関東以西では宿根しますが、寒さに弱く寒冷地では冬越ししにくいので、一年草として扱います。

育苗法

戸外での種まきは4〜5月ですが、私は開花までにツルを十分に伸ばして花数を多くしたいので、3月上旬に暖かい室内でまき、保温して育てています。本葉2〜3枚のころ、基本用土1にパーライトを1割加えた用土で7.5cmポットに2本ずつ移植します。4月からは屋外に出し夜間は保温して、乾き気味に育てます。挿し芽でも増やせるので、春に購入した苗から挿し穂を採って挿し芽で増やすと簡単です。

定植と管理

5〜6月、ポットに根がまわってから、日当たり、水はけ、風通しのよい所に、2本植えのまま株間20〜30cmで植え付けます。肥料は月1回化成肥料を控え目に。特にチッソ分が多いと、葉ばかり茂って花付きが悪くなるので注意します。

伸び始めたら支柱を立てたり、トレリスやフェンスに這わせます。暑さには強いですがムレに弱いので、混み合ってきたら枝をすかし、風通しを良くします。夏を越すと霜が降りるころまで咲き続けます。寒さや過湿に弱く、暖地でも温室などで保温しないと冬越しは難しいようです（最低温度5℃以上なら越冬）。採種した種でもよく発芽します。

::: タネまき　▼植付け　×挿し芽　◆株分け　○掘り上げ　▽発芽　○開花期　●暖房した室内で開花

早春

アジュガ

シソ科　宿根草　別名★西洋キランソウ

- 寒冷地は早春、暖地は秋に植え付け
- 株分けやランナーの挿し芽で増やす

ジュウニヒトエの仲間で、春に花茎が伸び穂状の清楚な花を咲かせます。葉色には暗銅紫から斑入りまであり、葉色を生かして寄せ植えに利用することもできます。ランナーを旺盛に伸ばして広がり、節から発根して増えるので、グランドカバーによく利用されます。

定植と管理

種から育てることもできますが、一般に最初は苗を購入して植えます。暖地では霜が降りるまでに十分根づかせたいので、9月中旬～10上旬に、寒冷地では3月中旬～4月中旬に株間20～30cmで植え付けます。1㎡当たり堆肥をバケツ1杯（5ℓ）混ぜ、水はけが悪いと根腐れになりやすいので、砂を混ぜておくと安心です。水はけのよい日向から半日陰を好みますが、暑さにはやや弱く、夏に半日陰になるようなところが適しています。私は敷石のまわりなどにグランドカバーとして植えています。肥料は春と秋に化成肥料を少量追肥するくらいで十分です。

ランナーが四方に伸び、節ごとに発根して子株となりよく増えます。3月（暖地では9～10月にもできる）に、混みあった部分の子株を株分けして増やしたり、5～6月にランナーを切って挿し芽をして増やします。

	原産地：アメリカ中南部
花期：5～6月	草丈：20cm
花色：● ○ ●	
用途：壇 コ グ	日照：○ ◐
土：普～湿	
耐寒性：強	耐暑性：中
発芽温度：15～20℃	
発芽日数：14～30日	
覆土：2mm	肥料：少なめ
播種用土：赤玉土4・バーミキュライト4・パーライト2	

	2	3	4	5	6	7	8	9	10	11	12	1月
苗から		▼		×○○×								
種まきから			▓▓▓▓		▼	○○						

アスクレピアス

ガガイモ科　春まき一年草（宿根草）　別名★トウワタ、宿根パンヤ

- 暖地は秋まきもできるが寒冷地は春まき
- 種類によって耐寒性が違うので注意

アスクレピアスには春まき一年草のトウワタと宿根草のチューベローサ（ヤナギトウワタ）、インカルナータがあります。チューベローサは柳に似た葉にオレンジ色の花を咲かせ、インカルナータは桃紫または白の花を10cm前後の傘状に咲かせます。

育苗法

寒さに強いインカルナータは秋まきもできますが、幼苗の耐寒性が不安なので私は春まきしています。発芽温度が高いため、種まきは一般に4月中旬以降ですが、開花が8月になってしまうので、私は2月中旬～3月上旬に室内でまいています。種が隠れる程度に覆土して、昼は室内の日当たりに、夜間は室内の中央の高いところに置いて発芽させます。本葉2～3枚のころ、赤玉土5・鹿沼土1・腐葉土4の用土で7.5cmポットに1本ずつ鉢上げし、大粒化成を4粒施します。3月下旬に日中だけ外に出して寒さに慣らし、根がまわったら9cmポットに植え替えます。

定植と管理

5月上旬、腐葉土などの有機質と化成肥料をよく混ぜ、株間25～30cmに植え付けます。暑さに強く、6月末から9月末まで咲き続けます。暖地ではチューベローサも戸外で冬越ししますが、寒冷地では掘り上げて茎葉を切り詰め室内に取り込むか、毎年種から育てます。インカルナータは寒さに強く、こちらでも霜除けなしで冬越しします。綿毛に覆われた種は、じきにはじけてしまうので早めに採種し、紙袋に入れて乾燥させます。株分けは4月に行ないます。

	原産地：北アメリカ
花期：6～9月	草丈：50～100cm
花色：● ● ● ○	
用途：壇 コ 切	日照：○
土：普（腐植質の肥沃土壌）	
耐寒性：中・強	耐暑性：強
発芽温度：20～25℃	
発芽日数：7～10日	
覆土：1～2mm	肥料：標準
播種用土：赤玉土4・鹿沼土2・バーミキュライト2・パーライト2	

	2	3	4	5	6	7	8	9	10	11	12	1月
暖地（春まき）		▓▓▓		▼		○○○○	○○○					
インカルナータ（早まき）	▓	●●●●	▼			○○○	○○○		◆	●●●●	●●●●	●●●●
チューベローサ			▓▓▓	▼		○○○	○○○					

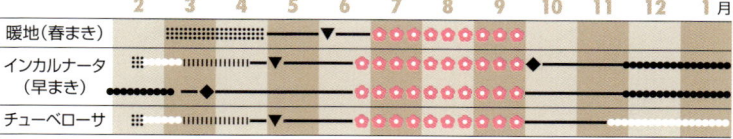

──屋外露地　▓▓屋外夜間保温　●●●屋外保温　‥‥地中休眠　──室内常温　▓▓低温処理　──室内暖房

キク科　春まき（秋まき）一年草　　別名★エゾギク、サツマギク

アスター

●暖地は秋まき寒冷地は春まきがおすすめ
●連作は避け、早めに移植、定植

お盆の切り花に使われ、仏様の花のイメージがありますが、一重咲きの極小輪種やアネモネ咲きの矮性種は花壇や、コンテナに利用しやすく、また切り花にして洋風のアレンジにも向きます。

育苗法
秋まきの苗は暖地では霜除け程度で冬越ししますが、寒冷地では保温が必要なので春まきが一般的です。春まきは4月から6月上旬ころまででき、早くまくほど早く開花します。しかし、高温多湿に弱いので、暖地では6月にまき9月から開花させたほうがよいようです。私はアネモネ咲き矮性種は2月下旬～3月上旬に室内でまき、6～7月に咲かせています。発芽後よく日に当て、週1回液肥を与えます。大苗の移植を嫌うので本葉2～3枚のころ、赤玉土4・鹿沼土2・腐葉土3・クンタン1の用土で、9cmポットに1本ずつ移植し、大粒化成を月1回4回施します。お盆用の切り花に使う高性種は移植をすると草丈が伸びないので、4月下旬～5月上旬に直まきします。15～20cm間隔に3～5粒ずつまき、発芽後間引いて育てます。

定植と管理
特に連作を嫌うので、5～6年間くらいアスターを植えたことのないところに、1㎡当たり堆肥（2～3kg）または腐葉土（5～7ℓ）と苦土石灰（100g）、化成肥料（100g）を混ぜておきます。根が回ったら早めに、株間15～20cmで定植します。アブラムシはウイルス病を媒介するので、オルトラン粒剤などを定植時にまいて予防します。

原産地：中国北部　朝鮮半島
花期：5～6月、7～8月
草丈：30～100cm
花色：● ● ● ●
用途：壇 コ 切　　日照：○
土：普（弱酸～中性を好む）
耐寒性：弱　　耐暑性：中～弱
発芽温度：15～20℃
発芽日数：3～5日
覆土：5mm　　肥料：標準～少なめ
播種用土：赤玉土4・バーミキュライト4・パーライト1・クンタン1

早春　2月下旬～3月下旬

キク科　常緑宿根草

アルテミシア

●苗を入手し挿し芽や株分けで増やす
●過湿を嫌うので水はけの良いところに

①ステレリアナ　②ルドウィキアーナ

常緑の葉を観賞するアルテミシアには多くの種類があり、アサギリソウもこの仲間です。乾いた草原など日当たりのよい所に自生しています。ボイスキャッスルは羽根状に細かく切れ込みのある葉が美しく、芽摘みをすれば草丈をおさえることができるので、寄せ植えの脇役として利用します。シルバーキング（ルドウィキアーナ）は直立性で草丈が120cmにもなるので、ボーダーの奥に向きます。ステレリアナは草丈5～15cmで横にはって広がる性質があり、コンテナの縁やハンギングバスケットに向きます。

定植と管理
春または秋に苗を入手して植え付けます。耐寒性が強く、寒冷地でも秋植えで冬越しします。日当たりがよく、水はけのよい所が適地です。過湿になると根腐れしやすいので水やりに注意し、乾き気味に管理します（特にステレリアナ）。ボイスキャッスルは伸びてきたら早めにピンチして形を整え、シルバーキング（ルドウィキアーナ）は倒れないように支柱をします。

5月に灰色がかった花が咲きますが、株に負担がかからないよう早めに摘みます。常緑ですが、古い葉は葉色が悪くなるので、春に切り戻して新しい葉を出させます。ルドウィキアーナは丈夫で、地下茎であちらこちらに広がるので、時々掘り上げて整理します。増やすには、3月（室内）、5～6月、9月に伸びたわき芽を挿し芽したり、3月、10月の株分けで増やします。株が古くなると根腐れしやすいので3～4年ごとに更新します。

原産地：北アメリカ
観賞期：周年　　草丈：10～120cm
葉色：○　　用途：壇 コ ハ
日照：○　　土：乾
耐寒性：強　　耐暑性：中
発芽温度：15～20℃
発芽日数：5～6日
覆土：5mm　　肥料：少なめ
播種用土：赤玉土4・バーミキュライト4・パーライト2

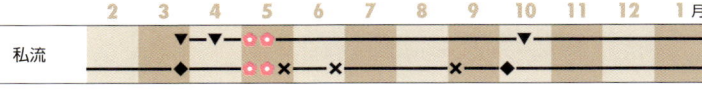

- 肥料は控え、乾き気味に管理
- 寒さに弱いので室内で冬越し

原産地	オーストラリア
花期：5～9月	草丈：20～30cm
花色：● ● ○	
用途：コ ハ	日照：☼
土：乾	
耐寒性：弱	耐暑性：強
発芽温度：15～20℃	
発芽日数：12～15日	
覆土：2mm	肥料：少なめ
播種用土：赤玉土4・バーミキュライト3・パーライト3	

早春

イソトマ ■ インパチェンス ■ エリゲロン ■ ガイラルディア

キキョウ科　秋・早春まき一年草（宿根草）　別名★ローレンティア

イソトマ

よく枝分かれして、星型の花が初夏から秋まで次々と咲きます。本来は宿根草ですが寒さに弱く、2年目からは花つきが悪くなるので、一年草として扱うことが多いのですが、保温して冬越しさせれば宿根します。切り口から出る白い液体は有毒なので要注意です。

育苗法

種まきは9～10月が一般的ですが、2月中旬～3月中旬ころまでにまけば6月から開花します。春遅くまくと、開花は翌年になります。私は2月下旬に室内でまいて、6月下旬から咲かせています。種が隠れる程度に薄く覆土し、発芽後、10日に1回液肥を与えます。本葉2～3枚で赤玉土4・腐葉土2・ピートモス2・クンタン2の用土でポットに移植します。また、4月に出回る苗を購入し、挿し芽で増やすのもよいでしょう。

定植と管理

4月に入ったら日中は屋外に出して外気にならし、5月中旬に株間25～30cmで植え付けます。秋まきポット苗も保温して冬越しさせ、5月に入ってから定植します。過湿に弱く根腐れしやすいので、コンテナや吊り鉢植えがおすすめです。チッソ過多になると花つきが悪くなります。肥料は元肥に緩効性肥料を与えるていどにします。水も表面の土がよく乾いてから与え、梅雨と秋の長雨に当てないようにします。こんもりと茂るので、切り戻しは必要ありません。種は黄変したら採ります。9月に挿し芽したポット苗を、初霜前に無暖房の室内に取り込み、乾き気味にして冬越しさせます。

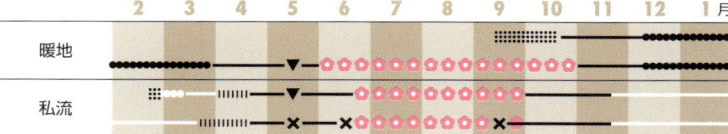

- 寒さに弱いので暖房した室内で冬越し
- 水切れに注意し夏の西日は避ける

原産地	熱帯アフリカ　ニューギニア
花期：5～10月	草丈：30～40cm
花色：● ● ● ● ○	
用途：壇 コ ハ	日照：☼ ◐
土：湿	
耐寒性：弱（5℃以上）	耐暑性：強
発芽温度：20～25℃	
発芽日数：7～14日	
覆土：なし	肥料：標準
播種用土：赤玉土4・バーミキュライト3・パーライト3	

ツリフネソウ科　春まき一年草（宿根草）　別名★アフリカホウセンカ

インパチェンス

本来は宿根草ですが熱帯が原産なので寒さに弱く、日本では一年草として扱っています。ただし、冬期に暖房した室内に取り込めば冬越しします。半日陰のほうがよく育ち、シェードガーデンを華やかに彩ります。高温多湿に強く春から夏、さらに霜が降るまで咲き続けます。

育苗法

挿し芽が容易なので、春に購入した苗から挿し穂を採り、挿し芽をして増やすのがもっとも簡単です。発芽温度が高いので種まきは4～5月ですが、私は3月上旬に室内の暖かいところでまき、5月中下旬から咲かせています。種が極小粒で好光性なので、覆土はしないか、細かくしたバーミキュライトをうっすらとかけるていどにします。10日くらいで発芽するので、その間は底面給水しておきます。本葉2～3枚のころ、基本用土2にパーライトを1割加えた用土で、7.5cmポットに移植し、大粒化成を3～4粒与えます。

定植後の管理

遅霜の心配がなくなってから、根を傷めないようにていねいに、株間25～30cmに植え付けます。日なたから半日陰まで育ちますが、夏に西日の当たらない所を選びます。開花期が長いので、月に1回大粒化成を1株に5～6粒置肥します。姿が乱れてきたら、半分くらいに切り戻します。

一重咲き種は採種もできますが、交雑しやすいので毎年新しい種をまきます。八重咲き種は夏から秋に挿し芽苗を作り、暖房した室内で冬越しさせて、3月にその苗を親株にして挿し芽で増やします。

- 寒さには強いが高温多湿に弱い
- カルビンスキャヌスは丈夫で花期が長い

原産地：北アメリカ　中央アメリカ	
花期：5〜10月	草丈：20〜100cm
花色：● ● ○	
用途：壇 コ ロ グ 切	日照：☼ ◐
土：普（弱アルカリ性を好む）	
耐寒性：強	耐暑性：中〜弱
発芽温度：15〜20℃	
発芽日数：7〜14日	
覆土：2mm	肥料：標準
播種用土：赤玉4・バーミキュライト4・パーライト2	

キク科　宿根草
別名★洋種アズマギク、源平菊

エリゲロン

懐かしさを感じるハルジョオンに似た花。高性種（洋種アズマギク）と、草丈20cm程度で花色が白からピンクに変化するエリゲロン・カルビンスキャヌス（源平菊）があります。高性種は高温多湿に弱く宿根しにくいですが、カルビンスキャヌスは多花性で、暑さにも比較的強く、春にまくとその年の夏に咲きます。丈夫で、コンテナやグランドカバーに向きます。

育苗法

秋まきも春まきもできますが、高性種は春まきすると大株になり翌年に開花します。私は、高性種は4月下旬、カルビンスキャヌスは3月上旬か9月中旬にまいています。本葉2〜3枚のころ、基本用土1にパーライトを1割くらい加えた用土で7.5cmポットに鉢上げします。大粒化成を4粒施して、高性種は高温多湿に弱いので、夏は雨の当らない半日陰で乾き気味にして育てます。

定植と管理

春まきしたカルビンスキャヌスは4月下旬に株間20cmで植え付けます。乾燥に強く、6月下旬から霜が降るまで咲き続け、冬至芽で越冬します。生育が旺盛で根詰まりしやすいので、年に一度、3月か10月に株分けして植え替えます。挿し芽でも増やせますが、こぼれ種を育てたほうが簡単です。

高性種は10月中旬に株間30cmで植え付けます。過湿に弱いので、水はけのよい所に高植えにします。寒さには強いので霜除けはしません。高温多湿に弱く、宿根しにくいので、花首の色が変わったら採種し、毎年種から育てています。

早春　2月下旬〜3月下旬

	2	3	4	5	6	7	8	9	10	11	12	1月
カルビンスキャヌス（春まき）		▒▒▒	▼	✕	✕	○○○	○○○	○○○	○○○			
高性種			▒▒▒▒			✕	○○○	○○○	○○○	▼		

- 一年草と宿根草とがあるので注意
- 過湿、チッソ過多は避ける

原産地：北アメリカ	
花期：7〜10月	草丈：30〜50cm
花色：● ●	
用途：壇 コ 切	日照：☼
土：乾（砂質土壌を好む）	
耐寒性：強（一年草は弱）	耐暑性：強
発芽温度：15〜20℃	
発芽日数：7〜10日	
覆土：3mm	肥料：標準〜少なめ
播種用土：赤玉土7・ピートモス3	

キク科　春まき一年草・宿根草
別名★オオテンニンギク、テンニンギク

ガイラルディア

一年草のテンニンギクと宿根草のオオテンニンギクがあります。一年草は花径5cmの赤と黄の二色花が代表的ですが、赤花のヤグルマテンニンギクやガイラルディア・サンクレストなどもあります。宿根草のオオテンニンギクは花径8cmで二色花、または赤や黄の単色花です。いずれも夏の暑さに強く、花期も長いので夏花壇におすすめです。

育苗法

一年草は秋まきもできますが耐寒性が弱いので、寒地では春まき（4〜5月）します。私は3月上旬に室内でまき、6月下旬から咲かせています。本葉2〜3枚のころ、基本用土1にパーライトを1割混ぜた用土でポットに上げ、寒さに慣らしてから5月上中旬に植え付けます。また6〜7月初旬にまくと、秋口から霜の降るまで咲き続けます。丈夫なので直まきもできます。宿根草は春まきしても開花は翌年からになります。私は晩夏から初秋（8月下旬）にまき、10月に植え付けて冬越しさせ（または9cmポットに植え替え、軒下で冬越し）、翌年の5月下旬から咲かせています。

定植後の管理

あらかじめ腐葉土（5ℓ/㎡）、マグアンプK（ティースプーン1杯/株）をよく混ぜておき、株間20cmで定植します。過湿に弱いので、水はけが悪い場合は砂を混ぜたり土を盛って植え付けます。花期が長いので月に1回、大粒化成（4〜5粒/株）を施し、花ガラはまめに摘み取り、8月下旬〜9月下旬に充実した種を採種します。宿根草は挿し芽や株分けでも増やせます。

	2	3	4	5	6	7	8	9	10	11	12	1月
宿根草			◆			○○○	○○○	○○○	✕			
一年草		▒▒▒	▒▒▒	▼		○○○	○○○	○○○				
一年草　遅まき					▒▒▒	▼	○○○	○○○				

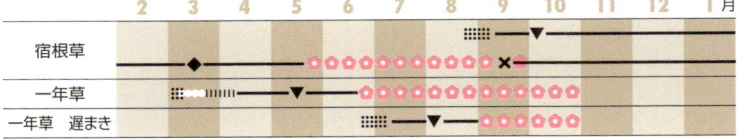

① ヘレボラス・オリエンタス
② ヘレボラス・リビダス　③ コルシカ

- 夏は日陰で乾き気味に育てる
- 株分け・植え替えはなるべくしない

原産地	地中海沿岸　中部ヨーロッパ
花期：12～5月	草丈：20～60cm
花色：赤　桃　紫　白　緑	
用途：壇　コ　切　日照：☀ ⛅（夏は日陰）	
土：乾	
耐寒性：中～強　耐暑性：弱	
発芽温度：22～24℃	
発芽日数：120～300日	
覆土：10mm　肥料：少なめ	
播種用土：赤玉土単用	

クリスマスローズ

キンポウゲ科　宿根草　　別名★ヘレボラス、レンテンローズ

冬から早春の庭を彩る数少ない花のひとつです。草丈の低いニゲルは12月から、高性のオリエンタリスは2～3月に開花します。八重咲き、アネモネ咲きなど花形も花色もさまざまで人気があります。育てやすく、一度植えれば毎年咲いてくれます。

定植と管理

苗は秋と早春に出回ります。開花見込み株は花芽が付かないことがあるので私は開花株を購入します。暖地ではすぐに植えられますが、寒冷地では無暖房の室内で鑑賞し、3～4月に植えつけます。高温多湿が苦手なので、水はけがよく、夏に日陰になり、秋から春は日の当たる落葉樹の下などを選びます。石灰、腐葉土、緩効性化成肥料を混ぜて、数年は植え放しにしますが、葉が広がるので株間50cmで植え付けます。やや寒さに弱いコルクシスとリビダスは北風の当たらない所に植え付け、簡単な霜除けをして冬越しさせます。

鉢植えは赤玉土5・軽石砂2・腐葉土3・クンタン0.5の用土に植え、秋から春は日が当たり、夏は風通しのよい明るい日陰で乾き気味に育てます。株分けや植え替えをすると株が弱り花つきが悪くなります。根が鉢全体に張ったら、10月上下旬に大きい鉢に植え替えます。チッソが多いと根腐れしやすいので、リン酸とカリが主体の肥料を花後と秋に与える程度にします。種はそのままにしておくとこぼれてしまうので紙袋やお茶パックで花ごと包んで鞘がはじけるまで待ちます。採りまきすると翌春発芽します。開花までは3～4年かかります。

	2	3	4	5	6	7	8	9	10	11	12	1月
ニゲル開花株		▼ ✿✿✿							◆			
オリエンタリス開花株		▼ ✿✿✿	✿✿✿						◆			

① マークハミー
② ビチセラ・ベティコーニング

- 必ず1～2節を土中に埋めて植え付け
- 花のつき方のタイプを知って剪定・整枝

原産地：温帯地方	
花期：4～10月	草丈：60～200cm
花色：紫　赤　桃　黄　白　緑	
用途：壇　コ　切　フェ　日照：☀ ⛅	
土：普（弱アルカリ土壌を好む）	
耐寒性：強　耐暑性：中～弱	
発芽温度：15～24℃	
発芽日数：21～28日	
覆土：5mm　肥料：標準～少なめ	
播種用土：赤玉土4・バーミキュライト4・パーライト2	

クレマチス

キンポウゲ科　ツル性多年草　　別名★テッセン、カザグルマ

自生種やその交配種が多く、つるの有無や、開花時期など、さまざまです。それぞれの性質に応じて育てます。

定植

春か秋に苗を植え付けます。日当たりを好みますが、午前中4～5時間、日の当たる所がよく、夏の西日は避けます。直根性で移植を嫌い、根を深く伸ばすため40～50cm掘り、掘り上げた土に牛糞または堆肥と苦土石灰を混ぜて、1～2節埋まる程度に深植えします。時々急に葉がしおれて地上部が枯れてしまうことがあります。そんな時、深植えしておけば地中の芽が伸びて再生します。鉢植えは8号鉢以上のものを使い、中粒赤玉土3、ピートモス4、バーミキュライト1、クンタン1、パーライト1に苦土石灰を少量混ぜた、保水性、通気性のよい用土に植え付けます。

定植後の管理

庭植えには3月に有機配合肥料を与え、真夏を除いて4月から10月まで月に一回化成肥料を与えます。鉢植えは元肥に緩効性化成肥料を施し、春から秋は月に2回液肥を与えます。1～2年おきに早春に新しい用土で根を傷めないように植え替えます。

剪定は、「新梢咲き」は毎年早春に株元から20cmで切りもどし、「旧枝咲き」は花後に伸びるツルを育てます。5～6月か9月に新芽をパーライトに挿し芽して増やします（9月に挿した苗は霜除けして冬越し）。

	2	3	4	5	6	7	8	9	10	11	12	1月
暖地	▼▼	—	—	✿✿✿	×	✿✿✿	×	✿✿✿	▼▼▼			
私流		▼	—	✿✿✿		✿✿✿	×	✿✿✿				

ケシ科　宿根草　　　　　　　　　　　　別名★タイツリソウ

ケマンソウ

弓状の茎にハート形の愛らしい花が垂れ下がって咲く、昔から庭でおなじみの花です。高山に咲くコマクサはこの花の仲間です。

育苗法

種まきから開花まで2～3年かかるので、苗を購入したほうが便利です。すぐに根や芽が伸びるので、2月中下旬にあまり新芽が伸びていない苗を植え付けます。この時期、温室で咲かせた開花株は、露地に植えて急に外気に当てると枯れやすいので避けます。

種から育てる場合は、10～11月にまいて寒さに当てて発芽させますが、発芽は遅いものは半年後になります。早く発芽させるには、鉢まきして4週間後に冷蔵庫に4～6週間入れて低温処理します。本葉3～4枚で9cmポットに赤玉土4・腐葉土2・鹿沼土2・軽石砂2の用土で鉢上げします。10月上旬に有機配合肥料を1株20g与え、株間30cmで植え付け、霜除けして冬越しさせます。

定植と管理

適地は、西日の当たらない日当たりで、夏に明るい日陰になる落葉樹の下などです。水はけが良く湿り気のある所を好みます。鉢植えは赤玉土5・鹿沼土2・腐葉土3の用土で鉢底に緩効性肥料を入れて植え、遅霜で新芽が傷むのでマルチングをして冬越しします。芽の伸び出すころと花後に、大粒化成を10粒くらい与えます。初めの4～5年は植え放しにし、その後3年おきに、11月か2月下旬に株分けします。種は、サヤが変色したら採り、採りまきすると発芽しやすいです。

早春　2月下旬～3月下旬

●早春に未開花苗を半日陰に植え付け
●種まきは晩秋に低温処理して発芽促進

原産地：中国	
花期：4～5月	草丈：30～60cm
花色：● ○	
用途：コ 切	日照：☼ ◐
土：湿	
耐寒性：強	耐暑性：中～弱
発芽温度：13～15℃	
発芽日数：30～120日	
覆土：3mm	肥料：標準
播種用土：赤玉土4・鹿沼土4・軽石砂2	

ナス科　春まき一年草　　　　　　　　別名★サルメンバナ

サルピグロッシス

花にはベルベット様の光沢があり、輝くような黄色、茶色がかった朱、すじ状に黄や白が混ざったものなど独特の美しさがあります。雨に当たると花弁が傷みやすく、やや作りにくい花ですが、切り花にすると個性的なアレンジが楽しめます。

育苗法

寒さに弱いので無霜地帯以外は春まきします。発芽温度が高いので、普通、4月中旬～5月中旬にまきますが(6月開花)、多湿に弱いので梅雨時期にどうしても弱り、枯れることがあります。そこで、私は2月中下旬に暖房した室内でまき、5月中旬から咲かせています。5月下旬～6月上旬にまいて、晩夏から秋に咲かせるのもよいでしょう。バーミキュライトにまき、微細種子なので覆土せず、底面吸水して発芽させます。発芽後はよく日に当て、双葉から本葉がのぞくころ、基本用土2(赤玉土6・腐葉土3・ピートモス1)でポットに上げ、週1回液肥を与えて乾き気味に育てます。

定植と管理

本葉5～6枚のころ、株間15～20cmに定植します。連作を嫌うナス科植物なので、ペチュニアやハナタバコなどナス科同士の連作を避けます。長雨に当てると根腐れしやすいので、雨の当たらない軒下に植えるか、コンテナ栽培がおすすめです。湿度が高いと灰色カビ病が発生しやすいので、枯れ葉、花ガラはまめに取り除いて風通しをよくし、定期的にオルトランを株元にまきアブラムシを予防します。好きな花色の花に印を付けておき、黄変したら採って乾燥させます。

●多湿に弱いので長雨に当てない
●ナス科との連作を避け、鉢栽培で

原産地：チリ	
花期：6～8月	草丈：50～60cm
花色：● ● ● ● ○ ●	
用途：壇 コ 切	日照：☼
土：普～乾	
耐寒性：弱	耐暑性：強～中
発芽温度：25℃	
発芽日数：7日	
覆土：なし	肥料：標準
播種用土：バーミキュライト	

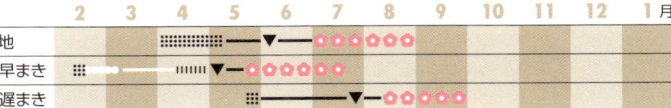

凡例：タネまき　▼植付け　×挿し芽　◆株分け　○掘り上げ　▽発芽　○開花期　■暖房した室内で開花

早春

- 肥料切れしないよう月1回追肥
- 早めに、切り花にしたり花ガラ摘みを

①高性中輪　②ジニア・リネアリス

原産地：メキシコ	
花期：7～10月	草丈：20～60cm
花色：赤・ピンク・オレンジ・黄・白・緑	
用途：壇・コ・切	日照：☀
土：普（肥沃土壌を好む）	
耐寒性：弱	耐暑性：強
発芽温度：18～23℃	
発芽日数：4～7日	
覆土：5mm	肥料：標準～多め
播種用土：赤玉土単用	

ジニア ■ シュウメイギク ■ ソバナ ■ ナスタチウム

キク科　春まき一年草

別★ヒャクニチソウ

ジニア

夏の暑さや乾燥に強く、長期間咲き続けます。花色が豊富で花持ちがよいので、切り花にも向きます。花径10～15cmの大輪からポンポン咲き、一重咲き、極小輪など花形も多彩で、横張り性の矮性種はプランターに向きます。ジニアリネアリスは草丈30cm、よく分枝して株一面に咲きます。

育苗法

4月中下旬にまくと7～9月に開花し、7月に遅まきするとコンパクトな草姿になり9月から霜の降りるまで咲き続けます。5月以降なら直まきもできます。私は3月初旬に暖房した室内で早まきし、6月中旬から8月末まで咲かせます。昼は日の当たる窓辺に、夜は部屋の中央の棚の上などに置いて発芽させます。本葉2～3枚で赤玉土5・腐葉土4・クンタン1の用土で7.5cmポットに移植します。本葉5～6枚で定植します。すぐに植えられないときは9～12cmポットに植え替えます。

定植と管理

やや連作を嫌うので、毎年場所を変えたほうが安心です。堆肥（5ℓ/㎡）または乾燥牛糞（2～3kg/㎡）と、リン、カリ分の多い緩効性化成肥料を1株に茶さじ1杯ほどよく混ぜてから、株間25～30cmで植え付けます。遅まきほど密植できます。花期が長いので、月1回、大粒化成を6～8粒ずつ追肥します。頂花が咲き始める前後からわき芽も伸びてきます。株負担を軽くするために早めに切って飾ったり、花ガラは早めに摘み取ります。種は交雑しやすいので、ジニアリネアリス以外は毎年新しい種をまきます。

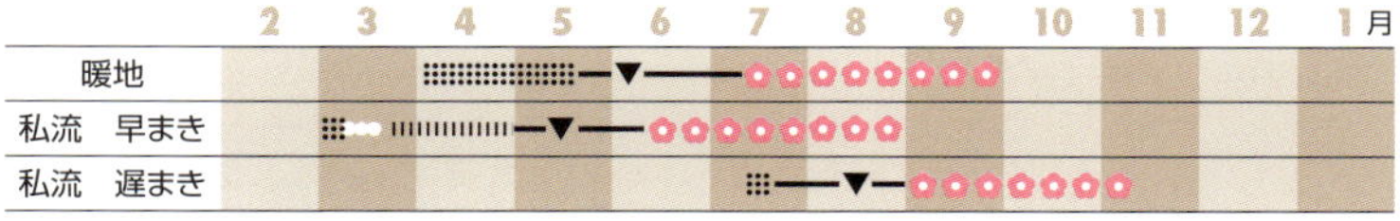

	2	3	4	5	6	7	8	9	10	11	12	1月
暖地			▦▦▦▦	━▼		○○○○	○○○○	○○○				
私流 早まき		▦━━━━	━━━▼			○○○○	○○○○	○○○				
私流 遅まき				▦━	━▼		○○○○	○○○○	○○○			

キンポウゲ科　宿根草

別名★キブネギク、ジャパニーズアネモネ

シュウメイギク

- 半日陰・湿り気を好むが、過湿は嫌う
- 3月上旬までに苗を求めて植え付け

原産地：中国　台湾　ヒマラヤ	
花期：9～11月	草丈：50～100cm
花色：ピンク・白	
用途：壇・鉢・コ	日照：☀◐
土：湿（肥沃土壌を好む）	
耐寒性：強	耐暑性：中
発芽温度：15～18℃	
発芽日数：8～30日	
覆土：2mm	肥料：少なめ
播種用土：硬質鹿沼土4・赤玉土4・軽石砂2・ピートモス少々	

キクの名がついていますが、キンポウゲ科の花です。楚々とした姿に似ず、丈夫で育てやすく、大きめのコンテナやボーダーガーデン、和風の庭などによく合います。鉢物には矮性品種が向いています。

定植

種からも育てられますが、咲き始めるまでに時間がかかるので、一般に苗から育てます。耐寒性が強く春早くに根が伸びだすので、2～3月の早春に苗を求めて植え付けます。

水はけが良くやや湿った半日陰を好みますが、夏の西日を避ければ日当たりでも育ちます。腐植質の多い湿り気のある土を好みます。1㎡当たり堆肥20ℓ（または腐葉土）と有機配合肥料150gを土とよく混ぜておき、株間を60cmと広めに植え付けます。コンテナで作る場合は、根の動き出すのが早いので、3月上旬までには植え付けないと花つきが悪くなります。根が深く張るため、深めの鉢に赤玉土4・鹿沼土4・腐葉土2の用土で植え付けます。

定植と管理

追肥は秋の花後のお礼肥と早春（2月下旬～3月上旬）の芽だし肥に、化成肥料をひと握り与えるくらいで十分です。4～5年は植え放しにして株を大きくしたほうが見事な花が咲きます。根が深く伸び地下茎が横に勝手に伸びて芽を出すので、増えすぎて困るほどです。

4～5年ごとに、2～3月または10月に掘り上げて株分けをします。鉢植えは1～2年おきに植え替えます。また、株分けの際に直径5mm以上の太い根を5cmくらいに切って植える「根伏せ」でもよく増えます。

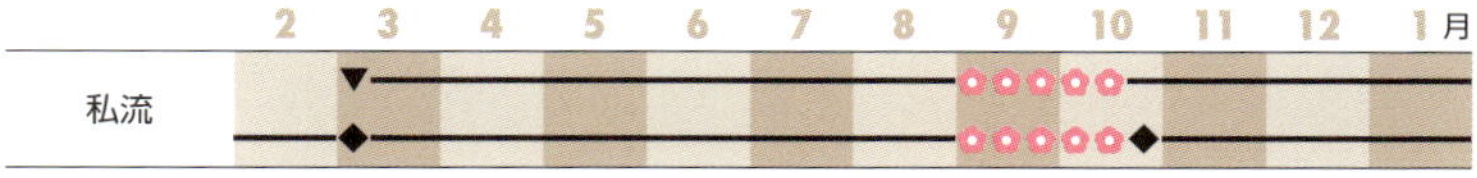

	2	3	4	5	6	7	8	9	10	11	12	1月
私流		▼						○○○○	○○○○			
	◆								◆			

━屋外露地　▦屋外夜間保温　●●●屋外保温　‥‥地中休眠　━室内常温　低温処理　●●●室内暖房

キキョウ科　宿根草
ソバナ

山地の林のふちなどに自生する日本の山野草です。大きなものは1mくらいになり夏に釣鐘状の花を次々と咲かせ、赤紫色の茎も魅力的です。ツリガネニンジンやシャジンの仲間ですが、とても丈夫で育てやすく、一度植えると毎年咲いてくれます。

定植と管理
種があまり市販されていないので、春に苗を求め、腐葉土を混ぜ、株間25cmで植え付けます。日当たりを好みますが半日陰でも育ちます。多肥にすると草丈が1.5mにも伸びてしまうので、楚々とした野草の風情を楽しむには半日陰に植え、肥料を控え気味にします。花茎が伸びてきたら、野趣のある枯れ枝や細い竹で支柱を立てます。5～6月に挿し芽をして、秋に定植すると翌年開花します。春に株分けして増やします。

育苗法
採種した種で増やすには「採りまき」をするか、翌年の2月中旬～3月上旬にまきます。上記播種用土で素焼き鉢にまき、種がごく小さいので覆土はせず、鉢底から吸水させます。2週間くらいで発芽するもの、翌春に発芽するものなどがあり、いっせいに発芽しません。その間は乾かないように水やりを続けます。

本葉1～2枚で、赤玉土4・軽石砂4・腐葉土2の用土で鉢に移植し、日当たりに移して2週間おきにくらいに液肥（または月1回粒状化成を2～3粒）を与えます。夏の間は午前中だけ日の当たるところに移動し、乾き気味に管理し、秋に涼しくなってから定植します。発芽から開花まで2～3年かかります。

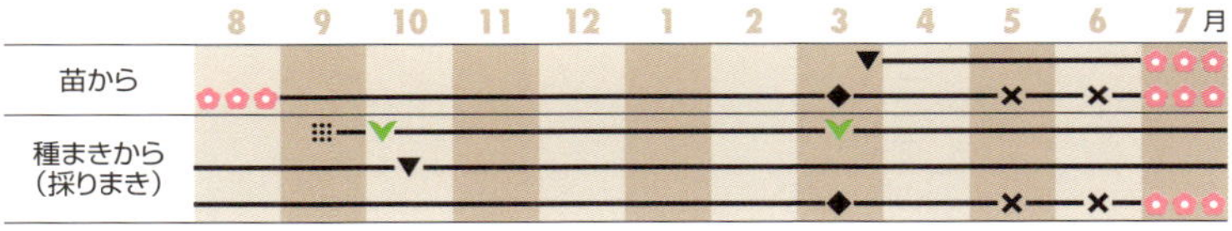

早春　2月下旬～3月下旬

● 秋に採りまきし、翌秋定植
● 春に購入苗を植えて挿し芽で増やす

原産地	日本　中国　朝鮮半島
花期	7～8月　草丈：50～100cm
花色	○　●
用途	壇　鉢　コ　日照：☀ ◐
土	普（弱酸性を好む）
耐寒性	強　耐暑性：強
発芽温度	18～20℃
発芽日数	14～200日
覆土	なし　肥料：少なめ
播種用土	硬質鹿沼土4・赤玉土4・軽石砂2・ピートモス少々

ノウゼンハレン科　春まき一年草（宿根草）　別名★キンレンカ
ナスタチウム

南米の冷涼な高地に自生している一年草または宿根草です。葉は蓮に似て丸く、オレンジ、黄色の花を次々と咲かせます。花、葉はサラダに、実は香辛料として利用します。

育苗法
種まき適期は4～5月ですが、ちょうど開花期が梅雨から夏の高温多湿期と重なり弱りやすいので、私は春花壇用の苗として2月中旬～3月上旬に室内で種をまき、4月下旬から咲かせています。秋花壇用の苗は6～7月に屋外でまき、8月中旬から霜の降りるまで咲かせます。夏涼しい高冷地では5～6月の直まきもおすすめです。また、本来は宿根草なので、初霜前に暖かい室内に取り込めば、冬中咲き続けます。

種は1晩水に浸し、外皮を取ってからまくと発芽しやすくなります。移植を嫌うので、ポットに2～3粒ずつ指で1cmくらい押し込むようにして直接まきます。発芽後1本に間引き、大粒化成を月1回3粒ずつ2回置肥します。

定植と管理
日当たり、排水の良い乾き気味の所を選び、根鉢を崩さずに、株間20cmで植え付けます。チッソ分が多いと葉ばかり茂り、花つきが悪くなるので、リン、カリの多い大粒化成を月1回4～5粒置肥します。種は手でさわってポロッと落ちるようになったら採り、乾燥させて保存します。また、挿し芽も容易でコップ挿しでよく発根します。私は9月に挿し芽をして冬越しさせ、3月にその苗をもとに挿し芽をして増やしています。

● 1晩水につけ外皮を取りポットまき
● 早まき・遅まきで年中楽しむ

原産地	ペルー　コロンビア
花期	6～10月　草丈：20～45cm
花色	●　●　●
用途	壇　鉢　コ　ハ　食　日照：☀
土	乾
耐寒性	弱　耐暑性：弱
発芽温度	15～20℃
発芽日数	5～7日
覆土	10mm　肥料：少なめ～標準
播種用土	赤玉土5・腐葉土5

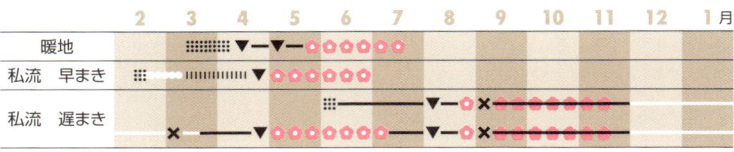

コエルレア

● 3月上旬の室内まきで初夏から咲かす
● 移植を嫌うので小苗でポット上げ

早春

ニーレンベルギア ■ ニコチアナ ■ ノラナ ■ ハルシャギク

原産地	: 熱帯アメリカ　アルゼンチン
花期	: 5〜9月　　草丈：15〜20cm
花色	: 青　白
用途	: 壇　コ　ハ　日照：○　土：普
耐寒性	: 中、弱（品種によって異なる）
耐暑性	: 中　　発芽温度：20〜24℃
発芽日数	: 7〜20日
覆土	: 2mm　　肥料：標準
播種用土	: バーミキュライト単用

ナス科　宿根草　　別名★イトバキョウ、カップフラワー

ニーレンベルギア

こんもりと茂り、3cmほどのカップ状の花が初夏から秋口まで株いっぱいに咲き続けます。コエルレアやヒポマニカのほか、夏の暑さに強いフェアリーベルなどの改良品種も増えました。コンテナやハンギングの寄せ植えに最適です。

育苗法

秋まき（9〜10月）もできますが、半耐寒性なので暖地でも幼苗の冬越しは霜除け程度の保温が必要です。寒冷地では春まき（3〜4月）が一般的です。発芽温度が高く、温度が低いと発芽までに日数がかかります。私は6月中旬から咲かせたいので、3月上旬に暖かい室内でまきます。移植を嫌うため本葉2〜3枚で根を傷めないように、赤玉土5・腐葉土3・鹿沼土1・パーライト1の用土で6cmポットに上げます。大粒化成を2粒置肥して、乾き気味に育てます。また、春に購入苗をもとに挿し芽で増やす方法もおすすめです。

定植と管理

5月下旬によく根が回った苗を20〜25cmの間隔で植え付けます。高温多湿に弱いので、日当たりと水はけの良い所や、コンテナやバスケットに植えて、長雨に当てないようにします。夏に半分ほどに刈り込んで休ませると秋に再び咲き出します。ヒポマニカ（パープルローブ）は案外寒さに強いので腐葉土をかけるくらいで冬越しします が、コエルレア（モンテブランコ）やフェアリーベルの改良品種は寒さにやや弱いので、寒冷地では室内で冬越しさせます。株分けはしにくいので、挿し芽で増やします。

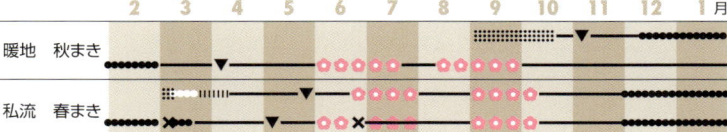

● 覆土せずにまき、早まきは保温して発芽
● ナス科との連作は避け、過湿を防ぐ

原産地	: 南アメリカ
花期	: 7〜10月　　草丈：20〜100cm
花色	: 赤　桃　白　橙　緑
用途	: 壇　コ　日照：○　土：普
耐寒性	: 中〜弱　　耐暑性：強
発芽温度	: 20〜25℃
発芽日数	: 7〜10日
覆土	: なし　　肥料：標準
播種用土	: バーミキュライト単用

ナス科　春まき一年草（宿根草）　　別名★ハナタバコ

ニコチアナ

タバコの仲間で、次々と長期間咲きます。矮性で草丈20〜30cmのドミノシリーズは花色も豊富です。高性の白花種は夕方からとてもよく香り、ロングドルフィーはライムグリーンのベル型の花を、1m以上になるシルベストリスはロート型の花を垂らして咲かせます。

育苗法

暖地では秋まきもできますが、寒さに弱いので寒冷地では春まきします。発芽温度が高く戸外での種まきは4月中旬〜6月ですが、私は早く咲かせたいので、室内で3月中旬にまいています。種が細かく好光性種子のため覆土はせず、発芽まで底面吸水します。日中はレースのカーテン越しの窓辺に置き、夜間は室内中央の高い所に移動します。発芽後は日によく当て、液肥を10日に1回与え、乾き気味に育てます。本葉2枚のころ、赤玉土6・ピートモス4の用土で7.5cmポットに、5〜6本のかたまりごと移植し、4〜5枚のころ1本ずつ再移植します。

定植と管理

ナス科なので、2〜3年以上ナス科植物（ペチュニアなど）を植えていない場所に、矮性種は株間20cm、高性種は30〜50cmで植え付けます。株元にオルトランをまいてアブラムシを予防し、1カ月おきに1株当たり大粒化成を6〜7粒追肥します。長雨に当てないようにし、ひととおり咲き終わったら深く切り戻して再び咲かせます。F1品種は親と同じ花は望めませんが、種がよくできます。暖地では屋外で冬越ししますが、私は9月に挿し芽した苗を室内で冬越しさせています。

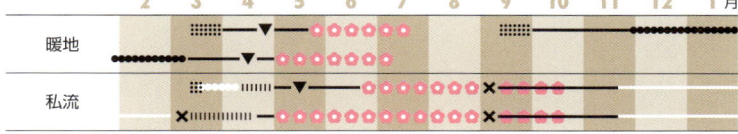

ノラナ

ノラナ科　春まき一年草　別名★ハイナス

アクミナタ

- 早くまいて梅雨前から晩秋まで咲かせる
- 伸び過ぎたら3分の1に切り詰める

原産地：チリ　ペルー
花期：7〜8月　　草丈：20〜40cm
花色：● ● ○
用途：壇 鉢 コ ハ ロ　　日照：☀
土：普（砂質土壌を好む）
耐寒性：弱　　耐暑性：弱
発芽温度：15〜20℃
発芽日数：5〜7日
覆土：3mm　肥料：標準〜少なめ
播種用土：赤玉土4・バーミキュライト4・軽石砂（川砂）2

花茎5cmのトランペット型の花は、群植すると花のじゅうたんのようになります。青紫色で中心部が白、喉部が黄色になるノラナパラドクサ（ノラナブルーバード）、薄紫色で中心部が紫色のノラナフミフサ（ノラナシューティングスター）があります。

育苗法

7〜8月に咲く夏花ですが、日本の夏の高温多湿を嫌うので、春早く種をまいて早く開花させることがコツです。私は2月下旬〜3月上旬に室内でまいて、5月末から10月末まで咲かせています。本葉2〜3枚のころ、基本用土2に砂を1割くらい混ぜた用土で6cmポットに移植し、固形肥料を2粒与えます。根が回って葉が広がってきたら9cmポットに植え替え、月1回大粒化成を5粒与えます。また、5〜6月に苗の先端2〜3cmを切ってバーミキュライトなどに挿し芽すると簡単に増やせます。

定植と管理

十分根が回ったら水はけ・日当たりのよい所に株間20cmで定植します。腐葉土を多めに混ぜて水はけを良くし、マグアンプKを1株にティースプーン1杯施します。ハンギングには、マグアンプKを混ぜた赤玉土4・ピートモス4・パーライト1・バーミキュライト1の用土を使います。梅雨の長雨には当てないようにし、夏は涼しい半日陰や家の東側に置きます。姿が乱れたら3分の1くらいに切り詰めて大粒化成を追肥すると、霜の降りるまで咲き続けます。花後よくできる種は黄変したら採り、乾燥して保存します。フミフサのほうが夏越ししやすく、湿度さえあれば宿根します。

早春　2月下旬〜3月下旬

	2	3	4	5	6	7	8	9	10	11	12	1月
暖地		▒▒▒	▬	▬	▼	✿	✿	✿	✿			
私流	▒	▬▬	✕	▼	✿✕	✿	✿	✿	✿			

ハルシャギク

キク科　春まき・秋まき一年草　別名★ジャノメソウ

マホガニーミジェット

- 丈夫なので直播きし群生させる
- 肥料は控え、夏に切り戻して2度咲きに

原産地：北アメリカ
花期：4〜5月（秋まき）7月中旬〜10月（春まき）　草丈：30〜80cm
花色：● ● ●
用途：壇 コ 切　　日照：☀
土：普　耐寒性：弱
耐暑性：強　発芽温度：15〜20℃
発芽日数：7〜10日
覆土：2mm　肥料：少なめ
播種用土：赤玉土5・バーミキュライト5

コレオプシスの仲間の一年草です。コスモスに似た花が次々と多数咲きます。「蛇の目草」の別名があるように、蛇の目模様の入る花が代表的な品種です。日本の気候によく合い、丈夫で作りやすく、一度植えると毎年こぼれ種で楽しめます。

育苗法

暖地では秋まきして10〜11月に植え付け、霜除けをして冬越しさせますが、寒さに弱いので寒冷地では春まき（3月下旬〜5月上旬）にします。私は6月中旬からの夏花壇に植えるため、2月下旬に室内でまいています。種が細かいので隠れる程度に覆土し、本葉2〜3葉のころ、基本用土1にパーライトを1割混ぜた用土で6cmポットに1本ずつ鉢上げします。根がまわったら7.5cmポットに植え替え、固形肥料を2〜3粒与えます。

また、丈夫なので春の直まきもできます。すじまきかバラまきにして、発芽後、株間が20〜25cmになるよう順次間引きます。

定植と管理

あらかじめ苦土石灰や堆肥（5ℓ）を混ぜておき、肥料は多肥にすると軟弱に育ち花つきが悪くなるので、元肥として大粒化成を1株4〜5粒与える程度にします。

開花期間は1カ月ほどですが、花後、種ができないうちに株を2分の1くらい切り戻し、大粒化成を4〜5粒追肥すると、わき芽が伸びて秋に再度、花が楽しめます。種は花ごと切り取り乾燥させ、紙袋に入れて保存します。ただし、多品種を寄せ植えしたときは同じ花は望めません。

	2	3	4	5	6	7	8	9	10	11	12	1月
暖地 秋まき	●●●●	✿	✿	✿				▒▒	▬	●●●●		
私流 早まき	▒	▒▒▒	▬	▼	✿	✿	✿					
私流 春まき		▒▒▒			✿	✿	✿					

凡例：▒ タネまき　▬ 植付け　✕ 挿し芽　◆ 株分け　● 掘り上げ　▼ 発芽　✿ 開花期　●●● 暖房した室内で開花

早春

バーベナ

クマツヅラ科　一年草、宿根草

ボーカーペットなどの園芸品種があります。花期が長く、夏の暑さや乾燥に強いので寄せ植えにうってつけです。

育苗法

種が入手しやすいのはビジョザクラとボナリエンシス、リギダ、テネラなどです。暖地では秋まきも春まきもできますが、寒さに弱いので寒冷地では春まき（4～6月）が一般的です。私は一年草タイプのビジョザクラは3月上旬に室内でまいて、6月中旬から咲かせています。バーベナの種子は発芽抑制物質に覆われています。そのため、種をガーゼで包み、水でよく揉み洗いして抑制物質を取り除いてからまきます。発芽がそろうまで7～20日くらいかかるので乾かさないようにします。本葉2枚で赤玉土6・腐葉土3・砂1の用土でポットに移植し、わき芽が見えてきたら摘芯してわき芽を伸ばします。

定植と管理

4月からは日中だけ外に出して寒さに慣らし、晩霜の心配がなくなってから腐葉土や緩効性化成肥料を混ぜておき、株間20cmで植え付けます。この時にもう一度摘芯して枝数を増やします。

宿根草タイプは、一年草と同じように種まきもできますが、私は4月に苗を求め、毎年挿し芽苗を植え付けています。立ち性のものは25cm、ほふく性のものは30cm間隔で植え付けます。コンテナの場合は水はけの良い用土に植え、水切れに注意して月に1度大粒化成を置肥します。枝が長く伸びると株元に花がなくなったり、風通しが悪くなるので、時々切りもどします。切りもどした枝は2～3節くらいの長さに切ってバーミキュライトに挿して増やします。

開花期間が長いので月に1回、大粒化成を株元に4～5粒与えますが、肥料が多いと花つきが悪くなります。花ガラはまめに摘み、水切れすると株が弱ってハダニ、ウドンコ病がつきやすいので、葉裏に水をかけて予防します。宿根草タイプは一年草よりも寒さに強く、暖地では露地で宿根しますが、こちらでは、ボナリエンシス以外は寒さで枯れることがあるので、用心のため秋に挿し芽したポット苗を室内で冬越しさせます。一年草も本来は宿根草なので、暖かい室内で冬越しさせると宿根することがあります。

- 水でもみ洗いし発芽抑制物質を取り除く
- 宿根草は室内で冬越しさせ春に挿し芽

バーベナには一年草タイプと宿根草タイプがあります。一年草タイプのビジョザクラは草丈20～40cm、立ち性でよく分枝して鮮やかな花を咲かせます。宿根草タイプには、宿根バーベナやテネラ、ボナリエンシス（三尺バーベナ）のほか、ハナデマリやタピアン、レイン

バーベナ■ハツユキカズラ■フロックス・ディバリカタ■ペチュニア

原産地：北米～中南米	
花期：4～10月	草丈：10～100cm
花色：● ● ○ ● ●	
用途：壇 コ グ	日照：☼
土：普	
耐寒性：中～弱	耐暑性：強
発芽温度：15～20℃	
発芽日数：7～21日	
覆土：1mm	肥料：標準
播種用土：バーミキュライト単用、赤玉土5・砂2・バーミキュライト3	

	2	3	4	5	6	7	8	9	10	11	12	1月
暖地 1年草 秋まき												
私流 1年草 早まき												
私流 宿根草 苗から												

ハツユキカズラ

キョウチクトウ科　常緑低木（ツル性）　別名★斑入りテイカカズラ

テイカカズラの斑入り園芸種です。先端部の葉には白地に緑と赤の斑が、中間の葉には緑に白の斑が入り美しく、コンテナの足元に植えるなど、寄せ植えの脇役として利用します。斑の入らない葉は優勢なので、見つけしだい切り取ります。

定植と管理

早春から春、または秋にポット苗を購入して植え付けます。日向だと葉焼けの心配があり、日陰だと葉色が悪くなるので、半日陰から明るい日陰が適地です。耐寒性が強く北海道以外は屋外で冬越ししますが、室内に取り込むと葉が傷みません。5～8月に、整枝して切り捨てた枝を10cmくらいの長さに切り、先端の白葉部分を挿し木します。

原産地：朝鮮　日本	
観賞期：周年	草丈：10～30cm
葉色：◐	
用途：壇 コ ハ	日照：☼ ◐ ●
土：乾（過湿・酸性土を嫌う）	
耐寒性：強	耐暑性：中
肥料：少なめ	

	2	3	4	5	6	7	8	9	10	11	12	1月
私流												

- 半日陰から明るい日陰が適地
- 5～8月に斑入り部を挿し木して増やす

―屋外露地　||||屋外夜間保温　●●●屋外保温　・・・地中休眠　―室内常温　||||低温処理　―室内暖房

ハナシノブ科　宿根草　　　　　別名★香りフロックス

フロックス・ディバリカタ

　宿根草のフロックスの仲間には、宿根フロックス（クサキョウチクトウ、オイランソウ）の名で知られるフロックス・パニキュラータ、フロックス・マキュラータ（36ページ参照）などのほか、互いに花色も花の形もよく似ているフロックス・ディバリカタ（香りフロックス、ツルハナシノブ）、フロックス・ストロニフェラ（ツルハナシノブ）、フロックス・ピローサ（コンペキソウ）があり、おなじみのシバザクラ（モスフロックス）もこの仲間です。いずれも丈夫で育てやすい宿根草です。
　ディバリカタは草丈30cm、春咲きで花に香りがあり、葉に斑の入る品種もあります。ストロニフェラより細葉で、寒さに強く、ほふくしてよく広がります。

育苗法
　3～4月に市販苗を植え付けます。やや暑さに弱いので、落葉樹の下など夏に半日陰になる、水はけの良い日向が適地です。あらかじめ1㎡当たり堆肥2～3kgとマグアンプKを1握りよく混ぜておき、はって広がるため株間20～30cmと広くとって植え付けます。旺盛に生育しますが、風通しが悪くなるとウドンコ病になりやすいので、花後に半分くらいに切りもどして風通しを良くします。寒さに強いのでこちらでも霜除けなしで冬越しします。
　肥料は3月の芽だしのころと花後に、大粒化成を1株5～10粒与える程度にします。挿し芽も容易ですが、四方に広がって伸びる茎の節から根が出るので、秋にこの節から切り取ってポットで育てると簡単に増やせます。また、2～3年に1度、10月か3月に株分けします。

早春　2月下旬～3月下旬

● 水はけ・風通しが良ければ丈夫な宿根草
● ほふくして四方に広がりよく増える

原産地：北アメリカ
花期：5～6月　　草丈：30cm
花色：■■■
用途：壇 コ 切 ロ グ　日照：☀ ☀
土：乾（砂質土壌を好む）
耐寒性：強　　耐暑性：中
肥料：少なめ

ナス科　春まき一年草（宿根草）　　　　別名★ツクバネアサガオ

ペチュニア

　初夏から秋まで咲き続け、花色が豊富で大輪、小輪、八重咲など花の形もさまざまです。長雨や暑さに比較的強いサフィニア、ミリオンベルなどは作りやすい品種です。本来は宿根草ですが、寒さに弱いので霜の降りない暖地以外では春まき一年草として扱っています。

育苗法
　春に苗を購入して植えるか、購入苗を親株にして挿し芽で増やすのが簡単です。私は苗が入手しにくい品種や、苗がたくさん必要なとき種から育てています。また、秋挿し苗を暖かい室内で冬越しさせると宿根するので、3月にそれを親株にして挿し芽で増やしています。発芽温度が高いので種まきは4月中旬以降が適期ですが、私は6月下旬の夏花壇に間に合うよう、3月中旬に室内でまきます。好光性種子のため覆土せず、発芽後10日に1回液肥を与え、本葉2～3枚のころ基本用土2でポットに移植します。

定植と管理
　4月中下旬以降、本葉10枚のころ株間20～25cmで定植します。乾燥には強いですが過湿を嫌います。土がアルカリ性になると葉が黄色くなるので、石灰は与えません。肥料は月に一回固形肥料を4～5粒与えます。早めに花ガラを摘み、夏の間は暑さで弱るので、梅雨入り後に地際から15cmくらいで切り戻して休ませます。暑さに強いサフィニア、ミリオンベルなどは定期的に刈り込んでこんもりと仕立てます。種はサヤが黄変したらサヤごと採り、紙袋に入れて乾燥させて保存します。

ホワイトダブル

● 好光性種子のため覆土しない
● 秋挿し芽苗で冬越しさせ挿し芽で増やす

原産地：南アメリカ
花期：6～10月　　草丈：30～50cm
花色：■■■■■
用途：壇 コ ハ　　日照：☀
土：普（弱酸性を好む）
耐寒性：弱（0℃以上）
耐暑性：強～中　発芽温度：20～25℃
発芽日数：7～14日
覆土：なし　　肥料：標準
播種用土：バーミキュライト単用（またはピートバン）

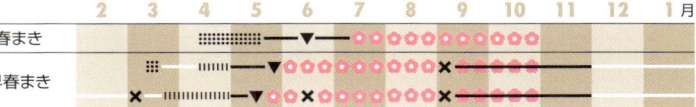

早春

マリーゴールド

キク科　春まき一年草　　別名★クジャクソウ

ホワイトバニラ

●春と初夏に挿し芽で増やす
●夏に切り戻して追肥し秋遅くまで楽しむ

原産地	メキシコ		
花期	6～10月	草丈	30～100cm
花色	●●○		
用途	壇 コ	日照	☼
土	普（風通しの良い場所）		
耐寒性	弱	耐暑性	中
発芽温度	15～20℃		
発芽日数	5～6日		
覆土	5mm	肥料	標準
播種用土	赤玉土4・バーミキュライト4・パーライト2		

花期が長く、夏秋花壇の代表的な花です。矮性のフレンチ種は一重咲、八重咲、複色など花型や花色が多く、高性で暑さに強いアフリカン種は花茎7～12cmの大輪八重咲です。葉が細かく小花のメキシカンマリーゴールド（ホソバクジャクソウ）は、暑さに弱いので寒地向きです。

育苗法

種まきは4月中旬から7月中旬までできます。私は暑さに強いアフリカン種のホワイトバニラを3月中旬に室内でまいて、5月下旬から咲かせています。

しっかり覆土してまき、発芽後、水やりは控えめに、液肥を10日おきに施します。本葉3～4枚のころ基本用土2でポットに上げ、本葉6～8枚のころ、わき芽の伸びている節の上で摘芯してわき芽を伸ばします。また、発根しているわき芽を切って挿すと、すぐに花のついた立派な株になります。夏の暑さで弱り枯れることがあるので、秋花壇用に6月下旬に挿し芽をして夏越しさせると安心です。

定植後の管理

フレンチ種は株間20～25cm、アフリカン種は30～35cmの間隔で定植します。チッソ分が多いと葉ばかり茂って花つきが悪くなるので、リン、カリ分の多い固形肥料を1株に5～6粒、月に1度与えます。

花ガラは早めに摘み、夏の暑さで弱った株は8月に切り戻すと、秋にまた元気に咲いてくれます。採種はできますが単品種の栽培でないと交雑しやすく、またF1品種の採種からは親と同じ花は望めません。

	2	3	4	5	6	7	8	9	10	11	12	1月
春まき			▦▦▦	▬▬▬	▼	✿✿	✿✿	✿✿	✿			
早まき	▦	▬▬	▼	✿✿	✕	✿✿	▼	✿✿	✿			

ラナンキュラス・ゴールドコイン

キンポウゲ科　宿根草　　別名★宿根ラナンキュラス

●ランナーを伸ばし子株で増える宿根草
●夏の間は半日陰で乾き気味に育てる

原産地	ヨーロッパ		
花期	5～6月	草丈	30cm
花色	●		
用途	壇 コ 切 グロ	日照	☼ ◐
土	普乾（過湿を嫌う）		
耐寒性	強	耐暑性	中～弱
肥料	少なめ		

ラナンキュラスには秋植え球根でおなじみのラナンキュラス・アジアティクスのほか山野草として育てられている姫リュウキンカなど多くの種類があります。ラナンキュラス・ゴールドコインは球根を作らず、ランナーを伸ばして根を下ろし、子株で増える宿根草です。球根のラナンキュラスの花を小型にしたような、花茎2cmの八重の黄花が春に次々と咲きます。つやのある葉も美しく、群植すると輝くばかりの黄色が人目を引きます。寒さにも強く丈夫で少々の日陰でもよく育ち、グランドカバーにもなります。

定植と管理

春か秋に苗を購入し植え付けます。夏と冬以外ならいつでも植え付けられますが、私は開花する5月までに十分に根を張らせておきたいので、3月中下旬に、株間20cmで植え付けています。秋植えの場合は同様に10月に植え、寒くなるまでに根を張らせておきます。

過湿になると根腐れしやすいので、排水のよい、日向から半日陰の所に植え付けます。高温にやや弱いため夏の間は半日陰になるようなところがよく、水やりは控え目にします。

ランナーを四方に出して広がります。6月中旬から7月に子株を掘り上げて、ポットで育てれば簡単に増やせます。また、10月か3月に広がりすぎた株を株分けします。種はまだできたことがありません。

	2	3	4	5	6	7	8	9	10	11	12	1月
私流 早春植え		▼	✕	✿✿	✕				◆			
		◆	✕	✿✿					◆			
私流 秋植え									▼			
		◆	✕	✿✿	✕				◆			

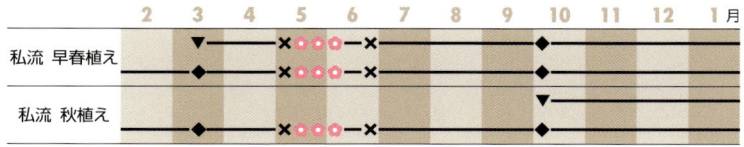
―屋外露地　‖‖屋外夜間保温　●●●●屋外保温　‥‥地中休眠　―室内常温　―低温処理　―室内暖房

春
4月上旬〜6月中旬

4月上旬から中旬
チューリップが咲き出せば春本番

福島の桜の開花は4月10日前後。初旬に10℃のラインを上下していた気温も中旬には15℃を上回り、原種のチューリップが咲き出せば、いよいよ春本番です。球根草花が次々と咲き出し、庭が息づいてきます。でも、まだまだ霜の降りる日もあり、天気予報のチェックは欠かせません。ここで気を抜けば、半年以上育ててきた苦労が水の泡です。翌朝の最低気温の予想が4℃を下回る時は、大慌てで植え付けたばかりの苗に不織布や新聞紙をかけます。初旬から宿根草や秋植えの草花の芽だし肥、春花壇、コンテナの植え付けなど、庭仕事は息つく間もありません。そろそろ来年用の宿根草の種まきも始めます。

4月下旬から5月下旬
春花壇のクライマックス

福島市は果樹地帯です。桜の花が散る頃、桃の花が咲き出し、吾妻小富士には種まきウサギの雪型が出ます。20℃を超えるぽかぽか陽気に、草花は次々と咲き出し、下旬からはチューリップが大競演。春を待つ気分がそうさせるのか、気がつくと、どこもここもチューリップだらけ。ゴールデンウイークは、我が家ではチューリップウイークです。

5月になればひと安心。寒さに弱い草花も花壇にデビュー、たまに出される霜注意報も軒下なら慌てることはありません。初夏を通り越して夏の気温になる日もあり、草花は急激に育ちます。宿根草が次々と咲き出し、中旬にはバラも加わって爆発したように花が咲きます。いよいよ私の庭のクライマックスです。でも花作りは思いもかけないことの連続で、決して満足することはありません。頭の中はもう来年の春の花壇の計画を始めています。

6月上旬〜中旬
採種して夏から秋の花壇に衣替え

6月中旬になると春の花もそろそろ終わりです。梅雨の晴れ間をぬって秋植え球根を掘り上げ、一年草は種を採ってから抜き捨てます。長雨に備えて過湿に弱い植物は軒下に移動し、下旬には花壇の土作りをして夏から秋の草花を植え付けます。気温の上昇とともに病害虫が出始めるので、消毒も欠かせません。

春の作業暦

4月上旬〜4月下旬
主な管理作業
- 春花壇の植え付け
- 春コンテナの植え付け
- 芽だし肥
- 春まき一年草の種まきと鉢上げ
- 春植え球根の植え付け
- 宿根草、二年草の種まき
- 病害虫対策(消毒)
- 追肥

種まきする草花	植え付けする草花	採種する草花	挿し芽する草花
センニチコウ	宿根フロックス	プリムラ	アゲラタム
サルビア	宿根ネメシア		ペチュニア
モナルダ	エノテラ		バーベナ
ユウガオ	プレクトランサス		サルビア
バーベイン	キク		
コレオプシス	ペンステモン		
ニチニチソウ	エリゲロン		
カンパニュラ	ギボウシ		
ヒマワリ	キンミズヒキ		
ガウラ	コレオプシスロゼア		
クレオメ	アークトティス		
オキシペタルム	ダリア		
ベロニカ	グロリオサ		

5月上旬〜5月下旬
主な管理作業
- 宿根草、二年草の種まきと鉢上げ
- 春植え球根の植え付け
- 春まき一年草の摘芯
- 夏コンテナの植え付け
- 病害虫対策(消毒)
- 追肥
- 早春の花の採種

種まきする草花	植え付けする草花	採種する草花	挿し芽する草花
コリウス	アンゲロニア	クリスマスローズ	インパチェンス
ジギタリス	アシダンセラ	ケマンソウ	マリーゴールド
ダイコンソウ	バーベナ	ビオラ	トレニア(宿)
トレニア	ラミウム	パンジー	プレクトランサス
ハツユキソウ	ホワイトレースフラワー		セキチク
アクレギア	ユウガオ		ダイアンサス
ダリア	イソトマ		フクシア
ヒマワリ	サルビア		ラミウム
フランネルソウ	ルリマツリ		イソトマ
フレンチハニーサックル	ナスタチウム		ベロニカ
ルナリア	ヒマワリ		ディアスキア
	クレオメ		メリロット
	カラミンサ		ペンステモン
	ガイラルディア		ムラサキセンダイハギ
	トレニア(宿)		ガウラ

6月上旬〜6月中旬
主な管理作業
- 春まき一年草の遅まき
- 病害虫対策(消毒)
- 梅雨対策
- 採種
- 秋植え球根の掘り上げ
- 春花壇の整理と土作り

種まきする草花	植え付けする草花	採種する草花	挿し芽する草花
プリムラ	サルビア	ヒメヒオウギ	アレナリアモンタナ
ポテンティラ	センニチコウ	ルッコラ	セラスチューム
ナスタチウム	ガウラ	アンドロサセ	オーブリエチア
	コリウス	グラニウム	アンゲロニア
	オキシペタルム	ムラサキハナナ	オキシペタルム
	トレニア(一年草)	オーブリエチア	ルリマツリ
	インパチェンス	アグロステンマ	ナスタチウム
	ジニア	カレンジュラ	アルテミシア
	ノラナ	シレネ	フロックスディバリカタ
	ハツユキソウ	ハナノブ	カラミンサ
	ニコチアナ	ヘリオフィラ	コリウス
	ニチニチソウ		宿根フロックス
	バーベイン		

⋮ タネまき ▼ 植付け ✕ 挿し芽 ◆ 株分け ○ 掘り上げ ✓ 発芽 ○ 開花期 ■ 暖房した室内で開花

キク科　宿根草

別名★西洋ノコギリソウ、ヤロウ

アキレア

アキレア・プタルミカ

日本にも自生しているノコギリソウがありますが、一般には西洋ノコギリソウのほうがなじみが深く、花色も豊富でハーブガーデンに欠かせない花です。丈夫で育てやすいですが、夏の暑さは嫌います。地下茎でよく増え、放っておくと花壇一面にはびこってしまいます。

育苗法

寒さに強いので寒地でも秋まきができますが、私は寒さがくるまでに大きく育てたいので、春まきにしています。春まきは3～4月にまいて9月に定植、秋まきは9～10月中旬にまいて11月か翌年の春に定植します。赤玉土にまき、本葉1～2枚で赤玉土6・腐葉土3・砂1の用土で6cmポットに上げます。根が回ったら7.5cmポットに植え替え、夏は暑さや多湿にやや弱いので、雨の当たらぬ半日陰で乾き気味に育てます。

定植と管理

9月に株間30～40cmで植え付けます。日当たり、水はけの良い所を好みますが、半日陰程度の日当たりでもよく、過湿に弱いので傾斜地などでよく育ちます。肥料は元肥として化成肥料を与える程度で十分です。5～6月ころから咲き始めます。花ガラ摘みをこまめに行ない、花後は株元から刈取ります。

暖地では夏の間は西日を避け風通しを良くすると宿根しやすくなります。小型で黄花のウーリーヤロウは特に蒸れに弱いので密植を避け、除草して風通しを良くします。3～4年は植え放しにし、3月か10月に株分けします。5～6月の挿し芽でも簡単に増やせます。

● 水はけの良い所なら半日陰でも育つ
● 地下茎で増え、はびこって困るほど丈夫

原産地	ヨーロッパ　西アジア
花期：5～9月	草丈：20～100cm
花色：桃・黄・白	
用途：壇・コ・ハーブ・切・グド	
日照：○◐	土：普～乾
耐寒性：強	耐暑性：中
発芽温度：18～21℃	
発芽日数：7～14日	
覆土：3mm	肥料：少なめ
播種用土：赤玉土単用	

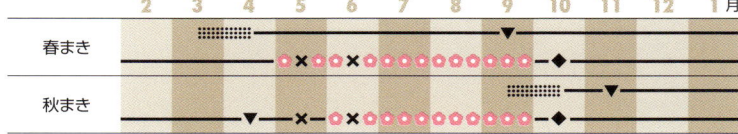

春まき／秋まき

キンポウゲ科　宿根草または二年草

別名★西洋オダマキ

アクレギア

ノラ・バーロー

日本産のオダマキは鉢植えやロックガーデン向きです。草丈が60～90cmと高く花色も豊富な西洋オダマキは花壇向きで、切り花にも利用できます。八重咲き、ボンネット咲きと花の形もさまざまで、多くの品種を集めて楽しみたい花のひとつです。宿根草ですが、高温多湿にやや弱く、暖地では夏越しが難しいので二年草として扱います。

育苗法

4～6月に種まきをし翌春に咲かせます。赤玉土単用で種をまき、好光性種子のため覆土はしません（または光を通すバーミキュライトをごく薄く覆土）。発芽日数が2週間以上と長いので、その間は用土を乾かさないように注意します。

品種によっては寒さにあわないと発芽しにくいものがあります。このような品種は秋に種をまいて翌春に発芽させるか、春早く種をまいて3～4週間冷蔵庫で冷所保存し、その後、適温に戻して発芽させます。

発芽後、本葉2～3枚のころ赤玉土7・腐葉土3の用土で移植します。10日に1回液肥を与え、夏は雨の当たらない明るい日陰に置きます。

定植と管理

9月下旬～10月、水はけの良い西日の当たらない日当たりから半日陰に、あらかじめ化学肥料を混ぜておき、株間30cmで植え付けます。鉢植えは、北側の風通しの良い半日陰に移動すれば夏越ししやすくなります。寒さには強いので霜除けの必要はありません。花後にサヤが黄変したら採種して紙袋に入れて乾燥させてから保存し、翌春にまきます。株分け、挿し芽は難しいです。

● 春に覆土せずにまき、翌春に開花させる
● 夏期は風通しの良い半日陰に移動させる

原産地	北半球の温帯　南アメリカ
花期：5～6月	草丈：10～90cm
花色：赤・橙・桃・黄・白・紫・青	
用途：壇・コ・ロ・切	日照：○◐
土：乾～普	
耐寒性：強	耐暑性：中～弱
発芽温度：18～21℃	
発芽日数：14～60日	
覆土：なし	肥料：標準
播種用土：赤玉土単用	

私流

- 苗をピンチしてわき芽を出させる
- 寒さに弱いので暖房した室内で冬越し

原産地	メキシコ　中南米
花期：6〜10月	草丈：30〜80cm
花色：● ● ○	
用途：壇 コ	日照：☀ ◐
土：普（肥沃土壌を好む）	
耐寒性：弱	耐暑性：強
発芽温度：20〜25℃	
発芽日数：5〜7日	
覆土：2mm	肥料：標準
播種用土：赤玉土4・バーミキュライト4・パーライト2	

ゴマノハグサ科　宿根草
アンゲロニア

メキシコ、中南米原産の宿根草です。花期が長く、花の少なくなる夏に、暑さに負けず咲き続けます。白、ピンク、青紫のほか複色の品種もあり、夏のコンテナにうってつけです。

定植と管理

種があまり市販されていないので、4月以降に出回る開花苗を入手して植え付けます。日当たりから半日陰まで植え付けられますが、日当たりのほうが花つきが良いようです。乾燥には案外強いですが、過湿になると根腐れしやすいので、水はけの良い基本用土2でコンテナに植え付けます。肥料は緩効性肥料を元肥として用土に混ぜ、開花期間が長いので月1回化成肥料を追肥します。

ひととおり咲き終わったら、わき芽の出ているところで切り戻し、形を整えます。アブラムシがつきやすいので、定期的にオルトラン粒剤などで予防します。

寒さに大変弱いので、霜の降りる前に暖房した室内の日当たりに取り込み、乾き気味に管理して冬越しさせます。9月に挿し芽をして、小苗で冬越しさせると場所を取りません。

冬越しさせたポット苗をもとに、3月に暖房した室内で再度挿し芽をして苗を増やします。3月中旬から日中だけ屋外に出して寒さに慣らし、4月下旬に植え付けます。

また花後にできる種からも増やせます。発芽温度が高いので5月に種をまきます。成長が遅く、開花は8月下旬になりますが、室内に取り込むと11月まで咲き続けます。

春　4月上旬〜6月中旬

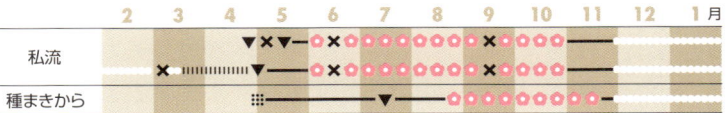

- 丈夫で暑さや寒さに強い
- 水はけをよくし、肥料は控え乾き気味に

原産地	熱帯アメリカ
花期：5〜8月	草丈：20〜30cm
花色：● ● ●	
用途：壇 コ 切 ハ	日照：☀
土：乾（砂質土壌を好む）	
耐寒性：強	耐暑性：強
発芽温度：18〜21℃（フルティコーサ）	
発芽日数：5〜21日（同上）	
覆土：2mm（同上）	肥料：少なめ
播種用土：赤玉土4・バーミキュライト4・パーライト2（フルティコーサ）	

アカバナ科　宿根草
エノテラ

別名★ヒルザキツキミソウ

ツキミソウやマツヨイグサの仲間で、日中に咲く昼咲き種です。草丈が低くこんもりと茂るエノテラ・アフリカンサンは花径4cmの鮮やかな黄色の花を咲かせ、コンテナやハンギングバスケットに向きます。立ち性で花色の豊富なエノテラ・フルティコーサは夏のボーダー花壇に向きます。フルティコーサとモモイロツキミソウの種は市販されていますが、アフリカンサンは種ができないので株分けや挿し芽で増やします。

定植と管理

アフリカンサンの苗は春から初夏に出回ります。日当たりと水はけさえ良ければ、特に土質を選びません。

鉢作りの場合は赤玉土5・鹿沼土2・腐葉土3の用土を使います。肥料は多すぎると茂りすぎるので少なめにし、芽が伸びだすころに大粒化成を4〜5粒与える程度で、あとは必要ありません。

花後に花ガラ摘みを兼ねて切り詰めると、再び咲き出します。耐寒性は強く（−15℃まで耐える）、露地で冬越しします。数年植え放しにすると大株になるので、暖かい地方は10月、寒い地方は3〜4月に株分けします。また5〜6月か9月の挿し芽でも容易に増やせます。

フルティコーサの育苗法

フルティコーサやモモイロツキミソウは、秋または早春に種をまきます。やや加湿に弱いので用土に砂を1〜2割程度混ぜます。根が弱いので本葉2〜3枚で注意してポット上げするか、ポットまきして間引いて育てます。秋まきはポットのまま雨の当たらない軒下で冬越しさせ、3月に定植します。夏の暑さで枯れることがあるので、種を必ず採っておきます。

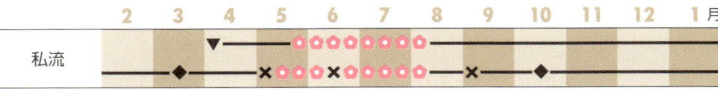

●寒さに弱いので寒冷地では春まき
●過湿に弱いので長雨に当てない

春

オキシペタルム・ケウレウム■ガウラ■カラミンサ■キク

原産地	ブラジル　ウルグアイ		
花期：6〜8月		草丈：30〜100cm	
花色：■■■			
用途：壇 コ 切		日照：○	
土：普			
耐寒性：中〜弱		耐暑性：強	
発芽温度：20〜25℃			
発芽日数：13〜17日			
覆土：5mm		肥料：標準	
播種用土：赤玉土4・バーミキュライト4・パーライト2			

ガガイモ科　半ツル性宿根草　別名★ルリトウワタ

オキシペタルム・ケウレウム

星型の花は咲きはじめは空色ですが、しだいに色が濃くなり、最後の花は赤紫になります。多湿に弱いため鉢栽培向きです。切り花は水切りして、切り口から白い樹液が出なくなるまで洗ってから活けます。樹液でかぶれることがあるので注意してください。

育苗法

春まきも秋まきもできますが、寒地では春まきが一般的です。私は秋まきして室内で冬越しさせています。直根性で移植を嫌うので直まきかポットまき(7.5cmポットに2〜3粒ずつまいて間引き)が適しています。私は鉢まきして、本葉1〜2枚のうちに根を傷めないように丁寧に鉢上げしています。秋まき苗は無暖房の室内で冬越しさせ、3月上旬に9cmポットに植え替えます。

定植と管理

春まきは6月上旬に、秋まきは4月中旬に株間20cmで定植します。伸びてきたら摘芯してわき芽を伸ばします。半ツル性ですが自分でからむ性質はないので、支柱やネットに誘引します。月に1回、化成肥料を追肥し、梅雨時は軒下に移動します。冬越しは、腐葉土をかけて防寒。私はコンテナを北風の当たらない軒下に置き、腐葉土をかけて冬越しさせますが、寒冷地では室内に取り込んだほうが安心です。

採種はサヤが黄変したら採って乾燥させ、綿毛の中の種を取り出して保存します。移植を嫌うので株分けはできませんが、5〜6月の挿し芽で増やします。切り口から樹液が出なくなるまで洗ってから、吸水させて挿します。

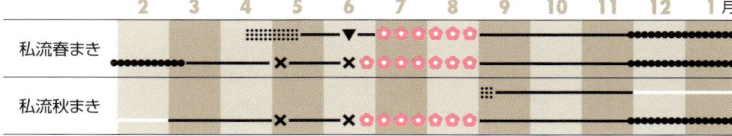

●水はけを良くし、肥料は控えめに
●意外と寒さに強く冬越しも容易

原産地：北アメリカ			
花期：6〜10月		草丈：50〜100cm	
花色：■■			
用途：壇 コ		日照：○ ◐	
土：普（過湿に弱い）			
耐寒性：中〜強		耐暑性：強	
発芽温度：20〜25℃			
発芽日数：14〜18日			
覆土：5mm		肥料：少なめ	
播種用土：赤玉土単用			

アカバナ科　宿根草　別名★ハクチョウソウ

ガウラ

スッとのびた細い茎の先に穂状に花を咲かせ、風に揺れると蝶が舞っているようです。白花のほかピンクもあり、葉にも斑入りや赤葉のものがあります。丈夫で、花期も初夏から晩秋と長く、水はけが良ければ、やや日当りが悪くても咲きます。

育苗法

一般に春か秋に苗を購入しますが、種まきも容易です。暖地では秋まき、寒地では春まきにします。丈夫なので直まきもできます。発芽温度が25℃と高く、直まきは4月下旬以降、移植栽培は4月中旬以降にまきます。

しっかり覆土し、発芽日数が2週間以上と長いので乾かさないように注意します。発芽後はよく日に当て、本葉2〜3枚のころ早めに1本ずつ、基本用土1で7.5cmポットに移植します。肥料は月1回大粒化成を置肥します。直まきでは30cm間隔で2〜3粒ずつ点まきし、発芽後、間引いて1本にします。

定植と管理

6月上旬、本葉5〜6枚のころ、株間30cmで水はけのよい場所に定植します。肥料は元肥に大粒化成を1株5〜6粒与えるていどにします。暑さに強く、7月中旬から次々と咲き続けます。夏にハダニが発生しやすいので葉水をかけたり、定期的に殺ダニ剤をかけます。

花後に地上部を切り戻し、大株は2〜3芽ずつに株分けします。寒さに弱いといわれていますが、私のところでは霜除けしなくても露地で冬越しています。5〜6月に蕾のついていないわき芽を挿し芽すると、容易に発根します。

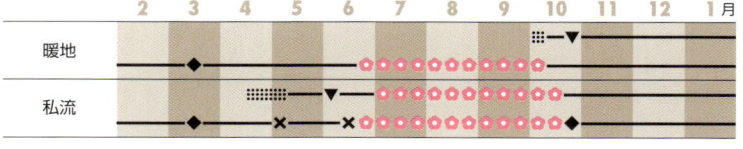

①グランディフローラ・バリエガタ
②コモンカラミント
●種まきよりも挿し芽育苗が容易
●暑さ・寒さに強く、夏花壇におすすめ

原産地：ヨーロッパ～ヒマラヤ西部
花期：6～10月
草丈：30～50cm
花色：■ ■ □
用途：壇 コ 切 ハーブ　日照：☼ ◐
土：普（やせ地に向く）
耐寒性：強　耐暑性：強
発芽温度：16～22℃
発芽日数：7～28日
覆土：1mm　肥料：少なめ
播種用土：赤玉土4・バーミキュライト4・パーライト2

シソ科　宿根草　　別名★カラミント
カラミンサ

よく枝分かれし藤桃色の筒形の大きめの花が咲くカラミンサ・グランディフローラと、小さな花が穂状に咲くカラミンサ・ネペタ（コモンカラミント）とがあります。コモンカラミントは派手さはありませんが、群植すると霞がかかったようです。どちらもさわやかな香りがあり、丈夫で手間がかからず、初夏から秋まで咲き続けるので夏花壇におすすめです。切り花は、カスミソウのようにフィラフラワーとして利用します。

育苗法
一般に3～4月に苗を購入します。挿し芽が簡単なので、私は5～6月に挿し芽で増やしています。伸びてきたら摘芯を兼ねて茎先を切り、それを挿し穂にしてバーミキュライトに挿し芽すると、7月中旬から開花します。種から育てる場合は、3～4月に上記用土にまき、種が隠れる程度に覆土します。発芽後、本葉2～3枚で赤玉土5・腐葉土3・砂2の用土で移植します。

定植と管理
株間30cmで植え付けます。日当たりを好みますが半日陰でも育ちます。やせ地に生えるハーブなので、元肥に大粒化成5～6粒を施せば追肥は無用。グランディフローラは過湿に弱いので、土を盛って高めに植えると安心です。枝が込み合ってきたら間引いて風通しを良くします。花後にコモンカラミントは株元近くで、グランディフローラは半分に切り詰めます。寒さに強いので霜除けなしで冬越しします。株分けは春か秋ですが、秋遅くまで咲いているので寒地では春に行ないます。

	2	3	4	5	6	7	8	9	10	11	12	1月
カラミンサ・ネペタ		▼		▼×	×	✿	✿	✿	✿			
カラミンサ・グランディフローラ		◆		◆	×	✿	✿	✿	✿			

春　4月上旬～6月中旬

●毎年挿し芽して苗を育てる
●コンテナは遅く挿し芽しコンパクトに

原産地：中国
観賞期：7～11月　草丈：25～60cm
花色：● ● ● ● ○
用途：壇 コ 切　日照：☼
土：普
耐寒性：強　耐暑性：中
発芽温度：15～20℃
発芽日数：14～21日
覆土：2mm　肥料：多め
挿し芽用土：赤玉土（細粒）3・バーミキュライト4・クンタン3

キク科　宿根草
キク

和風のイメージの強い花ですが、最近は洋風花壇にも合うさまざまな品種が出回っています。わき芽がよく伸び放射状に咲くスプレーギク、摘芯を繰り返し鉢でこんもり咲かせるポットマム、種からも育てられ、摘芯しなくても自然に半球形となるクッションマム、房状に咲くデルフィマムなどです。夏咲きから冬咲きまであり、秋から冬の花の少ない時期に咲く、うれしい花です。

育苗法
最初は春にポット苗を購入して植えるか、秋に開花した鉢を求めて、花後に株元を切り、地ぎわから出る芽（冬至芽）を育てて冬越しさせます。そして翌年に伸びた枝を切って挿し芽して苗をつくります。

挿し芽は4月からつぼみが見える9月ころまででき、遅く挿し芽をするほど草丈は短くなりますが、開花の時期はほとんど変わりません。コンテナ栽培では6～7月に挿し芽をしてコンパクトに仕上げます。2～3週間で発根するので、排水のよい用土で15cmポットに上げます。スプレーギクは早めに摘芯し、わき芽を数本伸ばします。

定植と管理
堆肥や緩効性肥料を多めに施し、20～30cm間隔に植え付けます。街灯などの近くに植えると、開花が遅くなったり咲かないことがあるので注意してください。アブラムシがつきやすいので、定期的にオルトラン粒剤などで予防し、ウドンコ病には殺菌剤を散布します。植え放しのままよりも、毎年挿し芽をしたほうが立派に咲いてくれます。

	2	3	4	5	6	7	8	9	10	11	12	1月
秋咲き			▼ ▼		×	×		▼	✿	✿	✿	
		◆	××	××	×	×			✿	✿	✿	
				▼	▼	▼	▼					
クッションマム（実生）			⋮⋮	▼	▼				✿	✿		

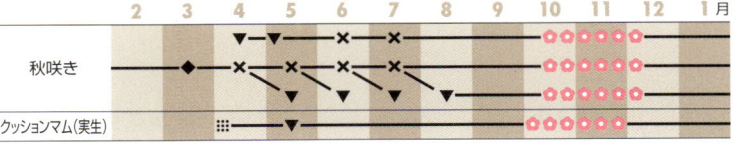

⋮⋮ タネまき　▼ 植付け　× 挿し芽　◆ 株分け　◯ 掘り上げ　▽ 発芽　✿ 開花期　❀ 暖房した室内で開花

キキョウ科　二年草　宿根草　　別名★ベルフラワー

カンパニュラ

主な種類（別名・学名）	分類	草丈cm	そのほか
フウリンソウ（メディウム　ツリガネソウ）	一・二年草	40～100	1年草タイプは秋まきできる
ピラミダリス（ピラミダリス）	二年草	200	高温多湿に弱く夏越ししにくい
オトメギキョウ（ポルテンシュラギアナ、ベルフラワー）	宿根草	10～15	鉢・ロックガーデン向き
ジューンベル（フラギリス）	宿根草	10～15	寒さにやや弱い　フラギリスの一代交配
フラギリス	宿根草	10～15	鉢・ロックガーデン向き
カルパティカ（ダークブルー、ブルーボール、イタリアギキョウ）	宿根草	15～20	高温多湿に弱い　白花もある
コクレアリーフォリア（エリザベスオリバー）	宿根草	10～15	砂礫地を好む　ロックガーデン向き
アルペンブルー（ポシャルスキアーナ）	宿根草	20～40	6月から11月まで開花　育てやすい
ホシギキョウ（ガルガニカ）	宿根草	20～30	丈夫で育てやすい　ハンギング・コンテナ向き
ラプンクロイデス（ハタザオキキョウ）	宿根草	50～70	丈夫で地下茎で増える　花壇向き
グロメラータ（リンドウ咲きカンパニュラ）	宿根草	50～70	園芸品種　切花・花壇向き
ホタルブクロ（プンクタータ）	宿根草	40～80	寒地向き　大型コンテナ・切花向き
ヤツシロソウ（グロメラータ）	宿根草	40～80	自生種（九州の八代で発見）
ラクティフローラ	宿根草	80～100	高温多湿に弱く夏越ししにくい　花壇向き
トラケリウム（ヒゲキキョウ）	宿根草	60～100	高温多湿に弱く夏越ししにくい　花壇向き
モモバキキョウ（パーシシフォリア）	宿根草	50～100	寒さに強いが夏越ししにくい　花壇・切花向き
ラティフォリア（カブラキキョウモドキ）	宿根草	60～120	湿り気を好む　花壇・切花向き

①メディウム　②パツラ
●6月までにまき、10月上旬定植
●雨の当たらない半日陰で夏越しさせる

原産地：地中海沿岸　北半球の温帯地方
花期：5～8月　**草丈**：40～200cm
花色：■■■□
用途：壇・コ・切・ハ　**日照**：☀◐
土：乾（弱酸性～中性）
耐寒性：強　中　**耐暑性**：中　弱
発芽温度：15～20℃
発芽日数：14～21日
覆土：なし　**肥料**：標準
播種用土：バーミキュライト

キキョウ科カンパニュラ属は、北半球の温帯と地中海沿岸に多く自生しています。日本にもホタルブクロ（カンパニュラ・プンクタータ）ヤツシロソウ、（カンパニュラ・グロメラータ）が自生しています。上に示した表のように、2mにもなる高性種から10cm程度の矮性種まで草丈もさまざまです。初夏から夏に青、紫、白などの涼しげな花を咲かせます。

育苗法

カンパニュラは冷涼な気候を好み、翌年に開花させるには遅くとも前年の6月までに種をまいて、一定の寒さに当てる必要があります。夏の高温多湿に弱く、夏越しが難しいものが多く、二年草扱いになっているものが少なくありません。

おもに種から育てているものは二年草のモモバキキョウとフウリンソウ、ピラミダリスなどです。それ以外の宿根草は春または秋に出回る苗を購入して植え付けています。

フウリンソウは9月下旬までにまけば翌年開花する一年草タイプの種もありますが、二年草タイプのほうが大株になり、わき芽も多く見ごたえがあります。

4～5月にバーミキュライトにまき、微細種子のため覆土はしません。発芽までの2～3週間は底面給水で水やりして乾かさないようにします。本葉3～4枚で、基本用土1にパーライトを1割混ぜた用土でポットに移植します。大粒化成を与え、根が回ったら徐々に大きいポットに植え替えます。夏は風通しのよい、朝日が当たる程度の日陰に置き、雨には当てないようにします。涼しくなったら一回り大きなポットに植え替え、追肥します。

定植と管理

寒さが来るまでにしっかり根を晴らせるため、10月上旬に定植します。日当たりと水はけがよく、西日の当たらない所にあらかじめ苦土石灰を混ぜておき、1㎡当たり5ℓバケツ1杯の腐葉土と有機配合肥料100gを混ぜ、株間20～30cmで植え付けます。寒さには強く、霜よけの必要はありません。

3月から月に一度、大粒化成を一株あたり8～10粒ほど与え、茎が伸びだしたら摘芯すると、花穂が何本も上がります。また、花ガラをすぐに摘み取ると脇からつぼみが膨らみ、再び花が咲きます。

モモバキキョウ（パーシシフォリア）は8月にまいても翌年に開花するので8月下旬にまいて夏越しの手間を省いています（55ページ参照）。

宿根草のカンパニュラは、10月か3月に植え付けます。定着後真夏と真冬を除き、月に1回化成肥料を与えます。高性種は早めに支柱をして、花ガラは早めに取ります。オトメギキョウやポシャルスキアーナなどは花後三分の一程度に切り詰めます。

オトメギキョウ、ポシャルスキアーナ、グロメラータ、ホタルブクロ、ホシギキョウ、ラプンクロイデスなどは10月か3～4月に株分けで増やします。オトメギキョウは花後すぐに開花しなかった茎を切り取って挿し芽して増やすこともできます。ピラミダリスやラクティフローラ、トラケリウムなどは高温多湿に弱く、夏越ししにくいので、毎年苗を植え付けるか、種をまきます。耐寒性は強いですが、フラギリスはやや寒さに弱いので室内で冬越しさせます。

タマノカンザシ

- 葉も美しく、丈夫で日陰でも育つ
- 数年おきに株分けして増やす

原産地	東アジアの温帯〜亜熱帯	
花期	6〜9月	草丈：2〜100cm
花色	■ □	
用途	壇 コ 切	日照：☀ ⛅
土	湿	
耐寒性	強	耐暑性：強
発芽温度	15〜25℃	
発芽日数	30〜40日	
覆土	3mm	肥料：少なめ
播種用土	硬質鹿沼土4・赤玉土4・軽石砂2・ピートモス少々	

ユリ科 宿根草

ギボウシ

別名★ホスタ

日本には多くの種類が自生していて、古くから庭に植えられています。最近、大きな葉の美しさや、日陰を彩る数少ない植物として見直され、葉に白や黄色の斑が入るものなど多くの品種がつくられています。

定植と管理

種からも育てられますが、春か秋に苗を入手して植え付けたほうが簡単です。数年は植え放しにして育てるので、株間30〜80cmくらい広く取ります。

水はけが良く湿り気のある土壌ならば土質を選びません。日陰から日向まで育ちますが、西日は当たらないようにします。斑入り種は、半日陰のほうが葉色がきれいに出ます。

植え穴を30cmくらい深く掘り、1㎡当たりピートモスや腐葉土をバケツ1杯にマグァンプKを軽くひと握り混ぜて施しておきます。水やりも夏の乾燥時くらいでよく、霜除けも必要ありません。3月中旬に株の上に少し土がかかるように耕し、大粒化成を10粒与えます。斑入り種では、斑のない緑葉は切り取り、それでも出る場合はその元部の芽から切除します。

鉢植えは赤玉土3・鹿沼土3・腐葉土4の用土に植え、過湿に注意し、毎年春に株分けして植え替えます。

株分けは、葉が枯れてしまうと株のありかがわかりにくくなるので、葉がついている10〜11月か新芽が出る3月に行ないます。株ごと掘り上げ、水を入れたバケツに入れて土を洗い流し、1株2〜3芽つけてハサミかナイフで切り分けます。これを上記用土に植え、芽が隠れる程度に2〜3cm覆土します。

春 4月上旬〜6月中旬

	2	3	4	5	6	7	8	9	10	11	12	1月
春植え			▼		○○○○○○○○○○				◆			

シソ科 宿根草

キャットミント

別名★ネペタムッシーニ

青紫の美しい花が、5月から9月まで咲き続けてくれます。葉や茎に芳香があって、猫が大好きといわれていますが、我が家の猫は興味を示しません。

よく枝分かれして、株いっぱいに花穂をつけます。花穂は乾燥させてポプリに。

丈夫でよく増えるのでグランドカバーにも向きます。やや草丈の低い白花種もあります。

育苗法

秋または春まきで種からも育てられますが、春に苗を求めて植え、5〜6月にこれから挿し穂を採って挿し芽して増やしたほうが、手間がかからず簡単です。

定植と管理

日当りと水はけの良い所ならどこでもよく、株間25〜30cmで植え付けます。乾燥気味の所を好み、蒸れに弱いので、風通しの良い花壇の縁が適しています。道路や敷地の境などの、やせ乾き気味のところのほうがよく育ちます。生育が旺盛で茂り過ぎて困るほど。

暖地では蒸れやすいので、7〜8月に3分の1くらいに刈り込んで風通しを良くしてやります。多肥にすると軟弱になり徒長して蒸れて枯れやすくなるので、肥料は3〜4月と花後の10月に化成肥料を少しバラまく程度です。

株分けは2〜3年に一度、花後の10月か3月に行ないます。採種もできますが、種が細かくすぐにこぼれてしまいます。こぼれ種でよく芽生えるので掘り上げて、育てたり挿し芽で増やす方が簡単です。

- 種でも増やせるが、挿し芽育苗が簡単
- 多肥を避け、水はけが良く乾燥気味に

原産地	ヨーロッパ〜アジア南西部	
花期	5〜9月	草丈：30〜50cm
花色	■ □	
用途	壇 コ 切 ハーブ グ	日照：☀
土	乾	
耐寒性	強	耐暑性：中〜強
発芽温度	16〜20℃	
発芽日数	7〜21日	
覆土	2〜3mm	肥料：少なめ
播種用土	赤玉土4・バーミキュライト4・パーライト2	

	2	3	4	5	6	7	8	9	10	11	12	1月
苗から			▼	ー×	ー○ー×	○○○○	○○○○	○○×				
種から		▒▒▒▒	ー	▼	○○	○○○	○○○	○×				

::: タネまき ▼植付け ×挿し芽 ◆株分け ●掘り上げ ▽発芽 ○開花期 ●暖房した室内で開花

バラ科　宿根草
キンミズヒキ

ハーブとして売られているアグリモニーは別名西洋キンミズヒキと呼ばれ、ほんのり甘い香りがします。日本の山野にも自生する近縁のキンミズヒキには香りがありません。

赤い花穂のミズヒキ（タデ科）と異なり、黄色の5弁花が細い花穂に多数つきます。アキノキリンソウよりも線が細く優しい花です。草物盆栽や苔玉で楽しむのもよいでしょう。種が稔実すると、ガクに包まれた種が衣服につきます。

育苗法
種まきもできますが、種の入手は困難です。秋に近くの山から種を採取して採りまきするか、保存しておき春にまきます。あるいは2〜6月ころに山野草店かハーブ店からポット苗を購入します。私は野草好きの方に苗を分けてもらいました。こぼれ種でよく芽生えるので、これをポットに移植して増やしています。寒さや暑さにも強く、丈夫なので直まきもでき、育苗も容易です。草物盆栽や苔玉には、この小さなこぼれ種苗を植えると、大きくなりすぎずコンパクトに仕上がります。

定植と管理
日当たりから半日陰まで、また湿り気を好みますが、かなりの乾燥にも耐えます。肥料はほとんど必要なく、多肥にすると大きくなりすぎて野草の風情がなくなります。

丈夫で一度植えるとよく増えるので、時々、株間30cmくらいに間引いて風通しをよくしてやります。余分な株は早く根ごと掘り上げないと、深く根が張って間引きにくくなります。数年おきに、春か秋に株分けをして植え替えます。

- ●丈夫な秋の山野草、採種して採りまきに
- ●草物盆栽や苔玉の寄せ植えもおすすめ

原産地：北半球の温帯　日本	
花期：8〜10月	草丈：30〜100cm
花色：●	
用途：壇 コ 切 ハーブ	日照：☀ ◐
土：普〜湿	
耐寒性：強	耐暑性：強
発芽温度：18〜21℃	
発芽日数：10〜21日	
覆土：5mm	肥料：少なめ
播種用土：赤玉土単用	

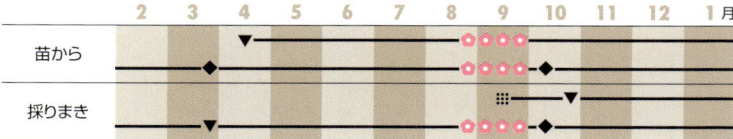

フウチョウソウ科　春まき一年草
クレオメ
別名★西洋フウチョウソウ

夏、蝶のような花が夕刻から咲き、風に揺れる様子が涼しげです。花壇に群植すると見応えがあります。暑さ、乾燥、強光に強く、コンテナ栽培にも向いています。こぼれ種で毎年生える丈夫な花で、夏のローメンテナンス植物としてうってつけです。

育苗法
発芽温度が高いので、屋外では5月中旬になってからまきます。直根性で大苗の移植を嫌うため、直まきして発芽後、株間30cmに1本に間引くか、9cmポットに数粒ずつポットまきし、発芽後1本に間引きします。私は夏早くに開花させたいので、4月下旬に室内で種まきし、本葉1〜2枚の小苗を9cmポットに根を傷めないように鉢上げし、大粒化成を5〜6粒置肥し乾き気味にして育てます。

定植と管理
ポット苗は本葉4〜5枚のころ、根鉢を崩さないように株間30cmで植え付けます。日当りと水はけの良い、肥沃でやや乾燥気味の所がよく、元肥として堆肥などの有機物をたっぷり入れておきます。追肥は定植1週間後から月1回、1株当たり大粒化成を7〜8粒置肥します。

鉢栽培では、直径18cm以上の大きな鉢に植え付けます。過湿を嫌うので、用土の表面が白っぽく乾くのを待ってからたっぷり水やりをします。梅雨時期は雨の当たらない軒下に移動し、草丈が高くなると倒れやすいので、支柱を立てて誘引します。

種は放って置くとこぼれ落ちてしまいます。サヤにすきまができてきたら早めに採ります。

- ●移植を嫌うので直まきかポットまき
- ●乾燥には大変強いが過湿に弱い

原産地：南アメリカの熱帯地域	
花期：7〜9月	草丈：80〜100cm
花色：● ○	
用途：壇 コ	日照：☀
土：乾（肥沃土壌）	
耐寒性：弱	耐暑性：強
発芽温度：20〜25℃	
発芽日数：7〜10日	
覆土：3mm	肥料：多め
播種用土：赤玉土5・腐葉土5	

コリウス・パリサンドラ

●堆肥を多めに混ぜ水を切らさない
●暖房部屋で冬越し、挿し芽で増やす

原産地	アジア　アフリカ
鑑賞期：7〜10月	草丈：20〜80cm
葉色	● ● ● ●
用途：壇 コ ハ	日照：◐
土：湿（保水性のある土壌）	
耐寒性：弱（半耐寒性）	耐暑性：強
発芽温度：20〜25℃	
発芽日数：7〜10日	
覆土：なし	肥料：少なめ
播種用土：赤玉土4・バーミキュライト4・パーライト2	

シソ科　春まき一年草、常緑宿根草　別名★キンランジソ、ニシキジソ

コリウス

花はあまり目立ちませんが、葉が美しい夏の草花です。葉色が豊富で、コンテナやハンギングバスケットの寄せ植えにも向きます。

種から育てる一年草タイプ（実生系）と、挿し芽で育てる宿根草タイプ（栄養系）とがあります。乾燥に弱いので、夏の強い日差しを避け、半日陰に植えます。

育苗法

一年草タイプは発芽温度が高いので、5月になってから上記用土で種まきをします。好光性種子なので覆土せず、発芽まで底面吸水して湿度を保ちます。本葉2〜3枚で赤玉土5・ピートモス3・腐葉土2の用土で7.5cmポットに移植し、大粒化成を4粒施して半日陰で育てます。

宿根草タイプのコリウスは、挿し芽でよく発根するので、1株購入して挿し芽をすれば、必要なだけ増やせます。一年草も気に入った葉色の苗を購入し、同様に挿し芽で増やしたほうが簡単です。

定植と管理

十分に根が回り、外気温が上がってから、半日陰に株間25〜30cmで定植します。保水性を良くするために完熟堆肥を多めに混ぜ、肥料は与え過ぎると葉色が悪くなるので、定植後大粒化成を5〜6粒施し、以後は施しません。

コンテナでは、夏は乾かさないよう朝夕水やりをします。伸び過ぎると形が悪くなるので、そのつど摘芯して形を整え、水切れなどで弱った株は、半分くらいに切り詰めてわき芽を伸ばします。

宿根草タイプは、暖房した室内で乾き気味にして冬越しします。

春　4月上旬〜6月中旬

	2	3	4	5	6	7	8	9	10	11	12	1
1年草タイプ			┊┊┊	━━	▼━	━	○○○	○○○	○○○	○○○		
宿根草タイプ				▼	━	━	○○○	○○○	○○○	○○○	┄┄┄	┄┄┄
	✕	┊┊┊	━	▼✕	━✕	━	○○○✕	○○○	○○○	○○○		

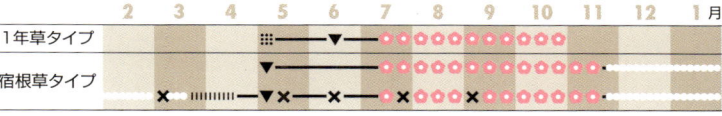

●イトバハルシャギクは4月まき7月開花
●日当りと水はけの良いところに植え付け

原産地	北アメリカ
花期：6〜9月	草丈：30〜80cm
花色	● ●
用途：壇 コ ハ 切	日照：☀
土：乾	
耐寒性：強	耐暑性：強
発芽温度：15〜20℃	
発芽日数：5〜10日	
覆土：3mm	肥料：少なめ
播種用土：赤玉土6・腐葉土4	

キク科　宿根草

コレオプシス（宿根草）

コレオプシスには一年草のハルシャギク（21ページ参照）のほかに、宿根草があります。

宿根草には糸状の葉で宿根コスモスとも呼ばれるイトバハルシャギク、草丈30〜40cmでコンテナに向くコレオプシス・ロゼアやコレオプシス・オーリキュラタなどがあります。イトバハルシャギクには大輪のザグレブや草丈30〜40cmで鮮やかな淡黄色の花を咲かせるムーンビームなど、コレオプシス・ロゼアには桃色小輪のアメリカンドリームなどの品種があります。

なお、仲間のオオキンケイギクは特定外来生物のため栽培が禁止されました。

育苗法

宿根草ですが、4月上旬にまくと6〜7月に開花します。本葉2〜3枚のころポットに移植し、月に一回、大粒化成肥料を3〜4粒置き肥します。イトバハルシャギクやロゼアは春に苗を求めて植え付けます。

定植と管理

日当たりと水はけが良ければ土質は選びません。株間20〜30cmで植え付け、大粒化成を5〜6粒与えます。花ガラをこまめにつむと長く楽しめます。半耐寒性とされていますが、過湿にならないようにすれば、比較的寒い地方でも露地で冬越しします。

イトバハルシャギクやロゼアは挿し芽で増やすほか、3月または9月下旬〜10月に、8〜10芽を一株に株分けします。

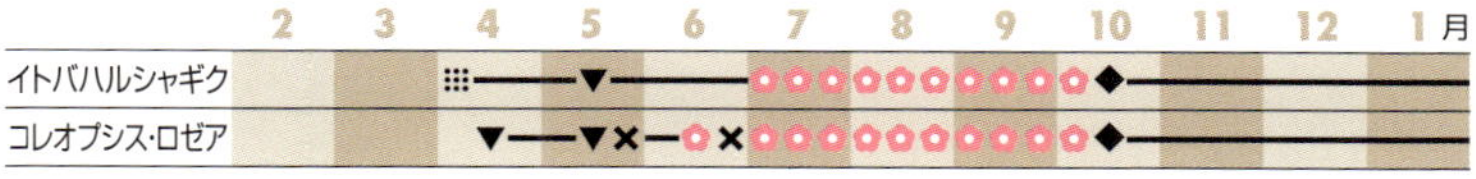

	2	3	4	5	6	7	8	9	10	11	12	1
イトバハルシャギク			┊┊┊	━▼	━	━	○○○	○○○	○○○ ◆			
コレオプシス・ロゼア			▼	━▼✕	━○✕	━	○○○	○○○	○○○			

┊┊┊ タネまき　▼ 植付け　✕ 挿し芽　◆ 株分け　○ 掘り上げ　▽ 発芽　○ 開花期　● 暖房した室内で開花

シソ科　宿根草（一・二年草）、多年生低木

サルビア

①インディゴスパイアー
②インボルクラータ
③コクシネア　④ファリナセア
⑤ミクロフィラ

- 種類ごとの特性に合わせて栽培管理
- 宿根草は春、秋の挿し芽で苗つくり

原産地	中南米　ヨーロッパ
花期：5〜11月	草丈：30〜200cm
花色：赤・桃・紫・青・白・ほか	
用途：壇・コ・切	日照：◯・◐
土：乾・普・湿（種類によって異なる）	
耐寒性：強〜弱	耐暑性：強〜弱
発芽温度：20〜25℃	
発芽日数：5〜15日	
覆土：3〜5mm	肥料：標準
播種用土：赤玉土4・バーミキュライト4・パーライト2	

サルビアだけの寄せ植えで初夏から晩秋まで咲き続ける花壇が作れるくらい、多くの種類があります。次ページの表のように種類によって、開花時期、花色、花形、草姿もさまざまです。本来は宿根草ないしは多年生低木ですが、耐寒性や耐暑性が種類によって違うので、冬越し・夏越し対策もそれぞれ違います。

育苗法

種まき育苗　種が入手できるものは、種からも育てられます。春まき一年草扱いのスプレンデンス（ヒゴロモソウ）やコクシネア（ベニバナサルビア）、ファリナセア（ブルーサルビア）、パテンス（ソライロサルビア）、二年草のスクラレ、宿根草のパテンス、プラテンシス、オフィシナリスなどです。そのほかは、春から初夏に出回る苗を求めて植え付け、挿し芽や株分けで増やします。

発芽温度が高いので、春まきは5月中旬以降になりますが、私は夏花壇の植え付けに間に合うように、4月上旬に室内の窓辺で20℃を保って育苗しています。

また、暑さに弱く寒さに強いプラテンシスやオフィシナリスは8月下旬にまき、10月に植え付け、翌年の初夏に咲かせます。

発芽後、週に1回液肥を与え、室内の早まきは、日中は外に出してよく日に当て、夜は部屋に入れて保温します。本葉2〜3枚のころ基本用土2で6cmポットに移植し、7〜10日後に大粒化成を2粒置き肥します。根が回ったら9cmポットに植え替え、大粒化成を4粒追肥します。

挿し芽育苗　種が入手できない種類は、5月上旬に苗を購入して植え付けます。どの種類も挿し芽が容易なので、購入苗を親株にして挿し芽をすれば、簡単に増やすことができます。挿し芽の適期は5〜6月ですが、9月も適期です。寒さに弱く戸外で冬越しできない種類は、9月に挿し芽をして冬越し用の苗を作り、霜の降りるまでに室内の窓辺に取り入れます。3月にこの冬越し苗を親株にして室内で再度、挿し芽をして増やします。また、晩秋まで咲き続ける種類を9月上旬に挿し芽して植え付けると、草丈が低いコンパクトな草姿を楽しめます。

定植と管理

日当たりを好みますが、コクシネア、オフィシナリス、パテンス、スプレンデンス、ファリナセアなどは半日陰でも育ちます。

多くは水はけのよい乾き気味の所が適地ですが、ウリギノーサなどは湿り気のあるところを好みます。

耐暑性が弱いものは、午前中だけ日が当たる家の東側の風通しの良いところが適しています。

また、夏から秋に開花する種類は日が短くならないと蕾ができないので、街灯などで夜も明るいところに植えると開花が遅れ、咲かないこともあります。

酸性土を嫌うプラテンシスやオフィシナリスなどにはあらかじめ石灰を混ぜておき、1m²当たりバケツ1杯（5ℓ）程度の腐葉土を施し、草丈に合わせて株間25〜80cmで植え付けます。多肥にすると伸びすぎて姿が乱れ開花が遅れるので、庭植えの場合は元肥のみとします。鉢植えは根詰まりするとよい花が咲かないので、ひと回り大きな鉢に植え替え、大粒化成を月に1回5〜6粒追肥します。

枝が伸びてきたら摘芯を繰り返し、わき芽を伸ばして枝数を増やします。花ガラは早めに摘み、花後の花穂はわき芽の伸びている部分まで順次切り戻すと、株が弱らず、花が絶えることがありません。

夏の高温多湿に弱いパテンスなどは、盛夏前に切り戻して休ませ、秋に再び咲かせます。梅雨明け後、ハダニがつきやすいので葉裏に水をかけて洗い落とします。高性種は台風に備えて、早めに支柱を立てておきます。

花後に採種もできますが、私は花ガラ摘みで種ができず、また挿し芽で増やしたほうが容易なので採種したことはありません。寒さに弱い品種は9月に挿し芽をして、霜の降りるまでに室内の窓辺に入れます。2〜3本まとめてポットに植えると場所を取らずにすみます。

寒さに強く露地で越冬させるものは、株もとの芽を残して地上部を切り取り、盛り土をしたり腐葉土をかけて保温し、3〜4月に株分けして増やします。

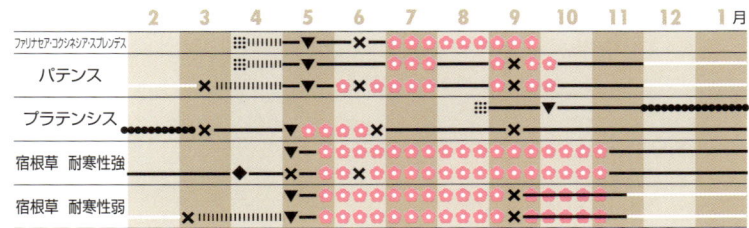

サルビアの種類と特性

	品種名	別名	草丈cm	花期 月	花色	耐寒性	耐暑性	冬越し(当地)	ポイント
種まき	宿一 スプレンデンス	ヒゴロモソウ	40〜80	6〜12	赤紫白	弱	弱		春まき一年草扱い
	宿一 コクシネア	ベニバナサルビア	40〜80	7〜10	深紅 ピンク 白	弱	強		無霜地帯では宿根するが一般に春まき一年草扱い
	宿一 ファリナセア	ブルーサルビア	50〜100	6〜12	青白	中〜弱	強		暖地では露地で冬越し 寒地では春まき一年草
	宿 パテンス	ソライロサルビア	45〜60	6〜7 9〜10	濃青紫 青白(0℃)	弱		室内	早春にまけば夏開花。家の東側で育てる
	宿 アズレア	プレイリーセージ	60〜80	9〜11	空色	中〜強	強	戸外	春まきでその年開花 6〜8月に摘芯を繰り返す
	宿 プラテンシス	メドーセージ	60〜80	6〜7	青紫	強	強	戸外	秋まき 石灰を施し夏涼しく 冬の寒さに当てる
	宿 オフィシナリス	コモンセージ	30〜60	6〜7	紫白	強	強	戸外	秋まきして翌年開花。代表的ハーブ。石灰を施す
	二 スクラレア	クラリーセージ	100	6〜7	緑 ピンク 白	強	強	戸外	春まき翌年咲きの2年草扱い。乾燥地を好む
挿し芽	宿 インディゴ・スパイアー	ラベンダーセージ	100〜150	5〜11	青紫	強	強	戸外	肥料はひかえ、7月に切り詰めて低く育てる
	宿 ウルギノーサ	ボックセージ	100〜150	5〜11	空色	中	強	戸外	水を好み乾燥を嫌う。鉢栽培は腰水で
	宿 インボルクラータ	ローズリーフセージ	100	7〜11	濃桃	中〜強	強	戸外	大株にならないと開花しにくい。肥沃地を好む
	宿 グラティニカ	アニスセンテッドセージ	100	5〜10	青紫 紫 空色	中	中	戸外	肥料切れに注意。乾燥に強い。半日陰でも
	宿 ミクロフィラ	チェリーセージ	60	5〜11	ローズレッド	中	強	戸外	日当たり・水はけの良い所に
	宿 グレッギー	オータムセージ	60	5〜11	ローズレッド	中	強	戸外	日当たり・水はけの良い所に
	宿 ヤメンシス	チェリーセージ	60	5〜11	黄 チェリー 紫	中	強	戸外	日当たり・水はけの良い所に
	宿 アルゲンティア	しろくま君	60〜100	7〜8	白	中	弱	戸外 霜除け	小苗は室内で冬越し。3〜6月までの観葉
	宿 エレガンス	パイナップルセージ	100	9〜11	緋紅	中〜弱	強	戸外 霜除け	葉にパイナップルの香りがある。宿根すると木質化する
	宿 レウカンサ	メキシカンブッシュセージ	100以上	9〜11	赤紫白	中〜弱	強	室内	暖地では戸外で冬越し。6〜7月に摘芯を繰り返す
	宿 ディスコロール	アンデアンセージ	60〜100	6〜10	黒紫	弱	中	室内	摘芯して株数を増やす。支柱をする
	宿 ドリシアナ	フルーツセージ	30〜80	11〜12	ローズレッド	弱	強	室内	秋から冬に咲くので寒地では保温が必要
	宿 カカリフォリア	カカリアセージ	45〜50	6〜8	濃青紫	弱	強	室内	水はけ・肥沃土壌を好む
	宿 チアペンシス	ローズシャンデリア	30〜50	4〜11	ローズピンク	弱	強	室内	小型で垂れる。ハンギング向き
	宿 シナロエンシス	コスミックブルー	30〜40	5〜10	コバルトブルー	弱	強	室内	暖地では戸外で冬越し。赤紫の葉が美しい
	宿 イエローマジェスティー	マドレンシス	100〜200	6〜10	黄	弱	強	室内	暖地では戸外で冬越し。園芸品種
	宿 メキシカナ	ライムライト	100	10〜11	青紫	弱	強	室内	暖地では戸外で冬越し。ガクが黄緑色で美しい

宿：宿根草　宿一：宿根草または一年草　二：二年草

春　4月上旬〜6月中旬

ゴマノハグサ科　宿根草（二年草）　別名★フォックスグローブ

ジギタリス

花茎が1m以上に伸び、鐘状の花がたくさん咲きます。夏の高温多湿に弱いため、高冷地以外では宿根しにくく、宿根しても2〜3年で消えてしまう短命な宿根草です。前年の春にまいて、翌年の春から夏に咲く二年草として扱われています。フォクシーは9月にまくと翌春に咲く一年草です。なお、ハーブですが有毒です。

育苗法

種は4月から遅くとも6月中旬までにまかないと咲かない株が出ます。好光性種子なので覆土せずにまき、底面吸水させ日陰に置くと10日前後で発芽します。発芽後は雨の当たらぬ日当たりに置き、10日に1回液肥を与えます。本葉2〜3枚のころ、赤玉土7・腐葉土3の用土で6cmポットに上げ、梅雨時から夏は雨の当たらぬ半日陰で育てます。根がまわったら、順次大きなポットに植え替えます。

定植と管理

9月下旬、水はけの良い半日陰から日向に、1㎡当たり堆肥7〜10ℓ、有機配合肥料150gを施し、株間30cmで植え付けます。鉢植えでは直径18cm以上の深鉢に1株、65cmプランターには3〜4株が適当です。活着後、大粒化成を1株に10粒与え大きな株に育てます。

寒さには強く露地で冬越しします。3月に大粒化成を同量追肥し、支柱をします。花後早めに穂を切り取ると二番花が咲きます。種は黄変してから採り、翌春まで保存します。こちらでは半日陰の風通しの良いところだと宿根し、3年目には多数の花穂が伸びて見事に咲きますが、花後に株が弱り枯れてしまいます。

ラナタ　マートエンシス

- 春に覆土なしでまき、翌春に咲かす
- 高温多湿に弱く高冷地以外宿根しにくい

原産地	地中海沿岸西部
花期	5〜7　草丈：100〜150cm
花色	赤 ピンク 橙 黄 白
用途	壇 切　日照：☀ ☀/☁
土	乾（肥沃土壌を好む）
耐寒性	強　耐暑性：弱
発芽温度	15〜20℃
発芽日数	7〜14日
覆土	なし　肥料：標準〜多め
播種用土	赤玉土単用

私流

::: タネまき　▼植付け　✕挿し芽　◆株分け　⦿掘り上げ　∨発芽　⬤開花期　━暖房した室内で開花

- 高温過乾に弱く、切り詰めて夏越し
- 丈夫で花期が長く挿し芽で簡単に増える

ゴマノハグサ科　宿根草　別名★ウンランモドキ

宿根ネメシア

宿根ネメシアは一年草のネメシアより開花期間が長く、丈夫で耐寒性もあります。やや過湿に弱いので、庭植えよりもコンテナ、ハンギングバスケットに向きます。

育苗法

種の入手が困難なので、春に苗を購入して植え付けます。3月中旬に植えると、4月から咲き続けます。赤玉土5・腐葉土3・クンタン1・パーライト1などの水はけの良い用土を使い、肥料は10日に1回液肥を与えるか、大粒化成を月に1回置肥します。

水は土の表面が白く乾いてくるまで待って、たっぷりかけます。日当たりを好みますが、半日陰でも育ちます。伸びすぎると姿が悪くなるので、時々刈り込んで形を整え、梅雨の間に株分けして植え替えます。

定植と管理

耐暑性は弱いので、夏は半分くらいに切り詰めて、乾きすぎに注意し、午後の日射を避け、追肥を中断して夏越しさせます。秋に再び咲き始め、霜が降りるまで咲き続けます。花ガラを早めに摘んで種を実らせないことが、長く咲かせる秘訣です。

見かけによらず耐寒性があり-5℃くらいは楽に耐えるので、北風や雨、雪の当たらない軒下で冬越しさせます。私は9月上旬に挿し芽をしたポット苗をトロ箱に入れビニールをかけ、乾き気味に管理して冬越しさせています。陽だまりに置けば3月から咲き始めます。3～4月の株分けや5～6月の挿し芽でも簡単に苗ができます。

原産地：南アフリカ	
花期：3～6月　9～10月	
草丈：20～30cm	
花色：■ ■ ■ □	
用途：コ ハ	日照：○ ◐
土：普　耐寒性：中　耐暑性：中	
発芽温度：13～22℃	
発芽日数：5～21日	
覆土：3mm	肥料：標準
播種用土：赤玉土	

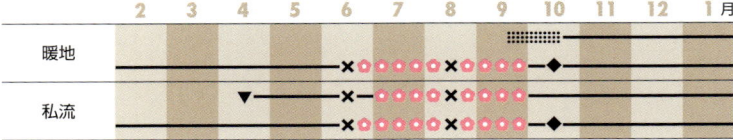

- 丈夫で初夏から初秋まで咲き続ける
- 風通しを良くしてウドンコ病を防ぐ

ハナシノブ科　宿根草　別名★オイランソウ

宿根フロックス

直立して草丈が高くなり、頭部にアジサイのように小花を密生させた花穂を、初夏から初秋まで咲かせます。花色も豊富で、花穂の形もさまざまで、葉に斑の入る品種もあります。古くから作られている品種は高温多湿にも強く丈夫ですが、品種によっては高温多湿に弱いものがあります。

定植と管理

春か秋に苗を入手して植え付けますが、寒地では秋早く植えて根を十分に張らせておかないと、霜で株が浮き上がってしまうので、私は4月に植えています。日当たり、水はけの良い所に、堆肥と有機肥料をよく混ぜておき、株間40cmで植え付けます。半日陰でも育ちますが、花付きは悪くなります。追肥は芽の伸び始めと6月に大粒化成を軽く一握り（約20粒）くらい与えます。

芽が15cmくらいに伸びたころ摘芯すると草丈が低くなり、わき芽が伸びて花数が多くなります。株元の風通しを良くし、夏の乾燥時には十分に水やりをします。花後に花ガラを摘むと二番花が咲き、また花穂の部分を切りもどすと、わき芽が伸びて再び花が咲きます。秋に枯れてきたら株元から切って冬越しさせます。寒さには強い（-15℃）ので霜除けの必要はありません。

株分けは3～4年に1回、10月または3～4月に、1株に新芽を3芽くらいつけて植え替えます。挿し芽は6～8月に充実した芽の先5cmを赤玉土に挿します。発根したら赤玉土6・腐葉土3・乾燥牛糞1の用土で育てます。また、採取した種を採りまきすると翌春に発芽します。

原産地：北アメリカ	
花期：6～9月　草丈：70～100cm	
花色：● ● ● ○ ●	
用途：壇 コ 切　日照：○　土：普	
耐寒性：強　耐暑性：中～強	
発芽温度：13～18℃	
発芽日数：25～50日（要低温処理）	
覆土：2mm　肥料：少なめ	
播種用土：赤玉土4・バーミキュライト4・パーライト2	

ヒユ科　春まき一年草　　別名★ゴンフレナ

センニチコウ

暑さや日照りに強く、育てやすい花です。病害虫もほとんどなく、開花期間が長いので夏の花の少ない時期におすすめです。よく枝分かれした球状の愛らしい花は、千日紅の名のとおり花持ちがよく、切り花やドライフラワーにも利用できます。

育苗法

発芽温度が高いので戸外での種まきは4月下旬以降、室内でまくときは4月中旬から始めます。種は綿毛に覆われていて吸水しにくいので、少量であれば1粒ずつ綿毛を取り除きますが、たくさんまくときは砂と混ぜて、よく揉んで吸水しやすくしてからまきます。市販のクリーンシードは綿毛が取り除かれているので、そのままでまけます。発芽後、本葉が出始めたら6cmポットに移し、大粒化成を2〜3粒置肥します。

定植と管理

5月下旬〜6月、本葉4〜5枚のころ、日のよく当たる風通しの良い所に30cm間隔で定植します。花壇にスペースがないときは、9cmポットに植え替えて大粒化成を5〜6粒置肥し、育苗を続けます。

植え付け前に腐葉土を1㎡当たりバケツ1〜2杯と、チッソ分が少なくリン、カリ分の多い肥料を元肥として混ぜておきます。肥料を好むので、植え付け10日後から月に1回、1株当たり大粒化成を10粒くらいずつ追肥します。乾燥には強いですが、高温時期に過湿になると根腐れしやすいので、夏の水やりは控え、鉢植えは梅雨時は軒下に移し雨に当てないようにします。種は枝ごと切り取り乾燥させ、しばらくドライフラワーで楽しんでから採種します。

- ●5月以降に種を砂とよく揉んでまく
- ●多めに追肥し、高温時の過湿をさける

| 原産地：南アジア　熱帯アメリカ |
| 花期：7〜10月　　草丈：30〜60cm |
| 花色：●●●● |
| 用途：壇 コ 切 ド　　日照：☼ |
| 土：乾（通風の良い場所） |
| 耐暑性：強 |
| 発芽温度：20〜25℃ |
| 発芽日数：5〜8日 |
| 覆土：3mm　　肥料：多め |
| 播種用土：赤玉土4・バーミキュライト4・パーライト2 |

春　4月上旬〜6月中旬

	2	3	4	5	6	7	8	9	10	11	12	1月
私流			▦	▼		✿	✿	✿	✿			

バラ科　宿根草　　別名★ゲウム

ダイコンソウ

本来は花期がもっと長いようですが、暑さに弱いため、寒冷地以外では7月以降の開花は困難です。暖地では夏越しもしにくいようです。葉は大根に似て深く切れ込みがあります。改良種には大輪で半八重咲きのゲウム・ミセスブラッドショー（緋紅色）、ゲウム・レディストラセデン（黄色）などがあり、風鈴ダイコンソウはブロンズまたは白色のユニークな花を咲かせます。

育苗法

秋まきもできますが、秋が短い寒地では翌春に開花しない株がでます。春にまいて十分に株を育てて冬越しさせると、花付きがよくなります。発芽まで乾かさないようにし、本葉2〜3枚のころ、基本用土1にパーライトを1割混ぜた用土で6cmポットに移植し、大粒化成1〜2粒を与えます。根がまわったら9cmポットに植え替え、大粒化成を5〜6粒置肥します。暑さに弱いので、夏の間は半日陰の風通しの良い所に置き、水切れすると弱るので、乾き過ぎに注意します。

定植後の管理

10月に、1㎡当たり腐葉土5ℓバケツ1杯と緩効性肥料を軽くひと握り混ぜてから定植します。

寒さには大変強いので霜除けなしで冬越しさせ、3月に大粒化成を10〜12粒施します。低木の北側や午後は日陰になる場所に植えると、夏越しがしやすくなります。鉢植えは日陰で夏越しさせます。

宿根すると大株になり梅雨時に腐りやすくなるので、2〜3年に1回、3月か10月に株分けします。花後に採種して保存しておきます。

①レディストラセデン　②風鈴ダイコンソウ
- ●寒冷地では春まき、暖地では秋まき
- ●水切れや暑さに弱く、夏越しが難しい

| 原産地：バルカン半島　トルコ北部 |
| 花期：5〜6月　　草丈：30〜60cm |
| 花色：●●○ |
| 用途：壇 コ 切　　日照：☼ |
| 土：湿（水はけの良い所） |
| 耐寒性：強　　耐暑性：弱 |
| 発芽温度：18〜21℃ |
| 発芽日数：11〜28日 |
| 覆土：2mm　　肥料：少なめ〜標準 |
| 播種用土：赤玉土4・バーミキュライト4・パーライト2 |

	2	3	4	5	6	7	8	9	10	11	12	1月
暖地				✿✿✿	✿			▦	▼			
私流				▦	▼				◆			

▦ タネまき　▼ 植付け　✕ 挿し芽　◆ 株分け　○ 掘り上げ　▽ 発芽　✿ 開花期　■ 暖房した室内で開花

ゴマノハグサ科　春まき一年草、宿根草　別名★ナツスミレ、ハナウリクサ

トレニア

別名、夏すみれと呼ばれる可憐な花。日向から半日陰までよく育ち、長雨にも負けず丈夫です。小花が初夏から秋遅くまで株一面に咲き続けます。1年草のクラウンシリーズは立ち性で花壇やコンテナに向き、切り花としても利用できます。宿根草でトレイリングタイプのサマーウェーブやトレニア・コンカラーは、ハンギングバスケット向きです。

育苗法

発芽温度が高いので5月になってからバーミキュライトにまきます。好光性種子なので覆土はせず、発芽までの10日前後は底面吸水します。発芽後はよく日光に当て、週1回液肥を与えます。本葉2〜3枚のころ赤玉土5・腐葉土2・ピートモス3の用土で7.5cmポットに鉢上げし、本葉4〜5枚で摘芯してわき芽を出させます。

宿根草は春に苗を購入し、摘芯を兼ねて挿し穂を採って挿し芽すると、夏までに立派な株になります。

定植と管理

肥沃な場所に株間20〜25cmで植え付けます。肥料切分が切れると葉色が薄くなります。マグァンプKを1株に小サジ1杯施し、活着後は月1回、大粒化成を5〜6粒ずつ追肥します。また、乾燥を嫌うので水切れに注意し、伸びすぎたら半分くらいに切りもどすと長く楽しめます。

種が細かいので採種しにくいですが、こぼれ種でよく発芽するので、春に掘り上げて育てると簡単です。また、梅雨時期に挿し芽をするとよく発根します。宿根草は秋に挿し芽をして、冬はポット苗を室内に入れて冬越しさせています。

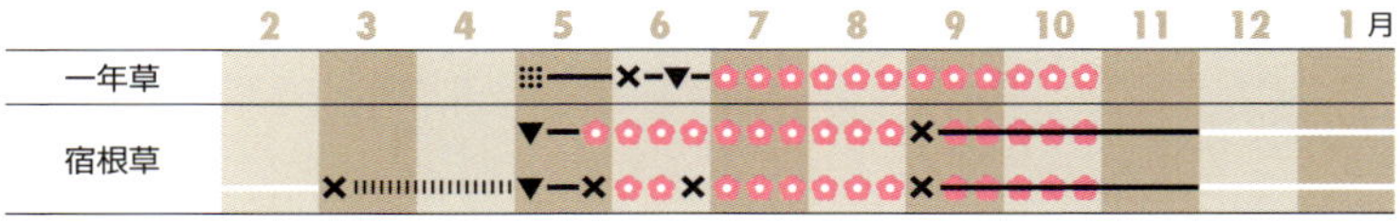

- ●一年草は5〜6月に覆土なしでまく
- ●水切れ、肥料切れに注意

原産地	インドシナ
花期	5〜10月
草丈	20〜30cm（サマーウェーブは100cm）
花色	青・紫・ピンク・黄・白
用途	壇・コ・ハ　　日照：☼ ◐
土	湿（肥沃土壌）
耐寒性：弱	耐暑性：強
発芽温度	20〜25℃
発芽日数	7〜14日
覆土：なし	肥料：標準〜多め
播種用土	バーミキュライト単用

	2	3	4	5	6	7	8	9	10	11	12	1月
一年草				×–▼	○–○	○○○	○○○	○○○	○○○			
宿根草				▼	○○○	○○○	○○○	○○○	×			
	×			▼–×	○○×	○○○	○○○	×–	–			

キョウチクトウ科　春まき一年草　別名★ビンカ

ニチニチソウ

分枝した枝の先に、花径3cmの花を11月ころまで次々と咲かせます。矮性の品種は、花壇のほかコンテナにも向きます。夏の高温や乾きに強く、夏の花壇にうってつけの花です。

育苗法

発芽温度が高いので、屋外での種まきは5月上旬から7月上旬です。ただし、遅霜の心配のある時期は、夜間は室内にとり込み保温したほうが安心です。私は4月中旬に室内でまいています。直根性で移植を嫌うので、ポットに2〜3粒ずつ直まきして間引くか、鉢にまいて本葉2〜3枚のころ早めに鉢上げします。基本用土にパーライトを1割加えた用土で1本ずつ7.5cmポットに上げ、月に1回大粒化成4〜5粒を与えます。

枝数が少ないソアラやトロピカーナ、プリティシリーズなどの品種は、本葉5〜6枚のころ、2〜3節残して摘芯し、わき芽を伸ばします。

定植と管理

コンテナには根がまわったら植え付けます。花壇には、過湿に弱いので、ひとまわり大きなポットに植え替えて梅雨明け後に行なったほうが安心です。株間25〜30cmで植え付け、株元にオルトランをまいてアブラムシの防除をします。

梅雨時はコンテナを雨のかからない軒下に移動します。水は表面が白くなってから与え、乾き気味に育てます。風通しが悪いと病気になりやすいので、枯れた下葉は取り、殺菌剤で予防します。開花期間が長いので、月に1回大粒化成を控えめに追肥します。採種は花色が交雑しやすいので私はしていません。

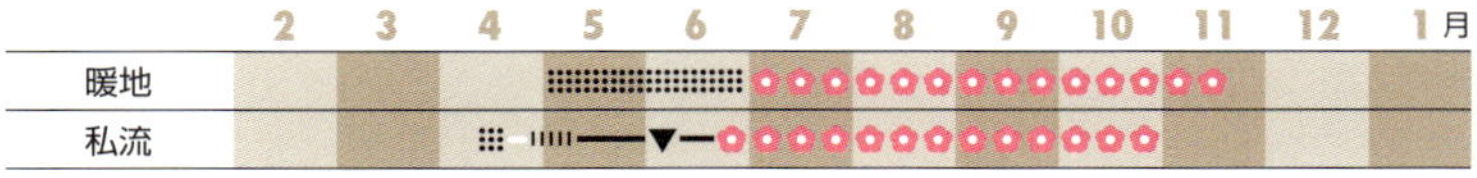

- ●発芽温度が高いので5月以降に種まき
- ●過湿を嫌う、水は控え長雨に当てない

原産地	マダガスカル　ジャワ　ブラジル
花期：7〜11月	草丈：25〜60cm
花色	赤・ピンク・白
用途：壇・コ	日照：☼
土	乾（過湿に弱い）
耐暑性：強	
発芽温度	20〜25℃
発芽日数	7〜10日
覆土：2mm	肥料：標準
播種用土	赤玉土6・ピートモス4

	2	3	4	5	6	7	8	9	10	11	12	1月
暖地					▥▥▥	○○○	○○○	○○○	○○○			
私流			▥	▥–▼	○○○	○○○	○○○	○○○				

―屋外露地　▥屋外夜間保温　●屋外保温　…地中休眠　―室内常温　低温処理　●室内暖房

バーベイン

クマツヅラ科　宿根草　別名★クマツヅラ

ブルーバーベイン

- 寒さ・暑さに強く丈夫なハーブ
- 秋か春に直まきもできる

原産地：温帯（ヨーロッパ、アジア、北アフリカ)	
花期：6～9月	草丈：30～80cm
花色：■■□	
用途：壇 コ ハ ハーブ	日照：○
土：乾（ブルーバーベインは湿）	
耐寒性：強	耐暑性：強
発芽温度：18～23℃	
発芽日数：10～21日	
覆土：2mm	肥料：少なめ
播種用土：赤玉土4・バーミキュライト4・パーライト2	

花言葉が「魔法、魅惑」で、ヨーロッパでは宗教儀礼に使われるハーブです。日本でもクマツヅラと呼ばれ、自生しています。

一見パッとしませんが、レンガのすきまで力強く生きる姿や控えめな花は捨てがたい魅力があります。細い茎が枝分かれして穂状に細かい花がつき、群植すると霞がかかったように見えます。葉や花はハーブティーやサラダ、入浴剤として利用します。

ブルーバーベイン（バーベナ・ハスタータ）は茎の上部で枝分かれして、青紫または白の花をまばらな穂状に咲かせます丈夫で病害虫もほとんどなく、花も美しいので花壇や寄せ植えに向きます。

育苗法

寒さにも暑さにも強く野生化するほど丈夫なので、直まきでも育ちます。春または秋に、日当たりと水はけの良い所にばらまきして、間引きながら育てます。春まきでもその年の7月から開花します。

育苗する場合は、左記用土で種が隠れるくらいに覆土し、本葉2～3枚で6cmポットに鉢上げします。大粒化成を2粒ほど与え、根がまわったら定植します。秋まきでも寒さに強いので、霜除けなしで冬越しします。

定植と管理

苗は本葉4～5枚のころ、株間20cmで植え付けます。肥料は春と秋に大粒化成を少し与えるくらいで十分です。暑さに強いので夏でも弱らず咲き続け、夏越しも容易です。

春と秋に株分けで増やしますが、挿し芽でも、こぼれ種ででもよく増えるので、あえて採種はしません。

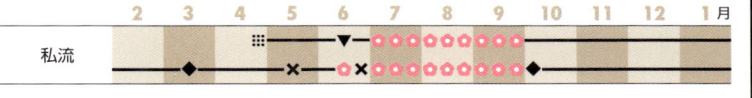

春　4月上旬～6月中旬

ハツユキソウ

トウダイグサ科　春まき一年草　別名★ユーフォルビア

- 移植を嫌うので、直まきかポットまきで
- 5月以降にまき、チッソ過多を避ける

原産地：北アメリカ	
花期：6～9月	草丈：60～80cm
葉色：◐	花色：○
用途：壇 コ 切	日照：○
土：湿（有機質に富んだ土壌）	
耐暑性：強	
発芽温度：20～25℃	
発芽日数：5～10日	
覆土：7mm	肥料：少なめ
播種用土：赤玉土6・腐葉土4	

ユーフォルビアの仲間の一年草です。花は小さくあまり目立ちませんが、花の周りの葉が白く縁取られ涼しげです。ほかの草花ともよく合い、観賞期間も長いので、夏の花壇にうってつけです。

切り花に利用しますが、切り口から乳白色の汁が出てかぶれることがあります。切り口を水洗いするか、よく焼いてから水揚げします。

育苗法

発芽温度が高いので5月になってから種をまきます。早くまく場合は室内で温度を保ちます。直根性で移植を嫌うので直まきかポットまきにしますが、鉢にまいて小苗のうちに移植することもできます。

発芽率がやや劣るので、ポットまきは9cmポットに4～5粒まいて覆土し、発芽後、間引いて育てます。鉢まきは本葉が見えてきたころ土ごとそっくり出して、根を傷めないようポットに移植します。移植せずにそのまま育てると、小さいままでこんもりと咲き、寄せ植えに使えます。

定植と管理

本葉5～6枚のころ、一度摘芯してわき芽を伸ばし、日当たり、風通しの良い所に、1㎡当たり腐葉土などの有機質を5ℓバケツ1杯と元肥として緩効成肥料を軽くひと握り混ぜておき、株間20cmで植え付けます。チッソ過多になると軟弱な生育になるので、追肥は植え付け後にリン、カリ分の多い大粒化成を5～6粒施すくらいで十分です。

長雨や風で倒れることがあるので支柱が必要です。採種は種が黄変したらすぐ採って、乾燥させて保存します。こぼれ種でもよく発芽します。

キク科　春まき一年草　別名★サンフラワー

ヒマワリ

太陽を思わせる夏の代表的な草花です。草丈3mにもなるものから花壇向きの中高性種、最近人気のあるコンテナ向きの矮性種と草丈もさまざまです。花色も黄色からクリーム色、褐色、赤と豊富。荒れ地でも育つほど丈夫で、強い日照りや乾きにも強く、作りやすい花です。

育苗法

移植を嫌うので直まきがおすすめです。発芽適温は18～25℃と高いですが、10℃以下でも発芽するので早まきもできます。種まきが遅いほど開花が遅れますが、草丈が短くなります。春花壇の都合で直まきできないときは、上記用土で9cmポットに2～3粒ずつポットまきし、種が大きいので1cmくらい覆土します。発芽後間引いて大粒化成を5～6粒与え、約1カ月、根がまわり過ぎないうちに植え付けます。

定植と管理

高性種は株間50～60cm、矮性種は20～30cmにします。定植1～2週間後に、株元に大粒化成を与えて軽く耕し、早めに支柱をします。旺盛に生育させ巨大輪を咲かせるときは株間を広げ、多めに肥料を施しますが、私は花が小さめのほうが、ほかの花とのバランスがよいので、褐色系の矮性種を選び、株間を狭く肥料も控えめにしています。本葉20枚前後のころに摘芯すると草丈が低くなり、わき芽が数本伸びてスタンダード仕立てのようになります。

ヒマワリは採種した種でも親と同じ花が咲くので、好きな花色の株に印をつけておき採種します。ただし、切り花用の花粉ができない品種は種ができません。

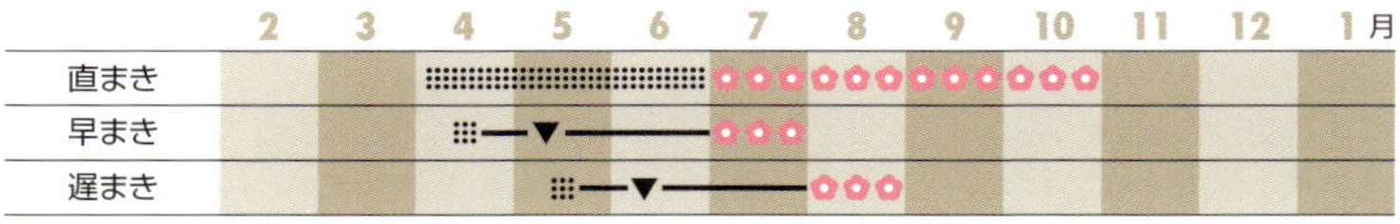

●インディアンブランケット
●直まきか、ポットまきして早めに定植
●狭い庭では少肥、密植でコンパクトに

原産地	：アメリカ中西部	
花期	：7～10月	草丈：30～300cm
花色	： ● ● ● ● ●	
用途	：壇 コ 切	日照：☀
土	：普	耐暑性：強
発芽温度	：18～25℃	
発芽日数	：7～10日	
覆土	：10mm	肥料：標準
播種用土	：赤玉土5・腐葉土5	

	2	3	4	5	6	7	8	9	10	11	12	1月
直まき			▓▓▓▓▓▓▓▓▓			○○○	○○○	○○○	○○○			
早まき		▬▬▼				○○○						
遅まき				▬▬▼			○○○					

アカバナ科　常緑低木　別名★ホクシャ、ツリウキソウ

フクシア

イヤリングのように愛らしい花がつり下がり、春から夏に次々と咲き長く楽しめます。立ち性タイプはスタンダード仕立てに、下垂性タイプはハンギングバスケットに向きます。熱帯の高原が原産地なので、夏は冷涼で冬は温暖な気候を好みます。

定植と管理

暖地では3月から、寒冷地では遅霜の心配がなくなってから、葉につやがあり徒長していない苗を選び、赤玉土3・ピートモス3・鹿沼土2・腐葉土2の用土でコンテナに植え付けます。暑さにも弱いので、鉢底に軽石を入れ、用土に軽石砂を1割くらい混ぜると、用土温が上がりにくくなります。

小苗は、定植後に1～2回摘芯してわき芽を伸ばします。水は土の表面が乾いてから十分に与え、4～6月に月に1回、リン、カリ分の多い大粒化成を与えます。花ガラはこまめに取ります。

夏越し・冬越し

7月に入り花が咲き終わったら1/4～1/3まで切り戻し、ひとまわり大きな鉢に植え替え、半日陰の風通しの良い所で夏越しさせます。水は控え気味にして、肥料は与えません。涼しくなると再び開花しますが、花数は多くありません。

霜の降りる前に無暖房の明るい窓辺に取り込みます。最低温度5℃以上必要ですが、ガラス窓から離して置き、枯れない程度に水を控えれば2～3℃でも越冬します。9～10月にバーミキュライトに2～4節つけて挿し、半日陰で管理すると3週間ほどで苗ができます。この小苗で冬越しすると場所も取りません。

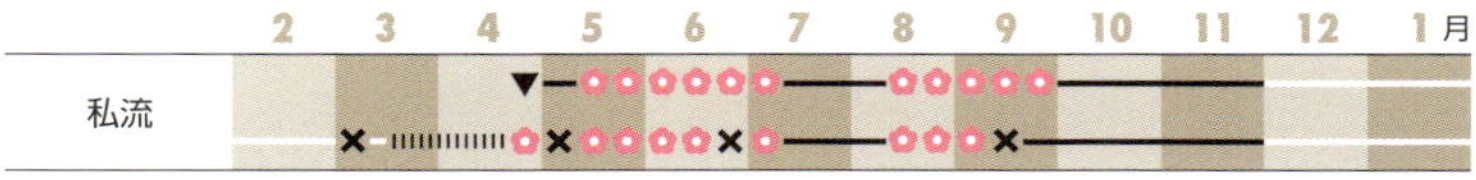

①ラ・カンパネラ
②アナベル

●高温多湿に弱く夏越しは涼しいところで
●寒さにも弱いので冬越しは室内の窓辺で

原産地	：中南米　西インド諸島	
花期	：4～7月上旬	草丈：20～50cm
花色	： ● ● ● ●	
用途	：ハ コ	日照：☀ ◐
土	：普（用土）	耐寒性：弱　耐暑性：弱
発芽温度	：21～24℃	
発芽日数	：21～48日（低温処理が必要）	
覆土	：なし	肥料：標準
播種用土	：赤玉土4・鹿沼土（硬質）4・バーミキュライト2	

	2	3	4	5	6	7	8	9	10	11	12	1月
私流			▼	○○○	○○○		○○○	○○○				
		×	▓▓▓×	○○×	○○○×		○○○×		○○×			

――屋外露地　▓▓屋外夜間保温　●●●●屋外保温　････地中休眠　――室内常温　――低温処理　●●●●室内暖房

ナデシコ科　一・二年草（宿根草）　別名★スイセンノウ、リクニス・コロナリア

フランネルソウ

株全体が白い毛に覆われているところから、フランネルソウと呼ばれます。白やシルバーでまとめたボーダー花壇やコンテナに向きます。本来は宿根草ですが、日本の夏の暑さに弱く花後に枯れやすいので、一・二年草として扱います。

育苗法

種まきは、9～10月の秋まきか、4～5月の春まきですが、いずれも開花は翌年の初夏です。秋の短い寒地で秋にまくと翌年開花しないことがあるので、春まきがおすすめです。丈夫なので直まきでよく育ちます。1㎡当たり腐葉土を5ℓバケツ1杯と、有機配合肥料を100g混ぜておきます。20～25cm間隔で数粒ずつまき、手で軽く押さえるだけで覆土はしません。発芽後1本に間引いて育てます。

育苗する場合は、赤玉土単用にまき、本葉2～3枚のころ、赤玉土5・腐葉土3・パーライト2の用土で7.5cmポットに移植します。大粒化成を月に1回、4粒与えます。

定植と管理

寒い地方ほど早く定植し、寒さがくる前に十分に根を張らせます。私は日当たりと水はけの良い所に直まきと同様に腐葉土と肥料を施し、10月上旬に植え付けます。寒さには強いので霜除けの必要はありません。春に大粒化成を5～8粒与え、以後は花壇植えには追肥しません。過湿に弱いので、コンテナ植えは雨の当たらないところで育てます。

毎年こぼれ種がよく発芽するので、これをポットに上げれば苗作りも容易です。採種はサヤが変色し上部が開いたころが適期です。

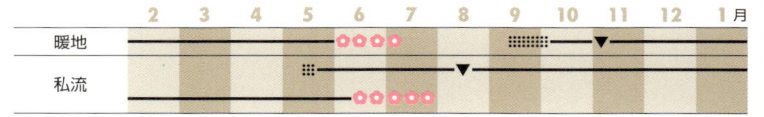

●夏越ししにくい春まき翌年咲き二年草
●乾燥に強いが過湿に弱い、水はけ重視

原産地：ヨーロッパ南部	
花期：6～7月	草丈：50～70cm
花色：■　■　□	
用途：壇　コ　切	日照：☼
土：乾	
耐寒性：強	耐暑性：弱
発芽温度：15～20℃	
発芽日数：5～7日	
覆土：なし	肥料：少なめ
播種用土：赤玉土単用	

春　4月上旬～6月中旬

シソ科　常緑宿根草　別名★ミントリーフ

プレクトランサス

常緑の美しい葉をもつプレクトサンサスには、多くの種類があります。這い性で白い斑の入るミントリーフは、コンテナやハンギングの寄せ植えの名脇役です。最近は立性で花を楽しむ品種が出回り、主役にもなっています。

藤紫の花のモナラベンダーは、葉裏が黒紫で花と葉のコントラストが美しく、ケープエンジェルという品種には、白、ローズ、ピンクの花色もあります。いずれも熱帯から亜熱帯が原産なので、夏の暑さには強いですが、寒さには弱く、半日陰から明るい日陰を好みます。

定植と管理

春のポット苗を求め、過湿を嫌うので赤玉土6・ピートモス4などの水はけの良い用土に植え付けます。肥料は寄せ植え草花に合わせ月に1回、大粒化成を施します。強い直射日光を嫌うので、夏は木陰やカーテン越しの窓辺で風通しを良くして育てます。強い直射日光に当たると葉が黄変したり葉焼けしやすくなります。

ミントリーフは大きな株になると、春に伸びるシュートがまっすぐに垂れ下がります。モナラベンダーは5月から10月まで断続的に咲くので、ひととおり咲いたら切りもどすと、すぐにまた咲きます。5～6月に新しく伸びた枝の先を挿し芽すると、容易に発根して増えます。

耐寒性はないので冬は暖房した室内に入れ、肥料は与えず水も控えます。9月に挿し芽した小苗で冬越しさせると、場所もとりません。最低温度は10℃以上必要ですが、乾き気味にすれば5℃くらいでも冬越しします。

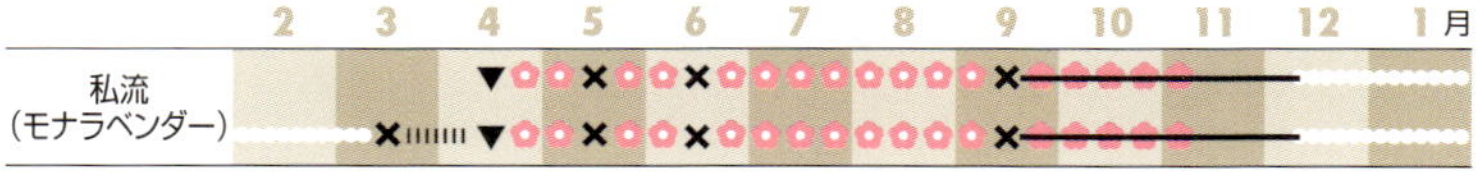

●冬越しは暖かい室内で乾き気味に管理
●5～6月に挿し芽して増やす

原産地：熱帯アジア　アフリカ　オーストラリア	
鑑賞期：周年	草丈：10～30cm
葉色：■	花色：■　■　□
用途：コ　ハ	日照：☼　☀
土：普	
耐寒性：弱（10℃以上）	耐暑性：強
肥料：標準	

:::タネまき　▼植付け　✕挿し芽　◆株分け　●掘り上げ　▽発芽　○開花期　—暖房した室内で開花

サクラソウ科　宿根草　春まき一・二年草　別名★サクラソウ

プリムラ

- ●品種によって耐寒・耐暑性が違うので要注意
- ●水はけを良くし、冬は高室温に注意

①オーリキュラ
②キューエンシス

春

プリムラ■フレンチハニーサックル■ベロニカ

原産地	北半球の温帯～亜寒帯
花期	12～4月　草丈：15～40cm
花色	赤・ピンク・黄・オレンジ・紫・白
用途	壇・コ　日照：○ ◐
土	湿（中性土壌を好む）
耐寒性	弱　強　　耐暑性：弱
発芽温度	15～20℃
発芽日数	10～40日
覆土	なし　肥料：標準～多め
播種用土	赤玉土4・腐葉土4・軽石砂2

　プリムラは世界中に多くの品種が自生し、春を告げる花として親しまれています。花色が豊富で、花の少ない冬の間、室内の鉢花として、また暖地では冬から早春のコンテナや花壇を彩る花です。暑さに弱く夏に枯れやすいため、本来は宿根草ですが、多くが一・二年草として扱われています。また、種類によって耐寒性や耐暑性が違います。

①耐寒性弱群　ポリアンサやマラコイデス、キューエンシス、オブコニカなどは、北半球の山地に自生するプリムラを温室で品種改良したものです。そのため、耐寒性がやや弱く、冬越しには温室か室内で0～2℃以上の保温（生育適温は15～20℃）が必要です。また、暑さにも弱く、とくにマラコイデスは高冷地以外では夏越ししにくいので、一般に一年草として扱っています。ポリアンサの改良品種のジュリアンは草丈が低く、比較的寒さに強いようです。

②耐寒性強群　オーリキュラやデンティキュラータ、ビアリーなどは、高山や高地が原産なので、冷涼な気候を好みます。寒さに強く戸外で越冬しますが、夏越ししにくいので高冷地以外では鉢栽培にします。耐寒性が大変強いので冬越しは容易ですが、耐暑性は前者以上に弱く夏越しが難しいです。

③日本に自生する群　日本サクラソウ、クリンソウなどは、暑さにも寒さにも強く、庭植えしても育ちます。

育苗法

　宿根草なので、前年の5～6月までに種をまかないと翌年開花しません。私は6月上旬に上記用土で素焼き鉢に種をまきます。好光性種子なので覆土はせず、発芽まで鉢底から吸水させます。発芽後、午前中日の当たるところで育て、本葉1～2枚のころ6cmポットに移植し、風通しの良い日陰で夏越しさせます。

　用土は、マラコイデスやキューエンシスなどの耐寒性弱群は、赤玉土5・腐葉土3・堆肥2などの保水性、排水性の良い用土を使い、より暑さと過湿に弱く乾燥を好む耐寒性強群は、硬質鹿沼土7・軽石砂3の用土を使います。オーリキュラには、この用土にクンタンを1割混ぜています。

　風通しの良い半日陰に、高さ30cmくらいのスノコ棚を作ってポット苗を置くと、夏越しがしやすくなります。肥料は用土に緩効成肥料を用土1ℓにティースプーン1杯を混ぜておき、大粒化成を月1回4～5粒追肥します。

　涼しくなって生育が旺盛になってきたら、7.5cmポットに植え替えます。マラコイデスは水分、肥料を好むので多めに与えます。10月になったら日向に移し、十分に日に当ててしっかりとした株に育てます。

定植と冬越し

　暖地では①群も②群も10月に花壇やコンテナに定植し、屋外で育てられます。寒地でもオーリキュラなどの耐寒性の強い②群は、屋外で冬越しが可能です。寒さに弱いキューエンシスなどの①群は、11月下旬に室内に取り込みます。日中あまり温度の上がらない日当たりに置きます。室温が高すぎると花が早く終わってしまうので要注意です。

　私はマラコイデスやポリアンサなどは晩秋から冬に出回る開花株を購入し、室内で育てています。下葉が黄ばんでいない、よくしまった株を選びます。

　プリムラは開花中も十分な水を必要とします。鉢からそっと抜き出してみて、根が一杯につまっていると水切れしやすいので、ひとまわり大きい鉢に植え替えます。

　開花中も生育するので10日に1回液肥を与え、花ガラをこまめに摘みとります。水切れに弱いですが過湿にも弱く、水は表面の土が乾いたら鉢底から水が流れ出すまで与え、受け皿の水は必ず捨てておきます。水やりは花や葉に水がかからないように株元に与えます。

　3月に入り凍らない程度に暖かくなったら、日中は戸外の軒下など雨の当たらないところに出して寒さに慣らします。

2年目の夏越し

　2年目は、暖地ではいずれも夏越しが難しく、とくにマラコイデスは二年草として扱い、毎年、種まきしたほうが確実です。寒地でもオーリキュラなどは暑さに弱いので、高冷地以外では地植えのものも上記の用土で鉢に植え直し、涼しく雨の当たらない場所に移動させて夏越しさせたほうが安心です。

　秋になったら日当たりに移し、10～11月に株分けして植え付けます。

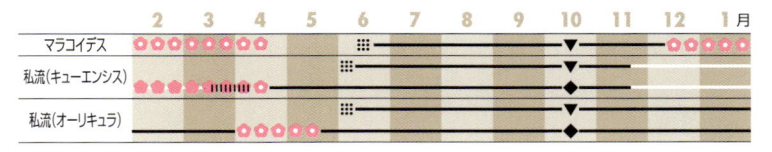

	2	3	4	5	6	7	8	9	10	11	12	1月
マラコイデス	✿✿✿	✿✿✿	✿✿✿	✿✿	┅┅┅				▼		✿✿	✿✿
私流（キューエンシス）	✿✿	✿✿✿	✿	┅┅	┅┅				◆			
私流（オーリキュラ）			✿✿	✿✿	┅┅				◆			

――屋外露地　||||屋外夜間保温　●●●●屋外保温　・・・地中休眠　――室内常温　――低温処理　●●●●室内暖房

マメ科　宿根草

フレンチハニーサックル

同じマメ科のクリムソンクローバーに似ています。少しローズがかった赤い花穂が魅力的。草丈は大株になると100cmにもなり、香りもあります。高温多湿に弱く夏越ししにくいので、毎年採種して種から育てます。

育苗法

9月上旬の秋まきか1～2月まきもできますが、前年の夏前にまいて株を大きくすると花付きが良いので、私は5～6月にまいています。素焼き鉢に種をまき、発芽まで底面吸水させ、鉢土の温度が上がらないようにします。

発芽後はよく日に当て、マメ科なので本葉1枚で根を傷めないように、赤玉土4・腐葉土3・軽石砂2・クンタン1の用土で6cmポットに移植します。大粒化成を2粒与え、根がまわったら順次大きなポットに植え替え、大粒化成を追肥します。過湿を嫌うので雨の当たらない所に置き、夏は午前中だけ日の当たる所で育てます。

定植と管理

寒さに強く、暖地では10月に植え付けますが、こちらでは冬に雨や雪で過湿になりやすいので、ビニールがけトロ箱に入れ、軒下などで乾き気味にして冬越しさせています。3月になってから植え付けますが、荒れ地でも育つぐらいなので肥料は控えめにします。

5月に開花しますが、花後の梅雨から夏の高温多湿に弱いので、コンテナは雨の当たらない風通しの良い軒下などに移します。夏に枯れやすいので、必ず種を採っておきます。

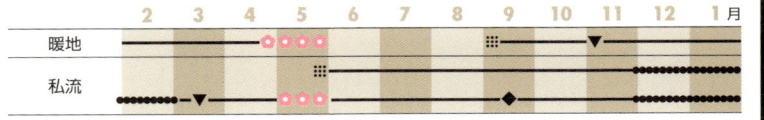

- 水はけの良い所で乾き気味に育てる
- 夏に枯れやすいので採種して増やす

原産地	地中海沿岸部
花期	5月
草丈	70～100cm
花色	●
用途	壇・コ・ロ・切　日照：☼
土	乾（砂質土壌を好む）
耐寒性	強　耐暑性：弱
発芽温度	14～21℃
発芽日数	14～21日
覆土	5mm　肥料：標準～少なめ
播種用土	赤玉土・バーミキュライト4・パーライト2

春　4月上旬～6月中旬

ゴマノハグサ科　宿根草　別名★ルリトラノオ

ベロニカ

北半球の温帯に分布し、ヤマルリトラノオ、ヒメトラノオ、トウテイランは日本原産です。草丈60～80cmになるロンギフォリア、20cmのスピカータ、草丈40cm以上でラベンダーブルーの花に青紫の筋が入るゲンチアノイデスなど、多くの種類があります。高温多湿に弱いものが多いですが、ロンギフォリアやブルーファウンテン（ケーニヒスブラウ）などは耐寒性も耐暑性も強く丈夫で、毎年花を咲かせてくれます。

育苗法

春か秋に苗を求めることが多いですが、種からも育てられます。宿根草なので、秋まきでは翌年咲かない株ができるので、前年の春4～5月に種をまいて翌年の5～8月に咲かせています。

左記用土に種をまき、本葉2～3枚で6cmポットに移植します。赤玉土4・鹿沼土2・腐葉土（またはピートモス）3・クンタン1の水はけの良い用土を使います。過湿を嫌うので梅雨時は雨に当てないように軒下で管理し、根がまわったらひとまわり大きなポットに植え替えます。

定植と管理

秋10～11月に株間20～30cmで定植し、秋と春に株元に大粒化成を与えます。日当たりと水はけの良い乾き気味の所を好みます。高温多湿に弱いので、夏は風通しを良くし蒸れを防ぎます。

2～3年に1度、10～11月か早春の3月に株分けして植え替えます。また、5～6月の挿し芽でも増やせます。ゲンチアノイデスなど高温多湿に弱く宿根しにくいものは、サヤが黄変したら採種しておきます。

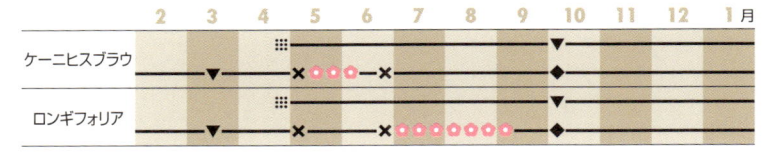

- 挿し芽で増やすか、前年の春にまく
- 丈夫な宿根草だが過湿と夏の暑さを嫌う

原産地	北半球の温帯
花期	5～8月　草丈：20～80cm
花色	●●○
用途	壇・コ・ロ・切　日照：☼
土	乾　耐寒性：強　耐暑性：中～弱
発芽温度	15～20℃
発芽日数	7～14日
覆土	2mm　肥料：少なめ
播種用土	赤玉土5・バーミキュライト4・クンタン1

凡例：タネまき　植付け　挿し芽　株分け　掘り上げ　発芽　開花期　暖房した室内で開花

ペンステモン

ゴマノハグサ科　宿根草　　別名★ツリガネヤナギ

長い花穂につりがね状の花を多数つける魅力的な花です。古くから親しまれ、種類も花色も多い宿根草ですが、高温多湿に弱いので、暖地では一・二年草として扱うほうがよいようです。

育苗法

コンテナ向きの小型のケンブリッジミックスやナビゲーターミックスは秋まきでも翌年に開花しますが、高性で大型の花壇向きの品種は、春まき（4～6月）しないと翌春の開花は望めません。好光性種子のため覆土せず、発芽後はよく日に当て、乾かし気味に育てます。

本葉が2～4枚のころ、赤玉土5・鹿沼土2・腐葉土3に少量の石灰を混ぜた用土で6cmポットに移植します。根が回ったら9cmポットに植え替え、風通しの良い明るい日陰で夏越しさせます。夏期を除き、月に1回大粒化成を6cmポットに2粒、9cmポットに5粒与えます。

定植後の管理

9月下旬～10月に、酸性土壌を嫌うので、花壇にはあらかじめ1㎡当たり腐葉土など有機質を5ℓバケツ1～2杯、有機配合肥料100g、苦土石灰20gを混ぜて植え付けます。−10℃くらいまで耐えますが、地面が深く凍結するところでは室内に取り込みます。

春に花穂が10cmくらい伸びてきたら摘芯し、わき芽を伸ばし花数を多くします。3月に大粒化成を株元に10～15粒与え、開花までは月1回、同量与えます。花後は早めに花穂を切って、鉢植えは夏は日陰の涼しいところに移動させます。5～6月に挿し芽をして夏越しさせると安心です。

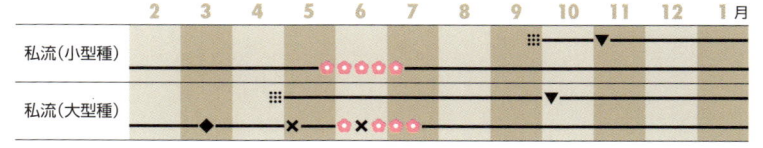

- 大型種は前年の春まき、小型種は秋まき
- 覆土なしでまき、石灰を混ぜて植え付け

原産地：北アメリカ　メキシコ　東アジア
花期：6～9月　　草丈：50～100cm
花色：赤・ピンク・白・紫・青
用途：壇・コ・切　　　日照：○
土：普（石灰分の多い土壌を好む）
耐寒性：強　　耐暑性：弱
発芽温度：18～20℃
発芽日数：15～30日
覆土：なし　　肥料：標準
播種用土：バーミキュライト単用

ポテンティラ

バラ科　常緑宿根草　　別名★ベニバナキンバイ

キジムシロの仲間です。イチゴの葉に似たシルバーグリーンの葉がこんもりと茂り、晩春に花径1～4cmの花をつけます。丈夫で育てやすく、草丈の低い品種はグランドカバーに、中、高性種のモナークベルベットやミスウィルモット、八重咲き種などは切り花にもなります。

育苗法

一般には苗から育てますが、種まきもできます。暖地では秋まきもできますが、こちらで秋まきすると翌年に咲かない株ができるので、私は6～7月にまいています。赤玉土に種をまき、発芽まで2週間以上かかるので乾かさないようにします。3週間以上たっても発芽しないときは、ビニール袋に包んで冷蔵庫に4～6週間入れるか、そのまま冬越しさせて寒さにあわせると発芽することがあります。

本葉2～3枚のころ、赤玉土4・鹿沼土2・腐葉土3・クンタン1の用土で6cmポットに上げます。根がまわったら7.5cmポットに植え替え、風通しの良い半日陰で夏越しさせます。

定植と管理

10月に、夏に西日の当たらない家の東側や、水はけの良い花壇の縁、斜面に植え付けます。腐葉土と、マグァンプKを1株に茶さじ1杯くらい混ぜ、株間20cmで植え付けます。寒さには強いので霜除けはいりません。追肥は春の芽だし肥ていどで十分です。

花後に種が黄変してから採り（八重咲き種は種ができにくい）、1週間ほど乾燥させてから採りまきするとよく発芽します。保存するときは缶などに入れて冷蔵保管します。

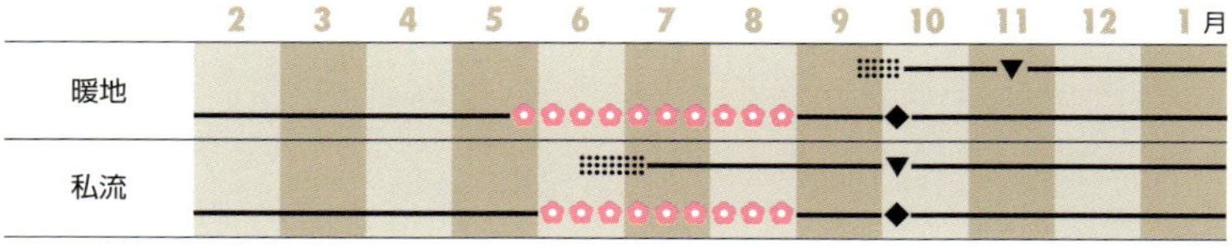

- 寒地では春にまき、翌春から咲かす
- 高温多湿を嫌うので植え場所を選ぶ

原産地：北半球の温帯、亜寒帯、寒帯
花期：6～9月　草丈：5～30cm（這性）
花色：赤・オレンジ・ピンク・白・黄
用途：壇・コ・グロ　　日照：○◐
土：乾（過湿を嫌う）
耐寒性：強　　耐暑性：中～弱
発芽温度：18～24℃
発芽日数：14～21日
覆土：3mm　　肥料：少なめ
播種用土：赤玉土単用

マメ科　宿根草　別名★バプティシア

ムラサキセンダイハギ

すがすがしいインディゴブルーの花を穂状に咲かせます。花はルピナスに似ていますが、ルピナスよりも夏の暑さに強く、毎年よく咲いてくれます。長円形のグレーがかった葉も美しく、花のない時期も楽しめます。

定植

種からも育てられますが、開花するまで2～4年かかるので、春または秋に苗を購入して植え付けます。肥沃で湿り気があり、しかも水はけの良い所を好みます。日当たりを好みますが半日陰でも育ちます。

深く根が張るので20cm以上深く耕し、石灰と有機質、緩効性肥料を混ぜてから、株間40～50cmで植えます。春に伸び出してきたら早めに支柱をします。3～4月に化成肥料を軽くひと握り施し、秋に茎葉を地際で切り、同量を施します。根茎が充実しないと新芽が出にくいので4～5年は植え放しに、株分けは新芽が動き出す3月に行ないます。

育苗法

花後にサヤが黄変してから種を採り、1週間ほど乾燥させ、採りまきするか、保存して4～6月に赤玉土にまきます。発芽まで2週間以上かかるので乾かさないようにします。移植を嫌うため、発芽後本葉が出てきたら小苗のうちに根を傷めないように赤玉土4・ピートモス4・クンタン2の用土でポットに移植します。9～10月に植え付け、霜除けなしで冬越しさせますが、開花は翌々年以降になります。6月に充実した枝を採って挿し芽で増やすこともできますが、開花はやはり翌々年以降になります。

- 湿り気のある場所に深く耕して植える
- 種まきや挿し芽苗の開花は翌々年以降

原産地	アメリカ合衆国
花期	5～6月　草丈：70～100cm
花色	●
用途	壇　コ　切　日照：☼ ◐
土	湿（肥沃土壌を好む）
耐寒性	強　耐暑性：中
発芽温度	20～24℃
発芽日数	10～21日
覆土	5mm　肥料：少なめ
播種用土	赤玉土

春　4月上旬～6月中旬

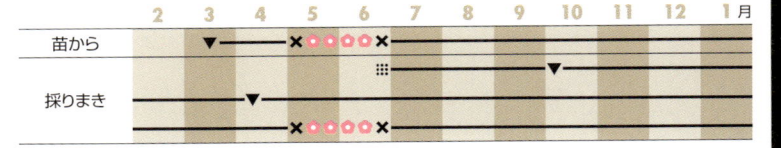

シソ科　宿根草　別名★タイマツバナ、ワイルドベルガモット

モナルダ

四角い茎の上にシソ科特有の舌状花を輪生させます。赤花種は和名のタイマツバナの呼び名のように、先端に真っ赤な花穂を咲かせ、群植すると人目を引きます。

ハーブですが花色が豊富で、花壇や切り花に利用できます。香料のベルガモットとはちがう種類です。最近では草丈30cm前後の矮性種も売られています。

育苗法

種は春か秋にまきますが、春にまくと7月中旬からの開花になります。また、挿し芽も容易なので、春（3～4月）か秋（9月）に好きな花色の苗を求め5～6月（または9月）にその苗を親株にして赤玉土かバーミキュライトに挿すと2週間くらいで発根し、苗が簡単にできます。7.5cmポットに赤玉土7・腐葉土3の用土で移植して、月1回大粒化成を4粒与えます。

定植と管理

ポットに根がまわったら、1m²当たり腐葉土バケツ1杯（5ℓ）と有機配合肥料100gを施し、株間40cm以上で植え付けます。日当たりから半日陰まで植えられますが、西日は避けます。肥沃でやや湿り気のある所が適地です。乾燥時、風通しが悪いとウドンコ病が出ます。

肥料は3～4月の芽だし肥と、10月ころに与えるだけで十分です。

地下茎を旺盛に伸ばして広がるので、9月か3月に株分けして整理します。花後にガクが黄変したら採種して、紙袋に入れて乾燥させます。

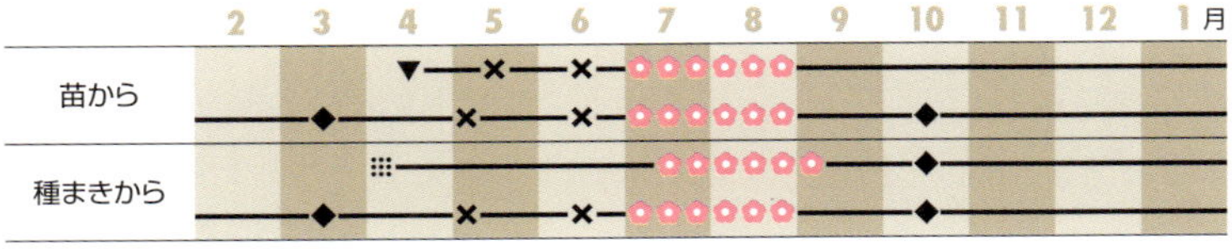

- 春か秋に苗を買い、挿し芽するのが簡単
- 夏は風通し良く西日は避け十分に水やり

原産地	北米
花期	7～9月　草丈：60～150cm
花色	● ● ○ ●
用途	コ　ハーブ　切　日照：☼ ◐
土	湿（腐植質土壌）
耐寒性	強（－15℃）　耐暑性：中
発芽温度	16～21℃
発芽日数	4～10日
覆土	2mm　肥料：少なめ
播種用土	赤玉土5・バーミキュライト5

⋮ タネまき　▼ 植付け　✕ 挿し芽　◆ 株分け　○ 掘り上げ　▽ 発芽　✿ 開花期　● 暖房した室内で開花

ヒルガオ科　春まき一年草　　別名★ヨルガオ

ユウガオ

同じユウガオでも、カンピョウをつくるウリ科のユウガオとは科が異なり、区別するため本種をヨルガオとも呼びます。午後3時を過ぎると咲き出し、翌朝しぼみます。花茎15cm以上の大輪の白花と、5～6cmの赤花がありますが、やはり夏の夕暮れに香りを漂わせて幻想的に咲く白花がおすすめです。

育苗法

発芽温度が高いので種まきは5月中旬以降ですが、こちらでは5月まきでは開花が9月になり、種が熟す前に寒くなってしまうので、私は4月上旬に室内で種まきをして、8月から咲かせています。

移植を嫌うので直まきするか、9cmポットにポットまきにします。種は皮が硬く吸水しにくいので、ヘソ以外の部分に爪切りで傷をつけ、2～3粒ずつまきます（発芽処理済みの種はそのままく）。

発芽後、間引いて1本にし、6月に本葉が少し見えてきたら早めに植えます。

定植後の管理

花壇では、元肥に有機質を施せば追肥の必要はありません。どんどん伸びて花が高いところで咲いてしまうので、時々ツルを下に誘引して目の高さで咲くようにします。

鉢栽培では、まず3～4号鉢に赤玉土4・大粒鹿沼土2・腐葉土4の水はけの良い用土に植え付け、根がまわったら8～10号鉢に植え替えます。月に1回、油粕に骨粉の入った有機固形肥料を与えます。本葉9枚のころに5～6枚残して摘芯し分枝させます。ユニークな豆電球の形のサヤが黄変したら採種して、乾燥させて保存します。

●種まきは5月中旬以降か室内で早まき
●種を傷つけてポットまき

- 原産地：熱帯アメリカ　北アメリカ
- 花期：8～9月　草丈：2～5m（ツル性）
- 花色：● ○
- 用途：壇 コ フェ　日照：☀
- 土：普
- 耐暑性：強
- 発芽温度：20～25℃
- 発芽日数：5～21日
- 覆土：1cm　肥料：標準～少なめ
- 播種用土：赤玉土4・砂2・腐葉土4

キク科　宿根草　　別名★洋種フジバカマ

ユーパトリウム

秋の七草のフジバカマやヒヨドリバナの仲間（ヒヨドリバナ属）で、サラワート、ジョーパイウィード、フィーヴァーワートなど多くの種類があります。

コレスティナムは草丈40～50cmで葉に香りがあり、アゲラタムに似た花を夏から晩秋まで咲かせます。チョコレート（黒葉フジバカマ）は草丈80～100cmで、8月下旬～9月に濃いアズキ色の茎葉に白い花を咲かせます。

いずれも暑さに強く丈夫で育てやすく、茎がしっかりしているので切り花にも利用できます。コレスティナムは一度植えると地下茎を伸ばし、とてもよく増えます。

定植と管理

種はあまり市販されていないので、春か秋に苗を求めて株間30～50cmで植え付けます。水はけが良ければ日向から半日陰まで育ち、土質を選びません。

黒葉フジバカマは、春に芽が伸びてきたら一度摘芯をしてわき芽を出させ、草丈を低く抑えます。肥料は与え過ぎると花が咲かないときがあるので、春の芽出しの時と花後のお礼肥程度にします。私は大粒化成を1株に5～15粒くらい与えていますが、まったく与えなくても十分に育ちます。

花後に地際まで切りもどします。寒さには強く、防寒の必要はありません。コレスティナムは地下茎がよく伸びて増え過ぎるので、暖地では11月か3月、寒冷地では3～4月に株分けして整理します。

採種も挿し芽もできますが、株分けが一番簡単に増やせます。

●苗を求め挿し芽や株分けで増やす
●肥料は控え、増えすぎに注意

- 原産地：南北アメリカ　ヨーロッパ　アジア　日本
- 花期：8～11月　草丈：40～100cm
- 花色：● ● ○
- 用途：壇 コ 切　日照：☀ ☁
- 土：普　耐寒性：強　耐暑性：強
- 発芽温度：18～24℃
- 発芽日数：21～40日
- 覆土：1mm　肥料：少なめ
- 播種用土：赤玉土5・バーミキュライト5

シソ科　常緑宿根草（一年草）

ラミウム

日本のオドリコソウの仲間です。ライム、シルバーなど葉色がさまざまあり、白い筋や斑の入る美しい常緑の観葉植物です。晩春に咲く白、ピンク、黄の色の花も美しく、花も観賞します。横に這って広がるので、コンテナの足元に植えたり、ハンギングバスケットから垂れ下げて楽しみます。また横に広がって地面を覆うので、シェードガーデンのグランドカバーにもなります。

定植と管理

秋か春に苗を求めて、株間25～30cmで植え付けます。湿り気を好みますが過湿になると根腐れしやすいので、水はけの良い場所に腐葉土を多めに混ぜて植え付けます。

水はけの良いレイズドベッドなどに植えて垂らすと良いでしょう。日向でも育ちますが半日陰の所を好み、夏の強い日射しに当たると葉が焼けやすいので、夏は木陰になる場所がよく、コンテナは日陰に移します。

株が弱らないように咲き終わった花茎はこまめに切りもどし、伸び過ぎた枝も時々切りもどして風通しを良くします。

寒さには強く（−15℃）霜除けなしで冬越ししますが、過湿になると枯れてしまうので、コンテナ植えは雨のかからない軒下に置き、水やりは控えて冬越しします。

肥料は春と秋に1株に大粒化成5～6粒くらい与えます。

5～6月か9～10月に挿し芽するとよく発根します。また発根している茎を挿せば簡単に苗ができます。株分けは秋か春に行ないます。

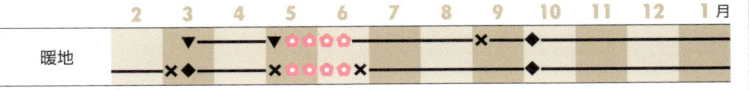

- 半日陰で、水はけの良い湿り気を好む
- 春と秋の挿し芽や株分けで増やす

①ゴールドラッシュ　②ホワイトナンシー

原産地	ヨーロッパ　アフリカ北部　アジア西部
鑑賞期	周年（花期5～6月）
草丈	10～30cm
葉色	緑　　花色：ピンク・黄・白
用途	コ　ハ　グ　　日照：半日陰・日向
土	湿
耐寒性	強　　耐暑性：弱
肥料	少なめ

春　4月上旬～6月中旬

| 暖地 | 2 | 3 | 4 | 5 | 6 | 7 | 8 | 9 | 10 | 11 | 12 | 1月 |

アブラナ科　二年草　　　　別名★オオバンソウ

ルナリア

春にアブラナ科独特の4弁花を咲かせます。花色は紅紫がおなじみですが、白花で葉に斑の入る品種もあります。花後にできる実が偏平な小判型のためオオバンソウの別名があり、ドライフラワーになります。土質を選ばず育てやすく、一度植えるとこぼれ種でよく増えます。

育苗法

翌年の春に咲く二年草なので、播種時期が遅れると翌春の開花は望めません。遅くとも前年の6月までには種をまきます。

直まきもできますが、左記用土で箱まきにし、本葉2枚で7.5cmポットに移植します。根がまわったら9cmポットに植え替え、夏期は半日陰で育てます。その間、追肥は月1回、大粒化成を7.5cmポットに4粒、9cmポットに5粒置肥します。

定植と管理

寒さに強いので、寒地でも9月下旬～10月に株間30cmで定植します。土質は選びませんがやや肥えた土を好むため、堆肥または腐葉土を混ぜておきます。日当たりを好みますが、半日陰でも育てられます。

定植後、株元に大粒化成を6～8粒与えます。寒さにあわないと花芽がつかないので、防寒はしません。3月に大粒化成を株元に同量与え、以後は追肥しません。4月下旬から咲き始めます。

ドライフラワーにする場合は早めに切り取り乾燥させます。採種は、種が黒く透けて見えるようになってからします。こぼれ種の芽生えをポットに掘り上げると簡単です。その場合、大きくなると移植を嫌うので小苗のうちにします。

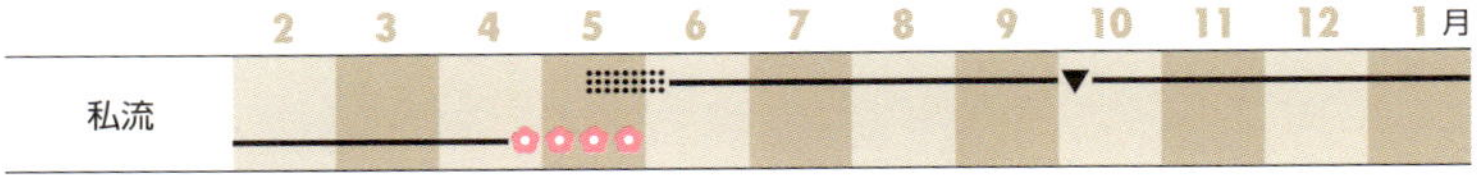

（左上は花後の小判状のサヤ）

- 前年の6月までにまき、翌春咲かす
- 大苗の移植を嫌うので小苗のうちに移植

原産地	ヨーロッパ　西アジア
花期	4月下旬～5月　草丈：50～100mm
花色	紅紫・白
用途	壇　切　ド（種）　日照：日向・半日陰
土	普　　耐寒性：強　耐暑性：中
発芽温度	15～20℃
発芽日数	10～14日
覆土	3mm　　肥料：少なめ
播種用土	赤玉土4・バーミキュライト4・パーライト2

| 私流 | 2 | 3 | 4 | 5 | 6 | 7 | 8 | 9 | 10 | 11 | 12 | 1月 |

::: タネまき　▼植付け　×挿し芽　◆株分け　●掘り上げ　▽発芽　開花期　暖房した室内で開花

ルリマツリ

イソマツ科　半ツル性常緑低木　別名★プルンバーゴ

南アフリカ原産の半ツル性常緑低木で、夏の暑さに負けず次々と咲くフロックスに似た花はとても清涼感があります。半耐寒性ですが10℃以上あれば冬でも咲き続け、関東以西の暖地では戸外で越冬し3m以上になります。

定植と管理

5月頃出回るポット苗を、水はけ・日当たりの良い場所に緩効性肥料を混ぜて植え付けます。鉢植えでは、生育が旺盛なので深くて大きめの鉢に、基本用土1にパーライトを1割加えた用土で植えます。開花中は月1回、大粒化成を10～15粒追肥し、鉢植えは水切れしやすいので、夏は朝夕水やりをします。半ツル性ですが、自分ではからまることはありません。花が枝の先端につくので、支柱をして枝をねかせ気味に誘引すると、わき芽が多く伸びて花数が多くなります。ガクに粘り気があり花が葉にはりついてしまうので、花ガラはまめに摘み取ります。

冬越しと植え替え

秋に花が終わってきたら株元から20～30cmの所で切りもどし、関東以西では簡単な霜除けをして屋外で、寒冷地では鉢に植え替えて室内に取り込み冬越しさせます。鉢ごと花壇に埋めて育て、12月に掘り上げて取り込めば植え傷みしません。また5～9月に、鹿沼土またはバーミキュライト）5・赤玉土5の用土に挿し木して苗をつくり、それを室内に取り込めば場所を取りません。根詰まりしやすいので、水はけが悪くなったら春に根を切り詰めて、ひとまわり大きい鉢に植え替えます。

- 寒地では鉢植えし室内で冬越し
- ねかせ気味にして誘引し花数を増やす

原産地	南アフリカ　東南アジア（赤花）
花期	6～11月
草丈	30～300cm
花色	○（青）○（白）●（赤）
用途	壇・コ・ハ　日照：○
土	普
耐寒性	弱　耐暑性：強
発芽温度	13～21℃
発芽日数	14～42日
肥料	多め～標準
播種用土	赤玉土4・バーミキュライト4・パーライト4

アシダンセラ・ビコロール

アヤメ科　春植え球根　別名★ニオイグラジオラス

少し細めの葉は、同じあやめ科のグラジオラスによく似ています。花茎8～10cm、中心部が紫褐色の白い花を横向きに咲かせ、とても清楚です。香りがよく、特に夜に強く香ります。こちらでは8月下旬から9月に開花します。

定植と管理

春植え夏咲きのグラジオラスと同様に育てます。グラジオラスよりは耐寒性・耐暑性ともに弱く発芽温度も高いので（10℃以上）、春、5月になってから植え付けます。

日陰に強く、半日陰でも育てられますが、あまり日当たりが悪いと花が咲かないので、5時間以上日の当たるところが適地です。

堆肥または腐葉土と緩効性肥料（マグアンプK）を混ぜておき、覆土を5～7cmにして、株間10～15cmで植え付けます。発芽したら早めに増し土や支柱をして、倒れないようにします。

花後は花茎ごと切り取り、耐寒性がグラジオラスより劣るので、葉が半分くらい枯れ込んできたら早めに掘り上げ、束ねて陰干しします。今年植えた球根の上に新しい球根と、木子といわれる5～10mmほどの小さな球根ができます。今年植えた球根を取り除き、上の新たにできた球根とその周りに付いた木子を5℃以上の室内で保管します。木子は早いものでは2年後に開花します。

- 寒さに弱いので5月に植え、早めに掘り上げ
- 球根は陰干しし、5℃以上の室内で保管

原産地	南アフリカ～熱帯アフリカ
花期	8月下旬～10月
草丈	60～100cm
花色	○（白）　用途：壇・切　日照：○◐
土	普（肥沃土を好む）
耐寒性	なし　耐暑性：中
植え付け	4月～5月
覆土	5～7cm（鉢植え2cm）
肥料	標準
コンテナ用土	赤玉土6・腐葉土4

ユリ科　半ツル性春植え球根

別名★ユリグルマ

グロリオサ

熱帯原産のユリです。葉の先端がまきひげになり、からまってツル状に伸びます。葉の付け根に咲く花は花弁が反りかえり、四方に雄しべを広げます。炎のような形は、いかにも夏らしい花です。

定植と管理

過湿に弱いので鉢植えが適していますが、庭植えする場合は雨が当たらない軒下に植えます。熱帯性で寒さに弱く発芽適温が高い（25℃）ので、4月下旬～5月中旬に株間30cm、覆土5cmで植え付けます。

鉢植えは通常、直径20cm前後の鉢に球根1球を目安にして、球根を横に寝かせて植え付けますが、私は深めの鉢に芽の出る部分を上にして植え、覆土を2cmかけます。こうするとたくさん植えられ、群生して咲く姿は見事です。赤玉土4・バーミキュライト2・腐葉土4の用土にリン酸とカリが多い緩効性化成肥料を混ぜておきます。

雨の当たらない日当たりに置き、発芽まではビニールで覆って地温を高めます。支柱も植え付け時に鉢縁に4～6本立て、発芽したらビニールをはずします。表面の土が乾いたら十分に水やりします。

ツルが伸び始めたら、月1回大粒化成を1株に4～5粒与え、ツルを斜めまたは水平に誘引します。こうすると花付きがよくなります。花ガラは早めに摘み取ります。

花後に葉が枯れてきたら水を切り、用土をカラカラに乾かして、鉢を凍らないところに置いて冬越しさせます。掘り上げて貯蔵するより手間がかからず、失敗が少ないです。春に新しい用土で植え付けます。

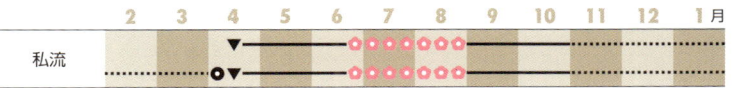

ロスチャイルディアナ

- 過湿に弱いので雨に当てない
- 寒さに弱く、鉢植えのまま冬越し

原産地	南アフリカ　熱帯アジア
花期	6～10月
草丈	150～200cm（ツル性）
花色	● ●
用途	鉢 切　　　　日照：☀
土	乾（雨の当たらない場所）
耐寒性	なし　　耐暑性：強
発芽温度	25～30℃
発芽日数	40日
覆土	5cm　　肥料：標準
播種用土	赤玉土6・腐葉土4（石灰少々）

春　4月上旬～6月中旬

キク科　春植え球根

別名★テンジクボタン

ダリア

夏の代表的な花で、品種も花色も豊富なので切り花としても重宝します。草丈1m以上の大輪種は場所を取るので広い庭向きですが、最近は矮性中・小輪の品種も多くなり、鉢作りもできます。また、種から育てられる品種もあります。

定植と管理

首がしっかりしていて、芽が見える球根が理想です。一般に植え付け時期は4～5月ですが、7月初旬までできます。夏の暑さに弱いので、高温多湿になる地方では植え付けを遅らせ、小苗で夏越しさせ秋に咲かせると失敗がありません。6月に挿し芽することもできます。

日当たりと水はけの良い所を好みますが、西日は避けます。堆肥を十分混ぜて、大輪種70cm以上、中輪種50～60cm、小輪種40～50cmの間隔に植え、同時に支柱をしておきます。過湿にも弱いので高盛りして植えるとよいでしょう。

鉢植えは、大輪種は10号以上の鉢に、中小輪種は5～6号の鉢が適しています。芽の出る部分を鉢の中心に置き、支柱をして覆土します。4～5月植えは夏の暑さで弱るので8月に半分に切り戻し、秋に再度咲かせます。

寒さで葉が傷んできたら、地植えは掘り上げ、土を落としたら乾いたバーミキュライトやモミガラを詰めたトロ箱に埋めて凍らないように保管します。鉢植えは水を切ってそのまま凍らないところに置きます。種まきができる品種は、4月中旬にまくと、その年の7月から開花します。花後には球根ができるので、2年目からはその球根で育てます。

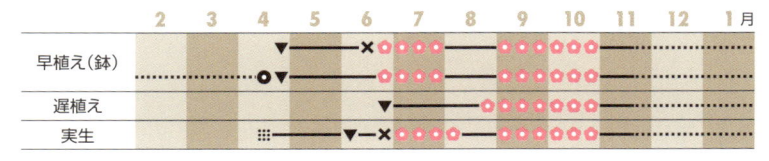

黒蝶

- 夏暑い地域では遅植えして秋に咲かす
- 球根を乾かしすぎない

原産地	メキシコ　グァテマラ
花期	5～10月　　草丈：20～150cm
花色	● ● ● ● ● ○
用途	鉢 切 鉢　　　　日照：☀
土	普（過湿に弱い）
耐寒性	弱　　耐暑性：弱
発芽温度	15～20℃
発芽日数	7～14日
覆土	5cm（種の覆土2mm）　肥料：多め
播種用土	赤玉土4・バーミキュライト4・パーライト2

49

夏から初秋
6月下旬～9月上旬

6月下旬からの梅雨時期
夏・秋花壇の植え付け、宿根草の鉢上げ・採りまき

6月下旬には、春の花を一掃し、腐葉土や堆肥をすき込んでから、夏の花を植え付けます。夏は暑さや蚊の襲来で庭仕事もままならない時期です。私はサルビアやアゲラタム、ダリアなど、夏から秋まで長く咲き続け、しかもあまり手のかからない草花を中心にしています。過湿を嫌う植物は土を盛り上げて植え付け、コンテナは雨のかからない軒下に移動します。

梅雨時期は湿度が高く蒸し暑いイメージですが、こちらでは北東の風が吹くと梅雨寒になり、4～5月の気温に逆戻りしてしまいます。

涼しい日が続くときに、宿根草の採りまきや春まき一年草の遅まきをします。春まき一年草をこの時期にまくとコンパクトにまとまり、霜の降りるまで咲き続けます。晴れ間には、サルビア類の摘芯、除草、病害虫の防除、春にまいた宿根草や二年草の鉢上げや鉢替えなど、庭仕事は山積みです。暑さを嫌う植物の植え替え用土には軽石砂を混ぜて、地温を上がりにくくします。

梅雨明け
早咲きパンジーの保冷育苗

梅雨明け直後は連日35℃、36℃の猛烈な暑さが続きます。暑さを嫌う植物は木の下や棚の下、家の東側に避難させます。早まきした春まき一年草は伸びすぎて風通しも悪くなるので、切りもどしをして休ませます。気温が高過ぎて種まきには不向きですが、晩秋から咲かせるパンジーやビオラの種だけはこの時期にまきます。比較的涼しい玄関でトロ箱に保冷剤を入れて発芽させます。

8月下旬～9月上旬
本格的な種まきシーズンのスタート

旧盆を過ぎると朝夕は少し秋めいてきます。この頃から秋にかけては、春に向けての種まきで一番忙しい時期です。私はおよそ50種、70品種をまいています。手始めに、寒さがくるまでに大きく育てておく必要のある草花や、気温が下がると生長が止まってしまう草花などの種をまきます。まだ暑い時期なのでトロ箱で保冷したり、素焼き鉢にまいて底面給水させるなど、地温が上がらないように気を配ります。また育苗中の宿根草類には追肥を再開し、大きく育てて寒さに備えます。

夏から初秋の作業暦

6月下旬～7月中旬

主な管理作業
- 秋植え球根の掘り上げ
- 春咲き宿根草にお礼肥
- 春花壇の整理・花壇の土作り
- 夏花壇の植え付け
- 雨対策
- 摘芯（サルビア類）
- 夏のコンテナ植え付け
- 病害虫防除、殺虫・殺菌剤散布
- 春まき宿根草のポット上げと鉢替え
- 挿し芽苗の鉢上げ
- 除草と追肥（6月下旬）

種まきする草花	植え付けする草花	採種する草花	
マルバ	サルビア類　ガイラルディア	シレネ	ヤグルマソウ
ポテンティラ	ジニア　ハルシャギク	ゲラニウム	ベロニカ類
春まき一年草の遅まき	ヒマワリ　ルドベキア	セリンセ	ナスタチウム
ジニアリネアリス	アゲラタム　ニチニチソウ	アストランティア	カスミソウ
サルピグロッシス	コリウス　オキペタルム	チェイランサス	クレピス
ニコチアナ	ポテンティラ　クレオメ	セラスチウム	スイートピー
マリーゴールド	ダリア　アンゲロニア	バーバスカム	アークトティス
ナスタチウム	インパチェンス	ホワイトレースフラワー	ブラキカム
	ニコチアナ	ポピー類	クリムソンクローバー
	ペチュニア	ビジョナデシコ	ニゲラ
	マリーゴールド	カレンジュラ	フレンチハニーサックル
	ノラナ	アクレギア	シノグロッサム
	ハツユキソウ	ベニバナアマ	ダイコンソウ
		チドリソウ	サルビア・プラテンシス

7月中旬～8月中旬

主な管理作業
- 暑さ対策
- 追肥（7月中旬）
- 切りもどし（ペチュニア、サルビア、インパチェンス、アゲラタム、コリウス、マリーゴールド、ナデシコ、ノラナ、イソトマ、ハルシャギク、ニーレンベルギア、バーベナ）

種まきする草花	植え付けする草花	採種する草花	
ポテンティラ（採りまき）	トレニア	ヘスペリス	マルバ
カウスリップ	バーベイン	サルピグロッシス	ポテンティラ
パンジー**	カラミンサ	ニコチアナ	宿根リナリア
ビオラ**	セネシオレウコスタキス	ガイラルディア	ペレニアルフラックス
アンドロサセ・スターダスト**		セキチク	メリロット
ヘアーベル**		ヒマワリ	イソトマ
ハナシノブ*		春咲きシュウメイギク	ペンステモン
		フランネルソウ	リシマキア
		ハナシノブ	マルバ・モスカータ
		ムラサキセンダイハギ	

8月中旬～9月上旬

主な管理作業
- 夏花壇の整理
- 秋用コンテナの植え付け
- 秋花壇の植え付け
- パンジー他春育苗のポット上げ
- 追肥（8月下旬）
- 挿し芽（冬越し用の苗作り）
  サルビア、インパチェンス、ベニディオアークトティス、ルリマツリ、アゲラタム、イソトマ、サマーウェーブ、ペチュニア、ナスタチウム、プレクトランサス、ヘリクリサムシルバー、ヘリクリサム・オーレ、コリウス

種まきする草花		採種する草花	挿し芽する草花
アレナリアモンタナ**	パンジー*	ナスタチウム	ハツユキソウ
チェイランサス*	ビオラ*	ニコチアナ	ペチュニア
スイートアリッサム*	サポナリア・オキモイデス*	サルビア	サルビアコクシネア
バーバスカム*	アドニス	コリウス	ジニア
カンパニュラ・パーシシフォリア*	シレネペンジュラ	キク	マリーゴールド
スカビオサ*	カタナンケ	キンミズヒキ	センニチコウ
キンギョソウ*	セキチク	秋咲スノードロップ	スカビオサ
オーブリエチア*	ホワイトレースフラワー		ヘアーベル
ヘスペリス*	ビスカリア		ソバナ
セラスチューム*	ムラサキハナナ		クレオメ
ビジョナデシコ*	ルッコラ		ルドベキア
ペレニアル・フラックス*	レッドバレリアン		
リナリア*			

* 底面給水で発芽させるもの
** 保冷育苗するもの

屋外露地　屋外夜間保温　屋外保温　地中休眠　室内常温　低温処理　室内暖房

キンポウゲ科　秋まき一年草　　別名★夏咲き福寿草

アドニス

ヨーロッパ原産のフクジュソウの仲間です。早春に咲く福寿草に対して初夏に咲くことから夏咲き福寿草とも言われます。

アドニスの名はギリシャ神話の美少年アドニスに由来します。

5～6月に花径2～3cm、カップ状の輝く赤い花が咲きます。花の中心が黒くなっているところから英名pheasant's eye（キジの目）と呼ばれます。とても愛らしく、コスモスのような葉も魅力的です。

育苗法

冬の寒さに当てないと（5℃以下）花芽ができないので秋にまきます。

発芽日数が長く、まばらに発芽するので、発芽するまで乾かさないように管理することが大切です。本葉2～3枚のころ根を傷めないよう、ていねいに6cmポットに、基本用土1を使い1本ずつ移植します。よく日に当て、乾き気味に管理し、暖地では根がまわったら霜の降りる前に定植します。

耐寒性はありますが小苗は過湿を嫌うので、私はポットのままトロ箱に入れビニールをかけ、雨の当たらない軒下に置いて冬越しさせています。

定植と管理

原産地では日当たりのよい乾燥した石灰質の斜面や、石と石の間などに自生しています。3月、あらかじめ石灰（20～30g／㎡）と緩効性肥料を少々混ぜておき、株間20cmで定植します。

種は手でさわってポロポロと落ちるころが採りごろです。よく乾燥させ、紙袋に入れて保存します。秋にこぼれ種で発芽したものを掘り上げ、ポットで育てるのも手軽な方法です。

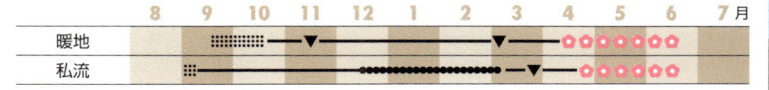

- 発芽までの2週間余、用土を乾かさない
- 丈夫でこぼれ種でもよく増える

| 原産地：ヨーロッパ |
| 花期：5～6月　草丈：30～50cm |
| 花色：● |
| 用途：壇 コ　　日照：☀ |
| 土：普（弱アルカリ性を好む） |
| 耐寒性：強 |
| 発芽温度：15～20℃ |
| 発芽日数：14～40日 |
| 覆土：2～3mm　肥料：少なめ |
| 播種用土：赤玉土単用、赤玉土5・バーミキュライト5 |

夏から初秋　6月下旬～9月上旬

ナデシコ科　常緑宿根草　　別名★スコッチモス

アレナリアモンタナ

輝くような純白の花が株を覆うように咲き、その可憐さに一目で気に入ることうけあいの花です。水はけのよい所を好むので、ロックガーデンやハンギングバスケット、コンテナの縁などに向きます。暑さや蒸れに弱く、夏に枯れることがあるので、一年草として扱い、種を採って毎年まきます。

育苗法

春咲き宿根草のため、春まきでは翌春の開花になります。秋まきは9月下旬～10月が適期ですが、それでは翌春に咲かない株がでます。そのため、私は8月下旬にまき、トロ箱で保冷して発芽させています（109ページ参照）。覆土はせず、芽が出そろうまでに3～4週間かかるので乾かさないようにします。本葉3～4枚のころ、基本用土1に砂を1割混ぜた用土で7.5cmポットに移植します。

定植と管理

耐寒性は非常に強いので、根が十分にまわったら植え付けられますが、雪や雨で過湿になると枯れることがあります。私は9cmポットに植え替え、トロ箱に入れ軒下で冬越しさせ、3月に定植しています。酸性土を嫌うので、あらかじめ石灰を混ぜておき、株間は15～20cmにします。春にアブラムシがつくのでオルトランをまいておきます。

花後切りつめ、半日陰の風通しのよい所に置いて夏越しさせると、10月に株分けで増やすことができます。また、5月下旬～6月に挿し芽をすると夏越ししやすく、宿根草として育てられます。種もよくできるので、さやが黄変してからさやごと採り、紙袋に入れて乾燥します。

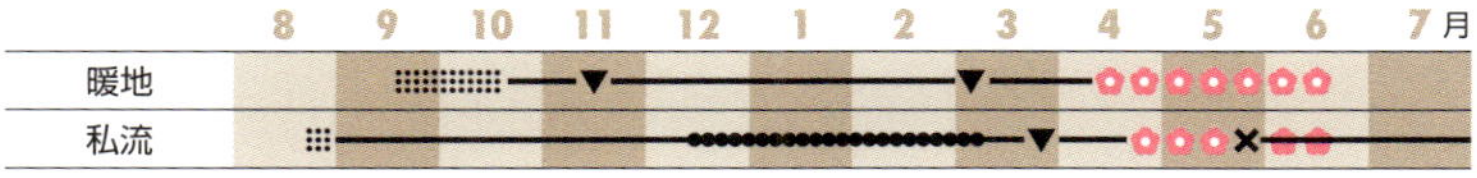

- 秋に早めに覆土せずにまき過湿を避ける
- 暑さにやや弱く、挿し芽苗で夏越し

| 原産地：ヨーロッパ南西部 |
| 花期：5～6月　草丈：10～20cm |
| 花色：○ |
| 用途：壇 コ ロ ハ　日照：☀ |
| 土：乾（過湿・酸性土を嫌う） |
| 耐寒性：強　耐暑性：中～弱 |
| 発芽温度：15～18℃ |
| 発芽日数：7～14日 |
| 覆土：なし　肥料：少なめ |
| 播種用土：赤玉土4・バーミキュライト4・パーライト2 |

サクラソウ科　秋まき一年草　　　　別名★ミヤマカスミソウ

アンドロサセ・スターダスト

ロゼット型の株から針金状の花径を多数出し、カスミソウに似た白い花を次々と咲かせます。数株まとめて植えるとドーム型になり、見ごたえがあります。

育苗法
6月に種をまくと大株になりますが、暑さに弱いので夏期は涼しい半日陰で育てます。秋遅くに種をまくと根が十分に張らないうちに寒さがきて、霜で根が浮き上がってしまいます。寒い地方では早めに8月までに種をまいたほうがよいようです。

左記用土で素焼き鉢にまき、種がやっと隠れるていどに薄く覆土します。底面吸水をして用土温を下げて発芽させます。本葉2〜3枚のころ、水はけのよい用土で7.5cmポットに5〜6本ずつ移植し、涼しくなったら2〜3本ずつに同ポットに植え替えます。赤玉土5・腐葉土3・バーミキュライト2の用土に、マグアンプKを1ℓにスプーン半分混ぜておきます。

定植と管理
10月中旬、直径2〜3cmのロゼット状になったら、株間15〜20cmで定植します。暖かい地方では霜除けの必要はありませんが、寒い地方では簡単な霜除けをしたほうが安心です。私は9cmポットに植え替え、トロ箱に入れ、ビニールをかけて冬越しさせ、3月に植え付けています。

過湿に弱いので、日当たりのよい所で乾き気味にして管理します。花後できた種は黄変してから採ります。種がこぼれてよく発芽するので、8〜9月に掘り上げて育てることもできます。

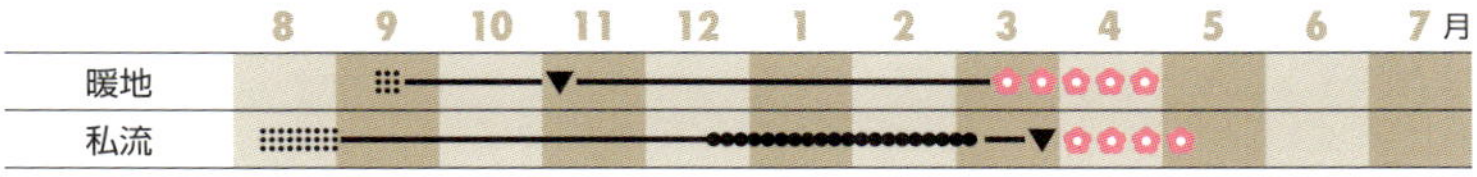

●秋植えは、初霜までに十分根を張らす
●寒冷地では夏にまきポットで冬越し

| 原産地：ヨーロッパ |
| 花期：4〜5月　　草丈：20〜30cm |
| 花色：○ |
| 用途：コロ　　　　日照：☼ |
| 土：乾 |
| 耐寒性：強　　耐暑性：弱 |
| 発芽温度：15〜25℃ |
| 発芽日数：7〜14日 |
| 覆土：0〜1mm　　肥料：標準 |
| 播種用土：赤玉土4・バーミキュライト3・パーライト3 |

夏から初秋　アンドロサセ・スターダスト■エロディウム■オーブリエチア■カウスリップ

フウロソウ科　宿根草

エロディウム

ヨーロッパ原産のフウロソウの仲間です。草丈3〜5cmのオランダフウロは花径2センチのピンクまたは白の花を多数咲かせます。ヒメフウロの名で売られていますが、野草のヒメフウロソウとは違う種類です。エロディウム・ペラルゴニフローラムは花径2.5cm、淡いピンクに濃いピンクの筋が入る花を株一面に咲かせます。エロディウム・マネスカビーは深く切れ込んだ葉をもつ濃いピンクの魅力的な花です。夏の暑い時期は休みますが、とても花期が長く、暖地では春から霜の降るまで咲き続けます。

ペラルゴニフローラム

育苗法
春まきもできますが、夏越しの手間を省くため、秋にまきます。寒さが来るまでに十分育てたいので8月下旬に左記用土でまきます。発芽日数が10〜30日と長く、まばらに発芽するのでその間乾かないようにします。本葉2〜3枚のころ、基本用土1に軽石砂を2割程度混ぜて7.5cmポットに植えつけ、大粒化成を2粒置き肥して乾き気味に育てます。

定植と管理
11月初旬、寒さには強いですが過湿と夏の暑さにはやや弱いので日当たりから半日陰の水はけの良いところに低性種は株間15〜20cm、高性種は30cmで定植します。発芽が遅れ育ちの悪いものは過湿にならないよう雨のかからない軒下で冬越しさせ、3月に植えつけます。肥料は3月の芽出しのころ大粒化成を4〜5粒与える程度にします。花後、フウロソウによく似た種ができます。はじける前に種が茶色になってきたらサヤごと採り、紙袋に入れて乾燥させます。

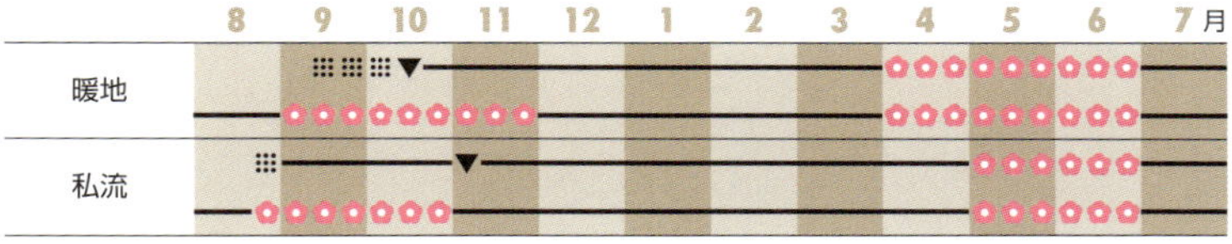

●暑さに弱く、夏は半日陰に
●冬の乾燥・水切れに注意

| 原産地：ヨーロッパ |
| 花期：4〜10月　　草丈：10〜30cm |
| 花色：● ○ |
| 用途：壇コロ　　　　日照：☼ ◐ |
| 土：普（アルカリ土壌を好む） |
| 耐寒性：強　　耐暑性：中〜弱 |
| 発芽温度：15〜20℃ |
| 発芽日数：10〜30日 |
| 覆土：5mm　　肥料：少なめ |
| 播種用土：赤玉土4・バーミキュライト3・軽石砂3 |

アブラナ科　常緑宿根草　　　別名★オーブリエタ

オーブリエチア

菜の花に似た4弁の花がクッション状に咲きます。花壇の縁取りやコンテナの手前に植えると、春らしいやさしい雰囲気になります。宿根草ですが夏越ししにくいので毎年種から育てますが、工夫すると夏越しします。

育苗法

春まきもできますが、株を大きく作って花つきをよくしたいので、前年の8月下旬に種をまきます。まだ暑い時期なので、できるだけ涼しいところでまきます。酸性土を嫌うため、左記用土を使い、覆土はしません。本葉2〜3枚のころ、基本用土1を使い7.5cmポットに上げます。

定植と管理

暖地では根が十分にまわってから、10〜11月に株間15〜20cmで定植し、霜除けをして凍らないように冬越しさせます。寒さに強くないので、寒冷地では9cmポットに植え替え、フレームかビニールハウスで冬越しさせ、3月に植え付けます。私はトロ箱にビニールをかけ、屋外で乾かし気味にして冬越しさせています。酸性土を嫌うので、植え付け前に石灰を多めに混ぜておきます。

長雨や夏の暑さに弱いので、花後は半分くらいに切り詰め、コンテナは風通しの良い半日陰で雨の当たらないところに移動させて夏越しさせます。5月中旬から6月中旬に挿し芽をしてポット苗で夏越しさせると確実です。夏越しした株は10月に株分けして増やすか、挿し芽苗を作って冬越しさせます。花後に採種して増やすこともできます。

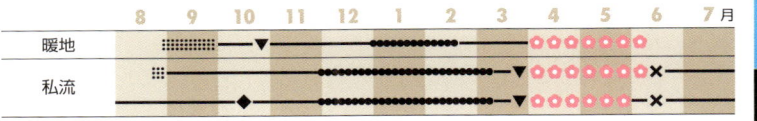

- ●初秋に覆土なしでまき、大株に
- ●挿し芽苗で夏越し、ポット苗で冬越し

原産地	南ヨーロッパ
花期：4〜5月	草丈：10〜15cm
花色：●●●	
用途：壇 コロ ハ	日照：☼
土：普（石灰分の多い土壌を好む）	
耐寒性：中	耐暑性：弱
発芽温度：18〜20℃	
発芽日数：4〜7日	
覆土：なし	肥料：標準
播種用土：赤玉土4・バーミキュライト4・パーライト2	

夏から初秋　6月下旬〜9月上旬

サクラソウ　宿根草　　　別名★黄花の九輪桜

カウスリップ

ヨーロッパでは春を告げる花として有名な野草です。ハーブとしても利用されます。スッと伸びた茎に、プリムラに似た黄色い花をやや下向きに多数つけます。花に香りがあり、プリムラなどの園芸種にはない野趣があります。

育苗法

種は8月中旬〜下旬にまきます。サクラソウの仲間で好光性種子のため覆土はしません。素焼鉢にまき底面給水すると、7〜14日で発芽します。

乾き気味の土を好むので、本葉2〜3枚のころ、赤玉土4・腐葉土4・軽石砂1・クンタン1の用土でポットに上げて育てます。幼苗は過湿に弱いので、私は鉢替えしてトロ箱に入れ、ビニールをかけて冬越しさせています。

定植と管理

植え付けは、水はけがよく、秋から春は日が当たって夏は半日陰となる樹下などがよいでしょう。やや乾燥したアルカリ性土壌を好むため、石灰と腐葉土をよく混ぜて緩効性肥料を施して植え付けます。夏は高温多湿に弱いので、日除けをしたり、鉢植えは半日陰になる場所に移動します。乾燥するとハダニが発生しやすいので、時折葉水をかけて予防します。

夏越しした2年目からは株ができ、寒さにも強く丈夫になるので、そのまま露地で冬越しができます。夏越しができれば、育てやすいサクラソウです。株分けは9月下旬〜10月下旬、または開花前の3月に行ないます。

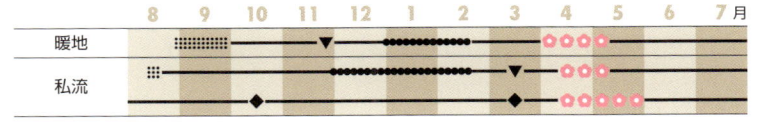

- ●発芽まで用土を乾かさない
- ●水はけのよい、弱アルカリ性の用土を使う

原産地	ヨーロッパ中北部　イラン
花期：4〜5月	草丈：15〜25cm
花色：●	
用途：壇 コロ	日照：☼ ◐
土：乾（弱アルカリ性土壌を好む）	
耐寒性：強	耐暑性：弱〜中
発芽温度：15〜18℃	
発芽日数：7〜14日	
覆土：なし	肥料：少なめ
播種用土：赤玉土4・バーミキュライト4・パーライト2	

⋮ タネまき　▼ 植付け　✕ 挿し芽　◆ 株分け　● 掘り上げ　✓ 発芽　○ 開花期　■ 暖房した室内で開花

キク科　宿根草
カタナンケ
別名★ルリニガナ

花径5cm前後の矢車草に似た花は、カサカサとした薄いガクを持っています。青い花や蕾はドライフラワーにも向きます。宿根すると大株になりますが、夏越ししにくいので、私は毎年種から育てています。

育苗法
私は寒さの来る前に株を大きくしたいので、9月上旬にまきます。まだ気温が高いので発芽するまで風通しの良い日陰に置き、発芽日数が長いので乾かさないように注意します。本葉2～3枚のころ赤玉土4・クンタン2・腐葉土3・砂1の用土で6cmポットに上げ、月に1度大粒化成を2粒置肥し、よく日に当てて乾き気味に育てます。

定植と管理
マイナス15℃でも耐えるといわれているほど寒さには強く、11月に定植できますが、雨や雪で過湿になり枯れやすいので、私はポットをトロ箱に入れてビニールをかけ、軒下などに置いて冬越しさせています。2月下旬、暖かくなってきたら9cmポットに植え替え、3月下旬に定植します。日当たりと水はけの良い所に、あらかじめ石灰と緩効性肥料を混ぜておき、株間20～30cmで植え付けます。過湿に弱いので、土を高めに盛って植え付けます。

風通しを良くし、コンテナ栽培は長雨に当てないようにします。アブラムシ対策にオルトラン粒剤を定期的に散布し、風の強い場所では支柱を立てます。

高冷地では夏越しも容易かもしれません。挿し芽苗で夏越しさせるとよいかもしれませんが、私はまだ夏越しに成功したことがありません。

- ●高温・過湿に弱く、酸性土壌を嫌う
- ●寒さには強いが、夏越しはしにくい

原産地	南欧
花期	6～7月
草丈	40～60cm
花色	■ □
用途	壇 コ 切　日照：☼
土	乾（中性砂質土壌を好む）
耐寒性	強　耐暑性：弱
発芽温度	18～21℃
発芽日数	14～21日
覆土	3mm　肥料：少なめ
播種用土	赤玉土4・バーミキュライト4・パーライト2

キク科　秋まき一年草
カレンジュラ
別名★キンセンカ

丈夫で作りやすく、昔から仏花として愛されてきました。切り花向きの高性種と、花壇、鉢向きの矮性種があり、花形も八重咲き、一重咲きがあります。矮性極小輪の冬知らずには、従来の仏花のイメージはありません。

育苗法
寒さにやや弱いので寒冷地では一般に春まきですが、私は春に咲かせたいので8月下旬にまいています。本葉2枚くらいで、赤玉土6・腐葉土3・クンタン1の用土で7.5cmポットに上げ、暖地では本葉5～6枚のころが定植適期です。露地だと霜で葉が傷み枯れてしまうこともあるので、暖地でも簡単な霜除けが必要です。私は12月中旬からはビニールがけトロ箱に入れ、南側の陽だまりで冬越しさせています。

定植と管理
霜に傷められず順調に育ったものは、本葉8～9枚のころ、7～8枚を残して先端を摘み、わき芽を出させます。そうすると徒長せず、しっかりした株になり、花数も多くなります。霜柱の心配がなくなる3月に、あらかじめ苦土石灰を30～70g／㎡混ぜておき、株間20～30cmで植え付けます。肥料が多いと茎葉ばかり茂り花立ちが悪くなるので、肥料は植え付け後、株元に粒状化成4～5粒を置肥するくらいで十分です。本来は宿根草なので、夏涼しいところでは宿根することがあります。

アブラムシ、ウドンコ病になりやすいので、風通しを良くし、オルトランなどで予防します。種はポロッと落ちるようになったら採種します。

コーヒークリーム

- ●寒さにやや弱いので霜除けが必要
- ●肥料は控え、芽摘みしてわき芽を伸ばす

原産地	南ヨーロッパ
花期	3～5月
草丈	20～60cm
花色	● ●
用途	壇 コ 切　日照：☼
土	普（中性肥沃土壌を好む）
耐寒性	中　耐暑性：弱
発芽温度	15～20℃
発芽日数	4～5日
覆土	3mm　肥料：少なめ
播種用土	赤玉土5・腐葉土5

カンパニュラ・パーシシフォリア

キキョウ科　宿根草（二年草）　別名★モモバキキョウ

葉が桃の葉に似ていて、キキョウに似た花を穂状につけます。八重咲きもあります。宿根草ですが、夏の高温多湿にやや弱く、高冷地以外では夏に枯れやすいので二年草として育てます。

育苗法

通常、宿根草は6月までにまかないと翌年開花しませんが、これは9月上旬までにまけば翌年開花します。しかし、株が大きくならないと寒さに弱いので、寒冷地では6月までにまいたほうが冬越ししやすくなります。私は育苗期間を短くしたいので8月下旬にまいています。まだ気温が高い時期なので、風通しの良い日陰で素焼き鉢にまき、底面吸水させて発芽させます。本葉2～3枚の頃、基本用土1の用土で、7.5cmポットに4本ずつ植え付け、固形肥料を数粒置肥します。葉が触れ合ってきたら1本ずつに植え替えます。育苗中は月に1回追肥します。

定植と管理

本葉7～8枚で定植できますが、秋まきの苗は霜除けが必要です。私は9cmポットに植え替え、トロ箱に並べビニールをかけて冬越しさせています。夏の高温多湿に弱いので、西日の当たらない風通しの良い所に、緩効性化成肥料を施し、株間30cmに植え付けます。活着後、固形肥料を月1回追肥します。

夏越しをさせるには、花ガラは早めに摘み、枯れ葉や雑草を取って株元の風通しを良くし、コンテナは風通しの良い半日陰に移動します。花ガラをこまめに摘むと二番花が咲きます。夏越しした株は、9月下旬～10月上旬に株分けします。

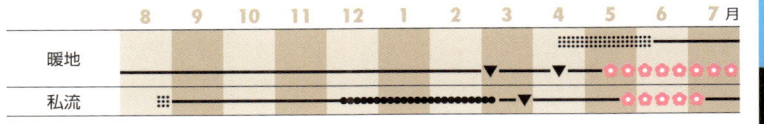

- 9月上旬にまでにまけば翌年開花する
- 初秋まきはポット苗を霜除けして冬越し

原産地	ヨーロッパ　シベリア
花期	5～7月　草丈：50～100cm
花色	○○○
用途	壇 コ 切　日照：○ ◐
土	普（弱酸性土壌を好む）
耐寒性	強　耐暑性：弱
発芽温度	16～21℃
発芽日数	10～15日
覆土	2mm　肥料：少なめ
播種用土	赤玉土4・バーミキュライト4・パーライト2

夏から初秋　6月下旬～9月上旬

キンギョソウ

ゴマノハグサ科　宿根草（秋まき一年草）　別名★スナップドラゴン

暑さにやや弱く暖地では夏越ししにくいようですが、当地では容易に宿根します。切り花用の高性種と40cm前後の中性種、四季咲き性の強い矮性種があります。高性種は寒さ暑さに弱いので中性種、矮性種がおすすめです。

育苗法

一般に暖地では秋まき、寒地は春まきですが、私は8月下旬にまき、春から咲かせています。種まきが遅れると株が十分にできず、寒さで枯れてしまうこともあります。春まきでは、早く咲く四季咲き性矮性種が向いています。

初秋まきは高温で立ち枯れしやすいので、清潔な上記播種用土を使い、素焼き鉢にまいて底面吸水をし、風通しの良い日陰で発芽させます。好光性種子なので覆土はしません。発芽したら、今度は乾き気味に育てます。本葉2～3枚のころに6cmポットに、赤玉土5・腐葉土3（またはピートモス3）・クンタン2の用土で移植します。

定植と管理

小苗は耐寒性が劣るので暖地でも霜除けが必要です。私は7.5cmポットに植え替えて、ビニールがけトロ箱に並べ冬越しさせます。定植前に石灰と堆肥をよく混ぜておき、矮性種は株間15～20cm、中・高性種は20～25cmに、根鉢をくずさぬように植え付けます。肥料切れしないよう月1回1株に大粒化成を5～6粒追肥します。7月上旬に半分くらいに切りもどすとわき芽が伸び、再び咲きます。夏越しができれば、宿根して翌春も咲いてくれます。5～6月の挿し芽で容易に苗ができます。

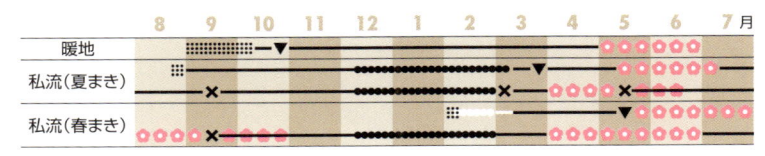

- 早めに覆土なしでまき、大きな苗で冬越し
- 肥料切れさせず、花後の切戻しで2度咲き

原産地	地中海沿岸
花期	4～11月
草丈	15～100cm
花色	●○○○○
用途	壇 コ 切　日照：○
土	普（酸性土を嫌う）
耐寒性	中　耐暑性：中～弱
発芽温度	15～20℃
発芽日数	4～5日
覆土	なし　肥料：標準
播種用土	バーミキュライト単用、ピートバン

凡例：タネまき　▼植付け　×挿し芽　◆株分け　●掘り上げ　▽発芽　○開花期　暖房した室内で開花

ナデシコ科　宿根草
サポナリア・オキモイデス
別名★ツルコザクラ

サポナリアにはハーブのサポナリア・オフィキナリス（ソープワート　シャボンソウ）やサポナリア・オキモイデス、サポナリア・ルテアなどがあります。サポナリア・オフィキナリスは直立した枝に薄いピンクまたは白、ローズの花を咲かせます。一重咲きのほか八重咲きもあります。サポナリア・オキモイデスはほふく性で、5～6月に花茎1cmのピンクの花を株一面に咲かせ、ハンギングバスケットやロックガーデンに利用します。なお、サポナリアバッカリアは本種とは別属のドウカンゾウ属です。

育苗法
宿根草なので種まきは通常5～6月ですが、オキモイデスは初秋にまけば翌春開花します。本葉2～3枚のころ、赤玉土6・腐葉土3・砂1の用土で7.5cmポットに上げ乾き気味に育てます。大粒化成を1月に一回4粒ずつ与えます。

定植と管理
過湿に弱いのでポットのまま軒下で冬越しさせ、3月になってから斜面の上部、ハンギングバスケットに植えます。日当たりと水はけが良ければ土質を選びませんが、高温多湿には弱いので花後は半分くらいに切り詰め、鉢植えは雨のかからない半日陰で夏越しさせます。暑さで枯れることがあるので5～6月に挿し芽をしておくと安心です。こちらでは夏越ししやすく、秋には大株になるので、10月または3月に株分けをして増やします。なお、サポナリア・オフィキナリスの種はハーブ店で入手できますが、八重咲き種は種ができないので、挿し芽や株分けで増やします。

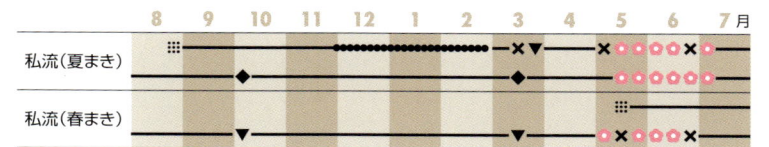

- 5～6月か8月下旬～9月上旬に種まき
- 夏は半日陰で乾き気味に管理

原産地：ヨーロッパ
観賞期：5～6月　草丈：20cm
花色：ピンク・白
用途：壇・コ・ハ・グロ・ハーブ　日照：☀
土：乾　耐寒性：強
耐暑性：弱（オキモイデス）
発芽温度：16～20℃
発芽日数：10～21日
覆土：1mm　肥料：少なめ
播種用土：赤玉土4・バーミキュライト4・パーライト2

ナデシコ科　秋まき一年草・宿根草
シレネ・ペンジュラ
別名★フクロナデシコ

シレネにはアルメリア（ムシトリナデシコ）とペンジュラがあります。ペンジュラには、ホテイマンテマ（宿根性）、花色がローズピンクのディオイカ（宿根性）などの種類があります。花弁の基部がふくれているところから、フクロナデシコと呼ばれます。耐寒性が強く育てやすい品種です。

一年草には銅葉で濃桃色のサクラギソウや、淡ピンク・半八重咲きのピーチブロッサム、ユニークな花形のピンクピルエットなどがあります。

育苗法
丈夫なので直まきもできますが、育苗する場合は秋に早めにまき、発芽後本葉3～4枚のときに、鉢土が乾きやすいように7.5cmポットに4本ずつ、基本用土1で移植します。葉が重なり合ってきたら1本ずつに植え替えます。月1回、大粒化成4粒くらいを施し、根がまわってきたら9cmポットに植え替えます。

定植と管理
普通、10月下旬に日当たり・排水のよいところに苦土石灰を混ぜておき、株間15～20cmで定植します。寒冷地でも簡単なビニール被覆で霜除けすれば、地植えでも冬越しできます。丈夫ですが、水はけが悪いと根腐れしやすいので、私は9cmポットをトロ箱に入れ、ビニールをかけて冬越しさせ、春に植え付けています。花後よく種ができるので、黄変してから採ります。こぼれ種の芽ばえをポットに移植して苗をつくると簡単です。また宿根性のホテイマンテマやディオイカは、5～6月の挿し芽や3月、10月の株分けでも増やせます。

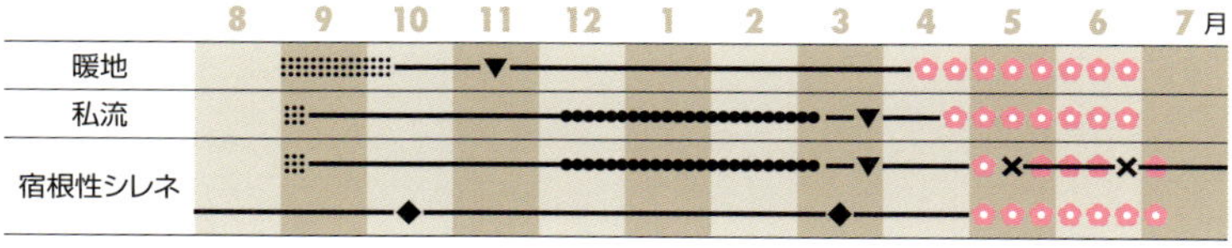

①ピーチブロッサム　②ピンクピルエット
- 寒さに強く丈夫で作りやすい
- 石灰類を施し水はけをよくする

原産地：南ヨーロッパ
花期：4～6月　草丈：15～30cm
花色：ピンク・白　用途：壇・コ
日照：☀　土：普（酸性土を嫌う）
耐寒性：強　耐暑性：中
発芽温度：15～20℃
発芽日数：5～7日
覆土：2mm　肥料：標準
播種用土：赤玉土4・バーミキュライト4・パーライト2

スイートアリッサム

アブラナ科 秋まき一年草（宿根草）　別名★ニワナズナ

草丈が低く、房状に小花を多数つけてクッション状になります。花壇の縁取り、鉢植えに向き、コンテナやハンギングの寄せ植えにも重宝します。本来は宿根草ですが暑さ寒さにやや弱いので、一般に一年草として扱います。ただし、うまく夏越しができれば秋に再び咲きます。なお、黄花のアリッサムとは植物の種類が違います。

育苗法

暖地では秋まきですが、寒冷地では3～4月にまき5月に定植するのが一般的です。私は初冬の寄せ植えや早春に咲かせたいので、8月下旬～9月上旬にまいています。素焼き鉢にまき覆土はせず、発芽するまでは日陰で底面給水します。発芽後はよく日に当て、本葉3～4枚のころに基本用土1で、3～4本ずつ移植します。

定植と管理

11月から咲き始めるので、私は鉢に寄せ植えして本格的な寒さがくるまで楽しみます。春用苗はポットをトロ箱に並べビニールをかけ、風の当たらない軒下で乾き気味に冬越しさせています。暖地でも冬越しは霜除けが必要です。2月下旬に1ポット2本にして植え替え、3月下旬に苦土石灰、緩効性肥料を施して植え付けます。大苗は移植を嫌うので根鉢をくずさないようにします。6月末に半分に刈り込み、風通しの良い雨の当たらない半日陰で夏越しさせ、涼しくなったら化成肥料を追肥すると、秋に再び咲きます。こぼれ種がよく芽ばえますが、白花のこぼれ種苗は寒さに強く、そのまま露地で越冬することがあります。

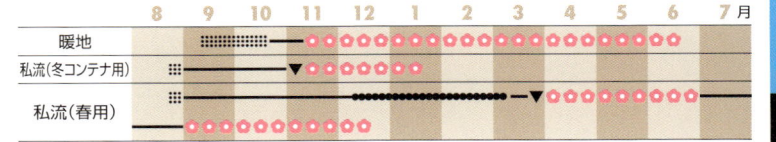

- ●8月に素焼き鉢にまき、発芽まで底面給水
- ●保温・霜除けして冬越しし過湿を避ける

原産地：地中海沿岸地方
花期：4～5月　草丈：10～20cm
花色：■ ■ ■ □
用途：壇 コ ハ　日照：☀
土：乾（酸性土を嫌う）
耐寒性：中～弱　耐暑性：弱
発芽温度：15～20℃
発芽日数：4～5日
覆土：なし　肥料：標準
播種用土：赤玉土5・バーミキュライト4・パーライト2

スカビオサ

マツムシソウ科 秋まき一年草・宿根草　別名★西洋マツムシソウ

スカビオサには一年草の西洋マツムシソウ（草丈100cm前後、花色 赤・ピンク・黒褐色）と宿根草のコーカサスマツムシソウ（草丈50cm、花色 青・白）や姫マツムシソウ（草丈30cm、花色 ラベンダー）などがあります。

コーカサスマツムシソウは高温多湿に弱く、高冷地以外では二年草として育てます。

育苗法

西洋マツムシソウは秋（暖地）か春（寒地）に種まきします。私は8月末にまいていますが、寒さで半分以上枯れることがあるので、暖房した室内で1月上旬にもまいています。これは株が大きくならず、開花も6月下旬以降になります。

コーカサスマツムシソウは、春に種まきし、夏期は雨の当たらない明るい日陰で育てます。

いずれも時間が経つほど発芽しにくくなるので、入手後なるべく早くまきます。種を土とよく揉むか、外皮を取り除いてからまきます。赤玉土単用で平鉢にまき、風通しの良い日陰に置き、発芽まで乾かさないことがポイントです。本葉2枚のころ基本用土1でポットに移植します。

定植と管理

秋まきの西洋マツムシソウは、暖地は晩秋に植え付け、簡単な霜除けをして冬越しさせます。私はポット苗をビニールがけトロ箱に並べ冬越しさせ、3月に株間30cmで植え付けます。倒れやすいので支柱をします。宿根草のコーカサスマツムシソウは石灰を施し、9月下旬に株間30cmで定植します。寒さに強く霜除けの必要はありません。

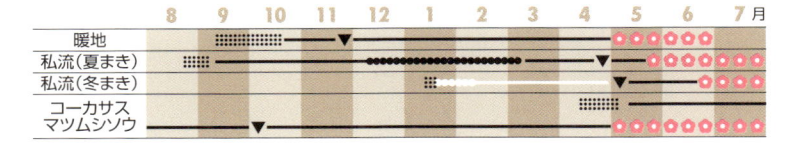

- ●一年草は秋春まき、宿根草は春まきに
- ●耐寒性は強いが、酸性・過湿を嫌う

原産地：ヨーロッパ　アジア　アフリカ
花期：5～6月（一年草）、6～9月（宿根草）
草丈：10～100cm
花色：■ ■ ■ ■ □
用途：壇 コ 切　日照：☀
土：乾（アルカリ性土壌を好む）
耐寒性：強（宿根草）　中（一年草）
耐暑性：弱（宿根草）　中（一年草）
発芽温度：15～20℃
発芽日数：5～21日
覆土：3mm　肥料：標準
播種用土：赤玉土単用

夏から初秋　6月下旬～9月上旬

::: タネまき　▼ 植付け　✕ 挿し芽　◆ 株分け　● 掘り上げ　∨ 発芽　○ 開花期　● 暖房した室内で開花

ストック

アブラナ科　秋まき一年草　　別名★アラセイトウ

花の少ない冬季に優しい色合いの花を咲かせます。花持ちがよく、甘い香りが部屋中に広がります。一重咲き、八重咲きがあり、茎が枝分かれするものとしないものがあります。矮性種はプランター向きです。

育苗法

9月に晩生種をまいて2～4月に咲かせる方法と、7～8月に早生種をまいて年内に咲かせる方法があります。寒冷地では春まき（6～7月開花）が一般的です。私は、夏（7～8月）にまいて、一部は花の少ない年末から厳冬期まで咲かせ、残りは保温して冬越しさせて早春花壇に利用しています。

夏まきは立枯れしやすいので、播種用土は清潔なバーミキュライト単用にし、発芽したらよく日に当て乾き気味に育てます。本葉2～3枚のころ、赤玉土5・腐葉土3・クンタン1・パーライト1の用土でポットに上げます。そのほか、2月上旬に暖房した室内でまいて、5月下旬から開花させる方法もあります。

定植と管理

暖地では11月に日当たりや水はけの良いところに、あらかじめ石灰と腐葉土と緩効性肥料を混ぜておき、株間15～20cmで植え付けます。寒冷地では室内やフレームで冬越しさせ、春に植え付けます。

私は、冬に楽しむために数株をコンテナに植え付け、霜の当たらない軒下で咲かせます。残りはポット苗をビニールがけのトロ箱に入れ、北風の当たらない日だまりで、乾き気味にして冬越しさせます。アブラムシやコナガがつきやすいので、株元にオルトラン粒剤をまいておきます。

- 寒冷地も夏まきして冬と春に咲かす
- 2月の室内まきもおすすめ

原産地	地中海沿岸地方
花期	11～12月　2～4月
草丈	20～80cm
花色	●　●　●　○
用途	壇　コ　切　　日照：☼
土	普　耐寒性：中～弱　耐暑性：弱
発芽温度	15～25℃
発芽日数	3～6日
覆土	2～3mm　肥料：標準
播種用土	バーミキュライト単用、ピートバン

セキチク

ナデシコ科　宿根草（秋まき一年草）　　別名★ダイアンサス

ナデシコ類は種類が多く、セキチク（石竹）は中国原産のナデシコです。本来は宿根草ですが、日本では秋まき一年草として扱っています。草丈10～20cmの矮性種は花壇やコンテナに向き、半八重・大輪で高性のヘッディウイギは切り花にもなります。二色咲きのブラックアンドホワイトは四季咲きで、6月から初霜のころまで咲き続けます。

育苗法

宿根草なので9月上旬にまきます。高温下で発芽しにくいので、日陰の風通しのよいところで地温を下げて発芽させます。発芽後はよく日に当て、乾き気味にして育てます。

本葉2～3枚のころ、基本用土1に砂を1割混ぜた用土で6cmポットに移植し、大粒化成を2粒施します。根がまわったら7.5cmポットに植え替え、大粒化成4粒を施します。

定植と管理

10月下旬、日当たり・水はけの良い場所に腐葉土か堆肥と苦土石灰を混ぜておき、20cm間隔で植え付けます。連作を嫌うので、毎年場所を変えます。暖地では防寒の必要はありませんが、寒冷地では霜除けをします。セキチクは過湿を嫌うので、私はポット苗をトロ箱に入れ、ビニールをかけて冬越しさせ、3月下旬～4月に定植しています。

コンテナ用土は基本用土1に砂などを1割程度混ぜ、水はけをさらに良くします。四季咲き種は、7月に株元の芽を残して刈り込み、秋にまた咲かせます。株が古くなると木化して見栄えも悪くなるので、3月か5～6月に新芽を挿し芽して株を更新します。

- 過湿を嫌うので、乾き気味に育てる
- 5～6月に挿し芽で毎年株更新

原産地	中国
花期	4～6月　　草丈：10～40cm
花色	●　●　○
用途	壇　コ　切　　日照：☼
土	乾（中性または弱酸性土壌を好む）
耐寒性	中　　耐暑性：中
発芽温度	15～25℃
発芽日数	7～10日
覆土	3mm　肥料：標準
播種用土	赤玉土4・バーミキュライト4・パーライト2

ナデシコ科　宿根草　　別名★ナツユキソウ

セラスチューム

常緑のシルバーリーフが美しく、よく分枝して横に広がります。花径2cmの白い花が初夏に株一面に咲くのでグランドカバーや切り花としても楽しめます。

育苗法

播種時期が遅いと翌年に開花しない株が出るので、遅くとも9月末までにまきます。私は8月下旬にまいています。まだ暑い時期なので涼しい日陰に置いて発芽させます。発芽後も朝日が当たる程度の日陰に置き、水やりを控えて育てます。涼しくなったらよく日に当て、本葉3〜5枚のころ、水はけの良い基本用土1で6cmポットに移植します。月1回大粒化成を施し、雨のかからない軒下などで育てます。

定植と管理

冬も土が乾くところでは晩秋に定植ができますが、幼苗は過湿を嫌うので、暖地でも春に定植したほうが安心です。寒さには強く、霜除けは必要ありませんが、私は雨や雪がかからないよう、ポット苗をビニールがけトロ箱で冬越しさせています。

横に広がるので株間を20〜25cmくらいとって、3月に植え付けます。肥料が多いと花つきや花色が悪くなります。緩効性化成肥料を元肥に少なめに混ぜておくだけにします。

高温多湿に弱く、夏に枯れることがあるので、花後に半分くらいに切りもどして、コンテナは半日陰の軒下に移動します。5〜6月に挿し芽をして、小苗で夏越しさせると容易です。2年目の3月からは株分けできますが、毎年、種を採り、苗を育てたほうが確実です。

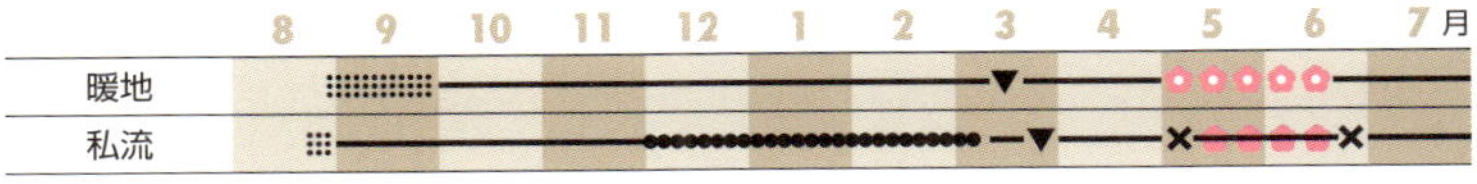

- ●過湿に弱いので水やりは控えめに
- ●5〜6月の挿し芽苗で夏越し

原産地：北半球の温帯	
花期：5〜6月	草丈：30cm
花色：○	
用途：壇 コ 切 ロ	日照：☀
土：乾	耐寒性：強　耐暑性：弱
発芽温度：15〜20℃	
発芽日数：7〜10日	
覆土：2mm	肥料：少なめ
播種用土：赤玉土4・バーミキュライト4・パーライト2	

夏から初秋　6月下旬〜9月上旬

オミナエシ科　宿根草　　別名★レッドバレリアン

セントランサス

ヨーロッパに分布する丈夫なハーブです。赤または白の小花が密集して咲き、香りがあります。夏の間はいったん休みますが、開花期間が長く、ボーダー花壇や切り花に重宝します。

育苗法

一般に春4〜5月か秋9〜10月に種をまきます。梅雨入りから夏の高温多湿に弱いので、私は春まきしたことはありません。9月上旬にまいて10月下旬に定植し、寒さがくるまでに大きくして翌年に咲かせています。

発芽まで2週間ぐらいかかるので乾かさないようにし、本葉2〜3枚のころ赤玉土5・腐葉土3・砂または軽石1・クン炭1の用土で6cmポットに移植します。

定植と管理

本葉5〜6枚のころ、日当たり・水はけが良い所に25〜30cm間隔で定植します。砂まじりの乾燥気味のやせた土のほうがよく育ちます。

寒さに強いので初霜までに根を深く張らせておけば、霜除けの必要はありません。ポットのまま冬越しさせる場合は苗が過湿にならないように、雨の当たらない軒下に置き、水やりは控え気味に育て、4月上旬に植え付けます。日当たりが悪いと軟弱に育ち、倒れやすくなります。

多肥にすると茂りすぎて夏の高温時に蒸れやすくなるので、肥料は控え気味にし、株間を広くとり、込み合ったら間引いたり下葉を切って風通しをよくします。5〜6月に挿し芽をして雨の当たらない軒下で夏越しさせれば、簡単に増やせます。

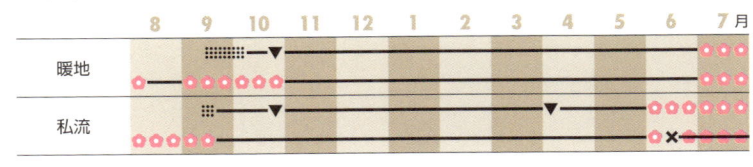

- ●初秋にまき冬までに十分根を張らせる
- ●やせた乾き気味のアルカリ土壌を好む

原産地：ヨーロッパ　南西アジア	
花期：6〜9月	草丈：40〜80cm
花色：● ○	
用途：ハーブ 壇 コ 切	日照：☀
土：乾（やせたアルカリ土壌を好む）	
耐寒性：強　耐暑性：中	
発芽温度：15〜21℃	
発芽日数：14〜21日	
覆土：1〜2mm	肥料：少なめ
播種用土：赤玉土4・バーミキュライト4・パーライト2	

凡例：▓ タネまき　▼ 植付け　✕ 挿し芽　◆ 株分け　● 掘り上げ　▽ 発芽　○ 開花期　■ 暖房した室内で開花

夏から初秋

チェイランサス■バーバスカム・フェニセウム■ハナシノブ■パンジー／ビオラ

チェイランサス

アブラナ科　秋まき一年草（宿根草）　別名★ウォールフラワー

ウォールフラワーとも呼ばれ、芳香のある十字形の鮮やかな花を咲かせます。本来は宿根草ですが、高温多湿に弱く夏越しがむずかしいので、一年草として扱います。高性種は場所をとります。私は、晩秋から開花して、しかも花が少なく冬の寄せ植えに重宝する早生の矮性種（ベガ系）を育てています。

育苗法

本来は宿根草なので、種まき時期が遅れると翌年開花しないことがあります。9月上旬にまき、まだ暑い時期なので風通しの良い日陰で発芽させます。直根性で移植を嫌うので、ポットまきをするか、本葉1〜2枚のころ根を傷めないようていねいに7.5cmポットに上げます。用土は基本用土1を使い、活着後、大粒化成4粒を置肥します。

定植と管理

暖地では本葉4〜5枚になる10月下旬に、日当り水はけのよい所に定植します。酸性を嫌うので石灰を混ぜておき、根鉢をくずさないように株間20cmに植え付けます。

私は、秋まき苗は冬用と春用に分け、冬用は開花始めの11月下旬にコンテナに寄せ植えし、霜の当たらない軒下で本格的な寒さのくるまで楽しんでいます。春用はトロ箱にポット苗を並べ、ビニールをかけて保温し、水を控え気味にして冬越しさせます。2月にひとまわり大きなポットに植え替え、3月下旬〜4月上旬に定植します。夏の暑さには弱いので、毎年種で育てたほうが簡単ですが、花後に切りもどし、風通しの良い半日陰で水を控えれば、夏越しして宿根することがあります。

- まき遅れに注意し、小苗のうちに定植
- 夏越ししにくいので毎年採種して種まき

チェイランサス・ベガ・スカーレット

| 原産地：アジア　ヨーロッパ　北米 |
| 花期：12〜5月　草丈：20〜80cm |
| 花色：● ● ● |
| 用途：壇 コ 切　　日照：☼ |
| 土：普（酸性土壌や連作を嫌う） |
| 耐寒性：中　耐暑性：弱 |
| 発芽温度：20℃　発芽日数：5〜21日 |
| 覆土：3mm　肥料：少なめ |
| 播種用土：赤玉土5・バーミキュライト4・パーライト2 |

バーバスカム・フェニセウム

ゴマノハグサ科　二年草または宿根草　別名★モウズイカ

葉が柔毛に覆われ、草丈150cm以上にもなるビロードバーバスカム（マーレイン）がおなじみですが、おすすめはバーバスカム・フェニセウムです。春に50〜100cmの花茎を伸ばし、3〜4cmの美しい花を穂状に咲かせます。

育苗法

宿根草ですが秋または冬にまけば春に開花します。秋まきは8月下旬〜9月上旬に覆土せずにまき、底面吸水させ、風通しのよい日陰で発芽させます。発芽後はよく日に当て、本葉2〜3枚のころ基本用土1に鹿沼土を1〜2割混ぜた用土で移植し、乾かし気味に管理します。いきなり大きな鉢に植え付けると根の張りが悪くなるので、徐々に大きなポットに植え替えて大株に育てます。

冬まきは暖房した室内でまき、本葉1〜2枚で6cmポットに4本ずつ移植し、無暖房の部屋で乾かし気味に管理します。2月下旬〜3月上旬に1本ずつ6cmポットに植え替え、活着したらビニールがけトロ箱で育て3月下旬に定植します。

定植と管理

寒さに強く、暖地では霜除けの必要はありませんが、幼苗は過湿に弱いので、私はビニールがけトロ箱で冬越しさせ、3〜4月に植え付けます。地際の葉が日陰にならないような所に、石灰と腐葉土、緩効性肥料を混ぜておき、土を盛って植え付けます。花後切りもどすと二番花が咲きます。夏に弱り枯れやすいですが、うまく夏越ししたものは9月か3月に株分けして増やします。種はさやが黄変したらさやごと採り乾燥させます。こぼれ種もよく芽生えます。

- 乾き気味に育て立ち枯れ・根腐れ防止
- 徐々に大きな鉢に植え替え大株に

| 原産地：地中海沿岸〜西アジア　中央アジア |
| 花期：5〜6月　草丈：50〜100cm |
| 花色：● ● ● ○ ● |
| 用途：壇 コ 切　　日照：☼ |
| 土：乾（酸性土壌を嫌う） |
| 耐寒性：強　耐暑性：弱〜中 |
| 発芽温度：15〜20℃　発芽日数：7〜28日 |
| 覆土：なし　肥料：標準〜少なめ |
| 播種用土：赤玉土4・バーミキュライト4・パーライト2 |

―屋外露地　｜｜｜｜屋外夜間保温　●●●屋外保温　‥‥地中休眠　―室内常温　―低温処理　●●●室内暖房

ハナシノブ科　宿根草　別名★ポレモニウム
ハナシノブ

山野の草地に自生する野草です。茎の先に小さな盃型の花を密につけ、シノブに似た細かく分かれた葉も涼しげです。観葉植物としてもよく、北アメリカ原産のブランジョウは葉に白斑が入ります。

育苗法
最初は春または秋に苗を求めて、株間20cmに植え付けます。種から育てるときは、花後に採種し、1週間ほど乾燥させてから左記用土に採りまきすると、よく発芽し、翌年開花します。高温期なので底面吸水させて風通しの良い日陰で発芽させます。発芽後本葉2〜3枚で硬質鹿沼土5・軽石砂5を混ぜた用土で6cmポットに鉢上げし、大粒化成を2粒置き肥します。葉が込み合い根が回ったら、9cmポットに植え替え、大粒化成を2粒追肥します。

購入した種は、春まきではなかなか発芽しない場合があるので、種を冷蔵庫に2〜4週間入れてからまくか、秋にまいて冬の寒さに当て、春に発芽させます。

定植と管理
採りまきして秋に発芽させた苗は、冬はビニールをかけたトロ箱で保温して、3月中旬に株間20cmで定植します。10月末にまき春に発芽させた苗は、初霜までに十分に根を張らせるために9月下旬〜10月上旬に定植します。2年目からは霜除けは必要ありません。日当たり・水はけがよく、腐植質に富み、湿り気のあるところを好みます。夏の暑さと乾燥に弱いので西日を避け風通しを良くし、乾きすぎないようにします。3月に株分けし、3月と9月に株元に緩効性肥料を追肥します。

- 夏に採りまきすれば翌春に開花
- 夏の暑さと乾燥に弱いので注意

原産地：ヨーロッパ〜シベリア　ヒマラヤ　北米
花期：5〜7月　草丈：45〜100cm
花色：紫・ピンク・白・黄
用途：壇・コ・切　日照：☀
土：湿（高温・乾燥に弱い）
耐寒性：強　耐暑性：中
発芽温度：20〜24℃
発芽日数：14〜30日
覆土：2mm　肥料：少なめ
播種用土：赤玉土5・パーライト5

スミレ科　宿根草（秋まき一年草）　別名★サンシキスミレ
パンジー、ビオラ

花色が豊富で、花びらにフリルのあるもの、小輪多花性のビオラなどさまざまな品種があり、秋から春の花壇に欠かせない花です。本来は宿根草ですが、夏越しが難しいので秋まき1年草としています。

育苗法
種まき適期は9月ですが、初霜までに株を大きくしたいので私は8月下旬にまきます。事前に種を缶かビニール袋に入れ、冷蔵庫の野菜室に2〜3週間入れておきます。高温期なので播種用土は清潔なバーミキュライト単用にし、雨の当たらぬ日陰に置きます。また11月から開花させる苗は、7月下旬〜8月上旬にまき、まいた鉢をトロ箱に入れ、保冷材で用土温を下げて発芽させます（109ページ参照）。発芽後は雨のかからない日当たりに置き、10日に1回液肥を与え、乾き気味に管理します。本葉2〜3枚のころ、赤玉土5・バーミキュライト2・腐葉土3の用土で7.5cmポットに4本ずつ移植します。本葉5〜6枚のころ、1本ずつに植え替えます。

定植と管理
腐葉土または堆肥と緩効性肥料を施し、株間15〜20cmで定植します。十分に根を張らせておけば防寒の必要はありません。春植えの苗は、ひとまわり大きなポットに植え替え、ビニールがけトロ箱で冬越しさせ、3月に根鉢の底部分を崩して植え付けます。月に1回株元に大粒化成を5〜6粒追肥し、まめに花ガラを摘むと半年以上楽しめます。アブラムシは定期的にオルトランを散布して予防し、灰色かび病になりやすいので水やりは株元に静かに与えます。

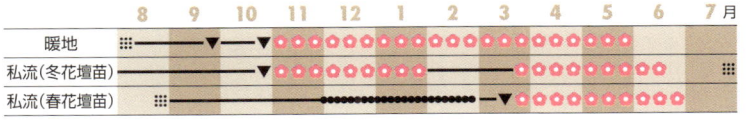

- 夏に種を冷蔵処理し、保冷育苗早まき
- 乾き気味に育て、定植後は月に1回追肥

原産地：ヨーロッパ
花期：11〜6月　草丈：10〜25cm
花色：赤・ピンク・橙・紫・白
用途：壇・コ・ハ　日照：☀
土：普（比較的肥えた土）
耐寒性：強　耐暑性：弱
発芽温度：15〜20℃
発芽日数：5〜8日
覆土：2mm　肥料：標準
播種用土：バーミキュライト単用

夏から初秋　6月下旬〜9月上旬

::: タネまき　▼植付け　✕挿し芽　◆株分け　◯掘り上げ　▽発芽　◯開花期　◯暖房した室内で開花

ビジョナデシコ

ナデシコ科　二年草、宿根草　　別名★スイートウィリアム

ヨーロッパ原産のナデシコ類で、太い茎に花茎1cmの花を傘状に咲かせます。セキチクとの交配種のテルスターは四季咲きで、宿根します。黒花のブラックベアーは二年草です。

育苗法

宿根草は、春まきも秋まきもできます。秋まきは8月下旬～9月上旬に、バーミキュライト単用でまきます。暑い時期は半日陰で、涼しくなったら日当たりで育てます。本葉2～3枚で7.5cmポットに4本ずつ移植します。苗は過湿に弱いので、基本用土1に砂などを1割程度加えて水はけを良くし、乾き気味に育てます。本葉6枚で9cmポットに1本ずつ植え替えます。春まきは、4月中旬にまき、6月中旬に開花します。二年草の大文字ナデシコやブラックベアーは、種まきが遅れると翌年に開花しない株が出るので、8月中にまきます。

定植と管理

暖地では霜除けも不要ですが、私はビニールがけトロ箱で冬越しさせ、3月下旬に定植します。ナデシコ科同士の連作を避け、苦土石灰と腐葉土などの有機質を施し、20cm間隔で植え付けます。四季咲き種は植え付け1～2週間後から月1回追肥し、こまめに花ガラを取り、夏は半分ぐらいに切り詰めます。次の年からは、5～6月か9月に挿し芽をして株を更新します。二年草も3月または5～6月に挿し芽をして種まきの手間をはぶきます。F1種以外は自家採取もできます。

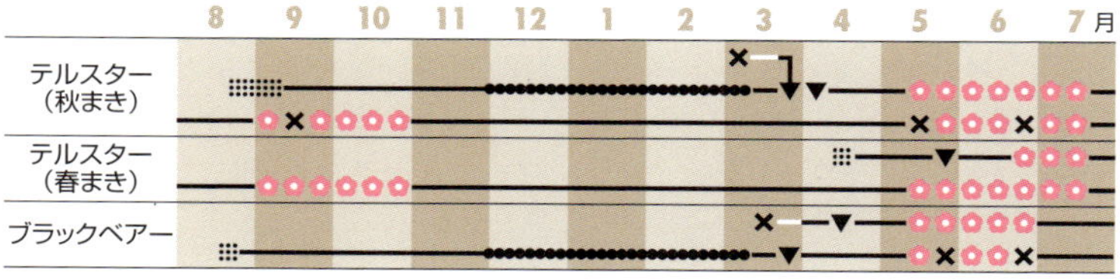

①ブラックベアー　②F1テルスター

●四季咲きは秋・春まき、二年草は初秋に
●苗は乾き気味に育て、連作を避ける

原産地	ヨーロッパ
花期	5月下旬～6月（四季咲き種4～7月、9～11月）
花色	赤 ピンク 白 黒　草丈：15～50cm
用途	壇 コ 切　日照：☼
土	普（連作を嫌う）
耐寒性	強　耐暑性：強
発芽温度	15～20℃
発芽日数	14～30日
覆土	3mm　肥料：標準
播種用土	バーミキュライト単用

ビスカリア

ナデシコ科　秋まき一年草　　別名★コムギセンノウ

茎がよく枝別れし、花茎3cmの花を次々と咲かせます。花壇、鉢植えのほか、花持ちが良いので切り花にも利用できます。

育苗法

丈夫なので暖地では秋に直まきし、霜除けなしでも冬越しできます。耐寒性はやや弱く、寒冷地では保温が必要です。私は鉢にバラまきし、本葉2～3枚で7.5cmポットに基本用土1に砂を1割混ぜた用土で、4本ずつまとめて移植します。まとめて植えると鉢土が乾きやすくなり、置き場所も少なくてすみます。過湿・蒸れに弱いので、水は鉢土の表面が乾いてから与えます。肥料は月1回大粒化成を4粒、置肥します。また、10月下旬に室内でまき、無暖房の室内で冬越しさせて育てています。春まきもできますが、開花が遅れ株も貧弱になり、夏涼しい高冷地以外では暑さで弱ります。

定植と管理

暖地では10月に定植しますが、私は室内に持ち込むか、屋外でビニールをかけトロ箱に入れて冬越しさせています。屋外だと寒さで葉先が傷みますが、乾き気味に管理すれば-5℃でも耐えてくれます。

室内で育てた苗は2月中旬に4つに割るようにして分けて、1本ずつ7.5cmポットに植え替えます。多少根が切れても心配はありません。屋外で冬越ししたポット苗も3月に同様に植え替えます。いずれも、徐々に寒さにならしてから、4月に株間20cmくらいで植え付け、株元に大粒化成を5～6粒施します。花後にサヤごと採種して、乾燥させてから保存します。

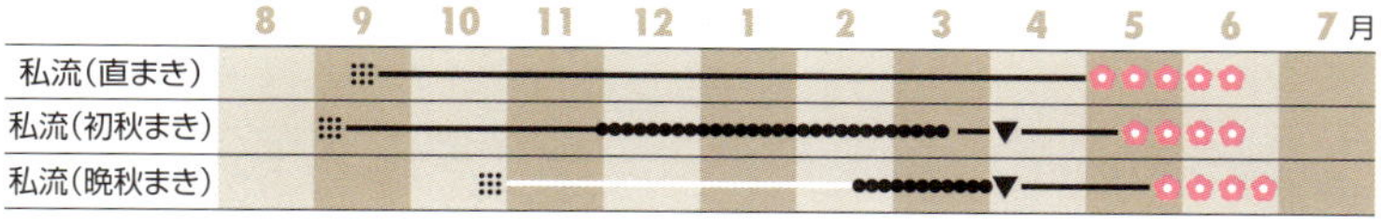

ブルーエンジェル

●丈夫で、暖地では直まきもできる
●過湿を嫌うので乾き気味に管理

原産地	ヨーロッパ
花期	5～6月　草丈：30～60cm
花色	紫 ピンク 白
用途	壇 コ 切　日照：☼
土	乾　耐寒性：中　耐暑性：弱
発芽温度	15～20℃
発芽日数	10～14日
覆土	2mm　肥料：標準
播種用土	赤玉土4・バーミキュライト4・パーライト2

夏から初秋

ビジョナデシコ■ビスカリア■ヘアーベル■ヘスペリス・マトロナリス

キキョウ科　宿根草　二年草　　別名★カンパニュラ・ロツンデフォリア、イトシャジン

ヘアーベル

北半球の温帯地方に広く分布するキキョウ科のワイルドフラワーです。ハート型の葉がロゼット状になり、中心から細長い葉をつけた茎が伸び出します。1.5cmのベル形の花が次々と咲き、夏の暑い時期に涼しさを演出してくれます。

育苗法

春か秋にまき、翌年咲かせます。宿根草なので、秋まきはまき遅れると翌年開花しない株が出ます。私は8月中旬～9月上旬にバーミキュライトにまき、覆土はせず手で軽く押さえてから底面吸水させ、涼しい日陰に置いて発芽させます。本葉2～3枚のころ、基本用土1に軽石砂を1割混ぜた用土を使い、7.5cmポットに4本ずつ鉢上げし、込み合ってきたら1本ずつに植え替え、乾き気味に育てます。肥料は月1回大粒化成を4粒置肥します。

春まきは大株になりますが、育苗期間が長く、夏越しにも手間がかかります。育苗法はほぼ同様ですが、暑さや過湿に弱いので、夏は雨が当たらず、風通しが良く西日の当たらない軒下などに移動し、乾き気味に管理します。

定植と管理

秋まきポット苗は、雨の当たらない軒下などで冬越しさせます。私はビニールがけトロ箱に入れて冬越しさせています。2月下旬になると急に伸びだすので、ひとまわり大きなポットに植え替え、4月に20cmの間隔で植え付けます。夏越しした春まき苗は、11月に植え付けます。寒さには強いので、私のところでも露地で冬越しできます。株分けは10月、3月に行ないます。

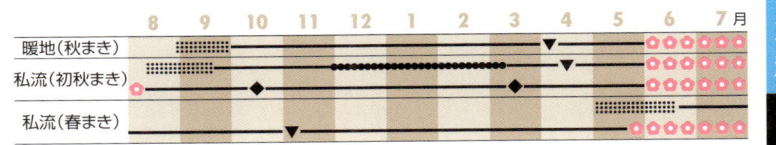

● 秋まきは早めにまき、春に定植
● 暑さ・過湿を避けて夏越し

原産地：北アメリカ　シベリア　ヨーロッパ
花期：6～8月　草丈：15～30cm
花色：■
用途：壇　コ　ロ　　日照：☀ ☁
土：乾（やせた土壌を好む）
耐寒性：強　　耐暑性：弱～中
発芽温度：15～20℃
発芽日数：7～15日
覆土：なし　肥料：少なめ
播種用土：バーミキュライト単用

アブラナ科　春まき二年草（宿根草）　　別名★ハナダイコン

ヘスペリス・マトロナリス

マリー・アントワネットが愛した花と言われています。小さな4弁の花が房状に咲き、夕方とてもよく香ります。本来は宿根草ですが、高温多湿に弱いため夏越しがむずかしく、通常、春まき二年草として扱います。

育苗法

通常は春まきですが、秋早くにまけば、翌年に開花します。育苗期間を短くしたいので、私は8月下旬にまき、寒さのくる11月までに本葉8～10枚までに育てています。このくらいに大きく育つと、翌春に咲いてくれます。好光性種子なので覆土は薄めにし、本葉2～3枚のころ、基本用土1で7.5cmポット移植します。春まきは、5～6月に種まきして同様にポット上げし、暑さや過湿に弱いので、夏は雨の当たらない風通しの良い半日陰で、乾き気味に育てます。

定植と管理

春まき苗も秋まき苗も、耐寒性が強いので寒地でも10～11月に定植し、露地で霜除けなしで冬越しできますが、私は雨や雪がかかって過湿にならないよう、ビニールがけトロ箱で冬越しさせ、3月中旬に定植しています。日当たりと水はけのよい場所に、酸性を嫌うので石灰を混ぜておき、株間20～30cmで植え付けます。

花後、細長いさやに種ができるのでさやごと採り、乾燥させて保管します。私のところでは花ガラ摘みをこまめに行なうと多少宿根しますが、夏に枯れやすいので、毎年種をまいています。

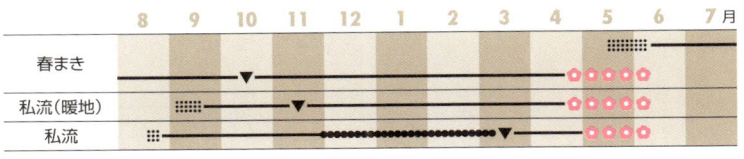

● 発芽まで用土を乾かさない
● 水はけのよい、弱アルカリ性の用土を使う

原産地：ヨーロッパ　アジア
花期：5～6月　草丈：80～90cm
花色：■ □
用途：壇　コ　切　　日照：☀
土：普（酸性を嫌う）
耐寒性：強　　耐暑性：弱
発芽温度：15～20℃
発芽日数：8～10日
覆土：1～2mm　肥料：標準
播種用土：赤玉土5・腐葉土5

夏から初秋　6月下旬～9月上旬

アマ科　宿根草
ペレニアル・フラックス
別名★宿根アマ

花の美しいハーブです。花茎3cmの花は一年草タイプよりひとまわり大きく、茎もしっかりしていて多花性です。風に揺れる様は清涼感があります。

育苗法
春まきと秋まきができますが、開花はいずれも翌春です。秋まきは種まきが遅れると開花が翌々年になるので、8月下旬から9月中旬までにまきます。移植を嫌いますが小苗のうちならできるので、本葉1～2枚のころ根を傷めないように6cmポットに鉢上げします。用土は基本用土1にパーライトを1割混ぜた用土を使い、根がまわったら7.5cmポットに植え替えます。春まきは、4～6月に同様にまいて育て、夏は雨の当たらない風通しの良い半日陰で夏越しさせます。

定植と管理
冬の寒さに当てないと開花しにくくなるので、秋まき苗は霜除け程度で冬越しし、3月下旬に定植します。私はビニールがけトロ箱に入れ屋外で乾かし気味に育てます。あらかじめ石灰を混ぜておき、株間20cm間隔で植え付けます。日当たりが良いほうが花つきは良いですが、半日陰でも育ちます。ハーブなので肥料は元肥を施すくらいで十分です。

春まきは10月に同様に定植し露地で冬越しさせますが、育ちの悪い苗はポットのまま霜除けせずに軒下などで冬越しさせ、春に植えつけます。10月に株分けもできますが、移植を嫌うため失敗しやすく、宿根草ですが夏に株が弱り、2～3年で枯れることが多いので毎年種を採ってまきます。こぼれ種もよく芽生えます。

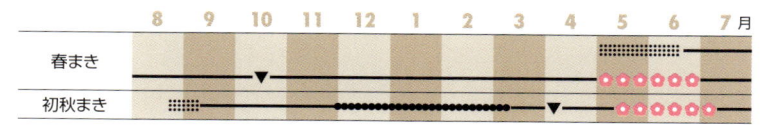

- ●秋まきは早めにまき、霜除けして冬越し
- ●アルカリ土壌を好み、過湿や移植を嫌う

原産地：ヨーロッパ
花期：5～6月　草丈：30～60cm
花色：■　□
用途：壇　コ　日照：☀　◐
土：普（アルカリ土壌を好む）
耐寒性：強　耐暑性：中
発芽温度：15～20℃
発芽日数：7～14日
覆土：2mm　肥料：少なめ
播種用土：赤玉土4・バーミキュライト4・パーライト2

セリ科　秋まき一年草
ホワイトレースフラワー
別名★ドクゼリモドキ

セリの仲間で、大きな傘状草姿となり、そこに小さな白い花が放射状に密集して次々と咲きます。レースのように涼しげで、花壇に植えると他の花とよく合い、切り花にも利用できます。

育苗法
寒さに弱いので寒冷地では春まきが一般的ですが、秋まきほど大株にはなりません。寒くなると生育が止まるので、私は9月上旬にまき、無暖房の室内で冬越しさせます。好光性種子なので覆土はごく薄くし、風通しの良い日陰で発芽させます。発芽後はよく日に当て液肥を与え、本葉2～3枚のころ、移植を嫌うので根を傷めないように基本用土1で6cmポットに1本ずつ移植し、大粒化成を2粒置肥します。

春まきは、3月上旬に室内でまき、秋まき同様に育て、4月の日中は屋外に出して外気に慣らし、5月に定植します。

定植と管理
暖地では11月に定植し、霜除けしていどで冬越しします。寒冷地では11月下旬にフレームか室内に取り込みます。12～1月はほとんど生長しないので、水はよく乾いてから与えます。2月中旬になると伸びだすので7.5cmポットに植え替え、大粒化成を4粒施します。さらに3月中旬に9cmポットに植え替え、大粒化成を6粒置肥し、日中は屋外に出し徐々に外気に慣らし、4月下旬にやや湿り気のある日向から半日陰に、30cm間隔で定植します。早めに支柱をし、肥料は控えめにします。ある程度咲き終わったら切り戻すと二番花が咲きます。花後に茎ごと切って採種し、乾燥させて保存します。こぼれ種の芽ばえでも簡単に苗ができます。

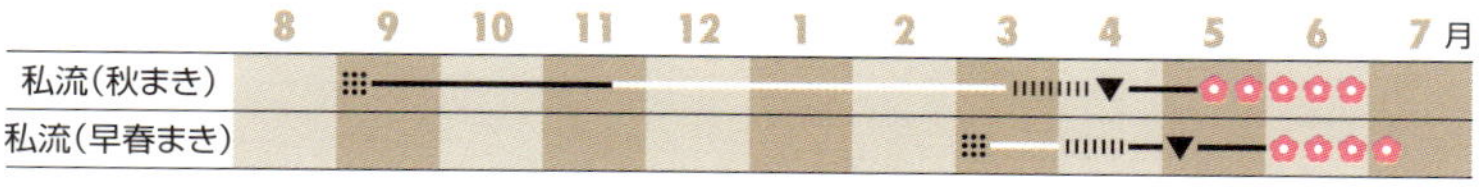

- ●秋早めにまき、寒冷地では室内で冬越し
- ●覆土はごく薄くし、肥料は少なめに

原産地：地中海沿岸
花期：4～6月　草丈：80～120cm
花色：○　用途：壇　切
日照：☀　◐　土：湿（肥沃土壌）
耐寒性：弱（0℃）　耐暑性：中
発芽温度：13～18℃
発芽日数：5～7日
覆土：1mm　肥料：少なめ
播種用土：赤玉土4・バーミキュライト4・パーライト2

マルバ

アオイ科　宿根草（二年草）　　別名★マロウ、ウスベニタチアオイ

ハーブのマロウやウスベニタチアオイの園芸種です。マルバ・モスカータもこの仲間です。いずれも暑さに強く、夏の太陽を浴びて初夏から晩夏まで咲きます。寒さにも強く、日当たりと水はけの良い所なら土質を選ばず、丈夫で育てやすい花です。草丈が1m以上になるので、ボーダー花壇の後方に植えるのに向きます。種ができると弱って枯れることが多いので、1～2年おきに更新します。

育苗法

春まき（4～5月）すると翌年の5月から咲きますが、育苗期間が長くかかるので、私は6月下旬～7月上旬にまき、翌年の6月～9月に咲かせています。移植を嫌うので一般に直まきしますが、小苗のうちなら移植もできます。本葉2枚で根を傷めないように7.5cmポットに赤玉土7・腐葉土3の用土で移植し、月1回、大粒化成を4粒置肥します。

定植と管理

ポットに根がまわったら早めに、春まきは6月下旬、夏まきは10月上旬に、腐葉土と緩効性肥料（マグアンプKをティースプーン1杯／1株）を施し、株間30～50cmで植え付けます。移植を嫌うので、植え付け場所はよく考えて決めます。

毎年春に緩効性肥料を追肥しますが、多肥だと花つきが悪くなります。最初の年は草丈は低いですが、2年目は2m近くになります。マルバ・モスカータは3月に株分けもできますが、本種は株分けすると枯れやすいので要注意。こぼれ種でよく増えるので、掘り上げてポット育苗すると簡単に苗ができます。

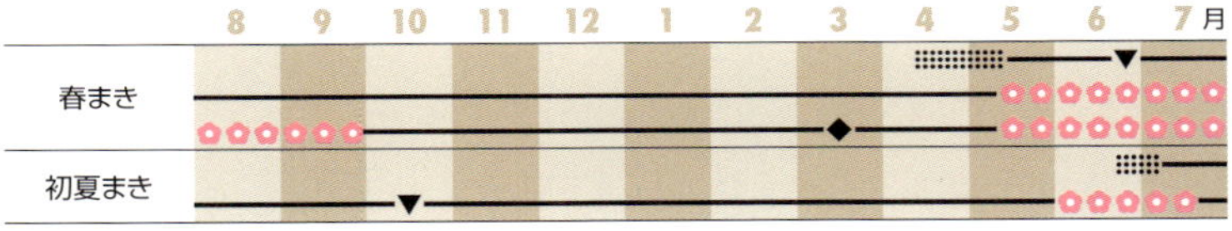

①白花マロウ　②ムスクマロウ
- 春から初夏までにまき、露地で冬越し
- こぼれ種で1～2年おきに株更新

原産地	南ヨーロッパ	
花期	6～9月	草丈：60～180cm
花色	ピンク・赤・白	
用途	壇・コ・切	日照：○
土	湿（土壌は選ばない）	
耐寒性：強	耐暑性：強	
発芽温度	15～20℃	
発芽日数	5～14日	
覆土：3mm	肥料：標準	
播種用土	赤玉土単用	

夏から初秋　6月下旬～9月上旬

ムラサキハナナ

アブラナ科　秋まき一年草　　別名★オオアラセイトウ、ショカッサイ

丈夫で作りやすい花です。一度植えるとこぼれ種で毎年咲きます。目の覚めるような青紫色の花は、群植するとよく目立ちます。切り花としても野草の趣があります。ハナダイコンと呼ばれますがダイコンはできません。

育苗法

耐寒性が強く丈夫で、川の土手の斜面などで野生化しています。ポットで育苗することもできますが、9～10月に直まきし、間引きながら育てます。暖地では11月まきもできます。寒冷地では初霜が降りるまでに十分深く根を張らせておかないと、霜柱で根が浮き上がってしまうので、種まきは早めに9月に行ないます。私は9月上旬に直まきするか、ポットにまいて10月中旬に定植しています。

水はけが良ければ半日陰でも育ちますが、日当たりのほうが花付きが良くなります。あらかじめ堆肥など有機質を混ぜておき、発芽後、株間が15～20cmになるように間引きます。肥料が多いと倒れやすいので、無肥料か少なめに施します。秋にヨトウムシ、アブラムシ、コナガが付きやすいので、種まきのときに、オルトランをまいておきます。

管理

葉が寒さに耐えて冬越しし、早春に花茎が伸びてきて開花します。花後にサヤが黄変してきたら枝ごと切って乾燥させて採種します。種は秋まで保存しておいてもよいですが、すぐ来年咲かせたい場所にばらまいておくだけで、よく発芽します。こぼれ種もよく芽生えるので、秋に掘り上げて移植すれば簡単です。

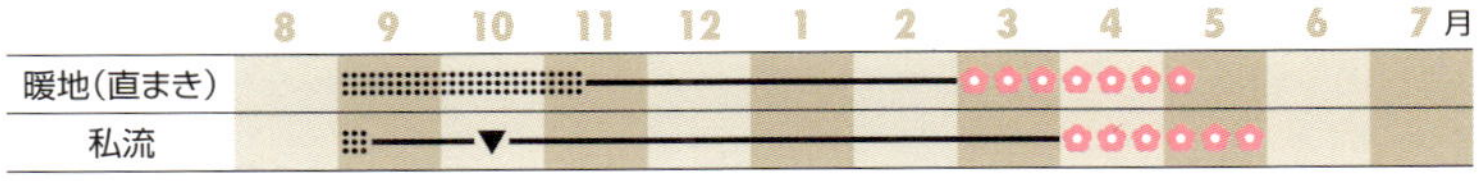

- 寒さに強く丈夫でこぼれ種でよく増える
- 早めに直まきし根を深く張らせて冬越し

原産地	中国　ヨーロッパ	
花期	3～5月	草丈：30～50cm
花色	紫	
用途	壇・コ・切	日照：○◐
土：湿	耐寒性：強	
発芽温度	15～20℃	
発芽日数	5～6日	
覆土：3mm	肥料：少なめ	
播種用土	赤玉土5・腐葉土5	

：タネまき　▼植付け　✕挿し芽　◆株分け　○掘り上げ　▽発芽　○開花期　■暖房した室内で開花

サクラソウ科　宿根草

リシマキア

別名★オカトラノオ

野草のオカトラノオ（リシマキア・クレトロイデス）は草丈100cm、星形の白い小花を穂状に咲かせます。鮮黄色の花で75〜100cmのプンクタータのほか、ほふく性でグランドカバーに利用できるヌンムラリア、銅葉で60〜80cmのファイアークラッカー、濃い赤紫色の花穂で花期が長いアトロパープレアなどがあります。

育苗法

一般には春に購入苗を植え付けます。種から育てる場合は8月下旬〜9月上旬に上記用土か赤玉土単用で種をまき、ごく薄く覆土して、発芽するまで鉢底吸水させます。4週間以上たっても発芽しない場合は、冷蔵庫に2〜4週間入れ、−4〜+4℃に保って低温処理し、常温に戻して発芽させます。本葉2〜3枚のころ、基本用土2に軽石砂を1割混ぜた用土でポットに鉢上げします。12月中にまいて屋外の寒さに当てて低温処理し、1月下旬に無暖房の室内に入れて発芽させる方法もありますが、開花は翌々年になります。

定植と管理

初秋まき苗は屋外で霜除けして冬越しさせ、春に腐葉土（5ℓバケツ1杯／㎡）を施し、株間20〜30cmで植え付けます。オカトラノオ、ファイアークラッカーは日当たりで水はけの良い所に、プンクタータは半日陰の湿り気のある所に、アトロパープレアはとくに過湿を嫌うので高盛りして定植します。いずれも夏期は半日陰になる所が適地です。株分けや5〜6月の挿し芽で増やします。

- 秋に覆土なしでまき低温処理で発芽促進
- 寒さに強いが、暑さに弱く夏は半日陰に

原産地	世界の温帯〜亜熱帯
花期：6〜8月	草丈：10〜90cm
花色：黄・白・赤紫	
用途：壇・コ・ハ	日照：☀・☁
土：乾〜湿（品種によって異なる）	
耐寒性：中〜強	耐暑性：中
発芽温度：13〜20℃	
発芽日数：14〜28日	
覆土：なし	肥料：少なめ
播種用土：赤玉土4・バーミキュライト2・パーライト2	

ゴマノハグサ科　秋まき一年草・宿根草

リナリア

別名★ヒメキンギョソウ

金魚草を小さくしたような花を多数、穂状に咲かせます。花期も長く、リナリア・ブルガリスなどの宿根リナリアは、5月から8月まで咲き続けます。春の草花と混植すると長い花穂が風にそよぎ、春らしい寄せ植えになります。単色のグッピーシリーズは、草丈も30cmくらいでコンテナなどにも向いています。

育苗法

一年草も宿根草も9月が播種適期です。私は7cmポットにバラまきします。種が非常に小さく好光性種子のため覆土はせず、軽く押さえ底面吸水させて発芽させます。密に発芽するので本葉3〜4枚のころポットから土ごとそっくり抜き出し、割るようにして数本ずつの塊を基本用土1にパーライトを1割混ぜた用土で移植します。乾き気味に育て、宿根草はその後1本ずつに移植します。

定植と管理

暖地では10月下旬〜11月上旬に定植し、霜除けなしでも冬越しします。私は過湿にならないように雨や雪の当たらない軒下で乾き気味にして冬越しさせています。一年草は3月下旬に数本まとめて植え付けますが、宿根草は3月に7cmポットに植え替え、4月上旬に定植します。日当たりを好みますが、半日陰でも育ちます。酸性土を嫌うので必ず苦土石灰を混ぜ、多肥にすると花付きが悪くなるので元肥は与えません。宿根草は5〜6月の挿し芽で増やしますが、いずれもこぼれ種がよく芽生えるので毎年種から育てています。

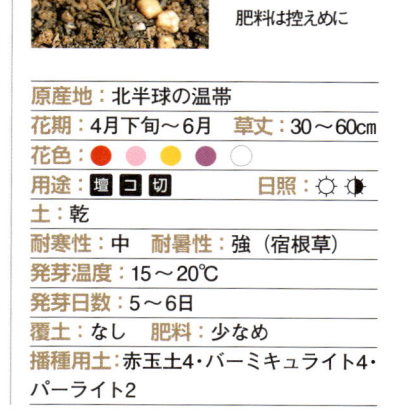

- 過湿を嫌うのでポット苗で冬越し
- 覆土なしで発芽させ、肥料は控えめに

原産地	北半球の温帯
花期：4月下旬〜6月	草丈：30〜60cm
花色：赤・桃・黄・紫・白	
用途：壇・コ・切	日照：☀・☁
土：乾	
耐寒性：中	耐暑性：強（宿根草）
発芽温度：15〜20℃	
発芽日数：5〜6日	
覆土：なし	肥料：少なめ
播種用土：赤玉土4・バーミキュライト4・パーライト2	

夏から初秋　リシマキア■リナリア■ルッコラ■ルピナス

アブラナ　秋まき一年草　　　　　　　　　　　別名★ロケット

ルッコラ

　古代ギリシャ・ローマ時代から作られているハーブです。ゴマの香りのする葉はビタミンが豊富でサラダなどにします。十文字の花はクリーム色に紫色の筋が入り可愛く、寄せ植えの脇役としても利用できます。また、添え花（フラフラワー）として切り花にも利用し（※注文カードで一部隠れている）えあれば冬でも春でも種まき（略）が、春まきは十分に大きくな（略）花が咲いてしまうので、秋（略）。秋まきにすると晩（略）を収穫できるうえ、（略）直まきするか、プ（略）なったところを（略）できます（略）から少（略）しま（略）す。強光下で育てたものは苦みが強くなり、涼しくて湿り気の多いところで育てると、苦みが少なくなります。

定植と管理

　花壇への定植は10月、本葉3～4枚のころ株間15～20㎝で植え付けます。肥料は緩効性肥料または有機質肥料を元肥として施す程度で十分です。寒さに強いので霜除けも必要なく、私は雪をかき分けて収穫しています。

　春、暖かくなって花茎が立ってきたら支柱を立てます。穂状に次々と咲く黄花に、モンシロチョウがすぐにやってきます。花も葉も食用にするのでアオムシがいても消毒はしないで手で採ります。丈夫で育てやすく、一度植えるとこぼれ種でよく増えます。

●秋まきする
●やや日陰で温（以下カードで隠れる）

原産地	地中海沿（岸）
花期	4～5月
花色	黄
用途	ハーブ・壇・コ・日照
耐寒性	強　　耐暑性
発芽温度	15～20℃
発芽日数	4～7日
覆土	2mm　肥料：少なめ
播種用土	赤玉土4・腐葉土4・クン（タン）2

夏から初秋　6月下旬～9月上旬

マ（メ科）　　　　宿根草（二年草）　　　　　別名★ノボリフジ

ルピナス

テキサス・ブルーボンネット

　雄大な花穂のラッセルルピナスは宿根草ですが、高冷地以外では夏越ししにくいので二年草として扱います。カサバルピナス、キバナルピナスは秋まき一年草です。狭い庭やコンテナには草丈15～40㎝程のルピナス・テキセンシスなどの矮性種がおすすめです。

育苗法

　宿根草のラッセル系は、8月までにまかなければ翌年開花しません。高温下での発芽は高冷地以外難しいので、6月にポットにまきます。

　一年草は暖地では秋まきも春まきもできますが、やや寒さに弱いので寒冷地では春まきが一般的です。私は8月中旬～9月上旬にまき、保温して冬越しさせています。硬実種子なので一晩水につけ、移植を嫌うので直まき、または9㎝ポットにまきます。発芽後月1回、大粒化成を2～4粒置肥します。

定植と管理

　暖地ではどの品種も10月に定植し、簡単な霜除けで冬越しします。寒地ではラッセル系以外は寒さに弱いので、保温が必要です。ラッセル系は、逆に屋外で寒さに当てないと開花しにくくなります。

　私は、カサバ、キバナルピナスはポットに枯れ葉をかけて軒下で冬越しさせ、とくに寒さに弱いルピナス・テキセンシス（ブルーボンネットやテキサスマルーン）は無暖房の室内に取り込み、3月に寒さに慣らし4月上旬に株間20～30㎝で定植します。植え付け前に苦土石灰（200g／㎡）混ぜ、肥料は少なめに与えます。サヤが黄変したら種をサヤごと採り、乾燥させます。

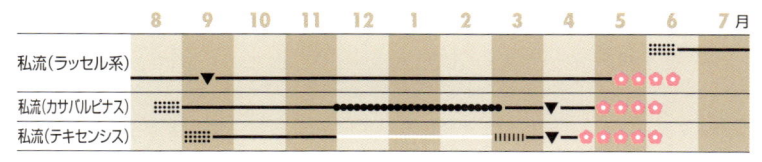

● ラッセル系は初夏、そのほかは初秋まき
● 一晩吸水させて、直まきかポットまき

原産地	地中海沿岸　北アメリカ
花期	4～6月　　草丈：20～150㎝
花色	青・紫・白・桃・赤・橙
用途	壇・コ・切　　　　日照：☀
土	普（酸性土を嫌う）
耐寒性	強（ラッセル系）弱（一年草）
耐暑性	弱　発芽温度：15～20℃
発芽日数	4～28日
覆土	5mm　肥料：少なめ
播種用土	赤玉土5・腐葉土3・パーライト1・クンタン1（ポットまき）

（注文カード）

※貴店名
冊数／書名／発行所
種から育てる花つくりハンドブック
（社）農文協
渡辺とも子　著
ISBN978-4-540-12190-6
C2076　¥1400E
定価1,470円（税5％込）
本体1,400円
注文　年　月　日

::: タネまき　▼植付け　✕挿し芽　◆株分け　●掘り上げ　▽発芽　●開花期　●暖房した室内で開花

67

秋
9月中旬～11月上旬

9月中下旬
猶予ない春草花の種まき

　9月中旬になると最高気温は25℃以下になり、駆け足で秋が深まっていきます。ゆっくりと感傷にひたりたいところですが、来春に向けて種まきはピークを迎えます。秋まき草花の播種適期は短いので、1日とて油断できません。8月まきの苗の移植作業とも重なり、息をつく間もありません。

　この時期の悩みの種は台風と秋の長雨です。秋雨はいつから始まるのか予測がつきにくく、台風は待ったなしです。発芽したばかり苗や移植したばかりのポット苗は立枯れしやすいので、雨に当てないように軒下に移します。鉢まきの苗に少しでも立枯れ症状が見えたら、双葉苗でも即、ポットに移植します。それでも枯れてしまったら、迷わずにすぐ、まき直しします。

　下旬になるとキンモクセイの香りが庭中に漂い、シュウメイギクも咲き出しますが、私の頭の中はもう来春の花壇のことで一杯です。花壇をなにもかもひっくり返して、土作りがしたくてウズウズします。

10月
花壇のいっせい土作りと植え付け

　10月に入ると天気も安定し、最高気温が20℃を割るようになります。この時期の苗の育ち具合が来春の花壇の出来栄えを大きく左右するので、ポット苗には追肥をして寒さがくるまでにできるだけ大きく育てます。種まきは発芽温度の低い草花や小苗で冬越しさせる草花だけになり、いよいよ土作りを始めます。宿根草は一時的に鉢植えにして、腐葉土や堆肥、苦土石灰をまき、天地返しをするように耕します。そして、宿根草は株分けし、秋植え球根や寒さに強い秋まき草花を植え付けます。

11月上旬
寒波や初霜に注意し、冬越しの準備

　11月に入ると落葉が始まり、年によっては気の早い寒波がやってきて、初雪を降らせることもあります。こちら（福島市）の初霜は11月6日前後です。そろそろ寒さに弱い草花は掘り上げて軒下に集め、ポット苗はトロ箱に入れたり、室内に取り込む準備をします。

花の作業暦

	主な管理作業	種まきする草花		植え付けする草花		採種する草花
9月中旬～9月下旬	・秋の長雨対策 ・宿根草の切りもどしとお礼肥（宿根フロックス、カラミンサ） ・宿根草の株分け（フロックス類など）	イベリス アグロステンマ ギリア カスミソウ ニゲラ ヤグルマギク クレピス クリサンセマム ノースボール クリムソンクローバー ソバナ シャーレーポピー チドリソウ** サボナリアバッカリア	ヘリオフィラ デルフィニウム** ワスレナグサ セリンセ リムナンテス シノグロッサム ファセリアカン パニュラリア カリフォルニアポピー アークトティス メリロット	●一・二年草 宿根草 ハナニラ ラッセルルピナス	●秋植え球根 サフラン スカシユリ	フィソステギア
10月上旬～10月中旬	・秋花壇の整理 ・宿根草の株分け ・花壇の土作り ・宿根草の切りもどしとお礼肥 ・春植え球根の掘り上げ（グロリオサ、アンダンセラなど） ・宿根草、二年草、秋植え球根の植え付け ・宿根草の株分け（カウスリップ、カンパニュラ類、ゲラニウム、ギボウシ、プルモナリア、ベロニカ類、ダイコンソウ、アルケミラモリスなど）	スイートピー ネモフィラ ブラキカム ベニバナアマ ロベリア		ジギタリス フウリンソウ カンパニュラ類 ワスレナグサ プルモナリア ソバナ アクレギア 宿根スカビオサ ヤグルマギク ポピー類	 オリエンタルリリー ヒアシンス チューリップ スイセン オーニソガラム シラー スノードロップ スノーフレーク クロッカス	スミレ オキシペタルム
10月下旬～11月上旬	・秋花壇の整理 ・春植え球根の掘り上げ（ダリア、オキザリスなど） ・花壇の土作り ・秋植え球根の植え付け ・半耐寒性の宿根草の掘り上げ（サルビア類、ルリマツリ、アゲラタム、プレクトランサス、コリウス、ヘリクリサム、ゼラニウム）	アストランティア** クリスマスローズ** アルケミラモリス** クリサンセマムムルチコーレ ブライダルローブ		カスミソウ シノグロッサム カンパニュラ パーシシフォリア チドリソウ シャーレーポピー クリムソンクローバー メリロット パンジー ビオラ スイートアリッサム	フリチラリア アネモネ イキシオリリオン エランティス エリスロニウム チオノドクサ 球根アイリス アリウム ムスカリ	アスクレピアス シュウメイギク ユウガオ

*　底面給水で発芽させるもの
**　保冷育苗するもの

アークトティス

キク科　秋まき一年草・宿根草　別名★アフリカンデージー

花径6〜7cmのガーベラに似た花を、次々と秋口まで咲かせます。シルバーグリーンの葉も美しく、花壇、コンテナ植えのほか、切り花にも利用できます。ベニディオアークトティスは、夏越しに気をつければ宿根します。

育苗法

耐寒性が弱いので寒冷地では一般に春にまきますが、春まきは開花が夏になり、梅雨時期に蒸れて枯れやすいので、私は秋まきして室内で冬越しさせ、春から咲かせています。バーミキュライトなど清潔な用土に種をまき、発芽後、本葉2〜3枚のころ、酸性、過湿を嫌うので、基本用土1で6cmポットに移植し、大粒化成を2粒置肥します。

定植と管理

暖地では10月に日当たり・水はけが良く、あまり雨の当たらない所に株間25〜30cmで定植し、冬期は霜除けをします。私はポット苗を室内の窓辺に取り込み、乾き気味に育て、2月下旬に伸び始めたら7.5cmポットに植え替え、大粒化成を4粒置肥します。3月中下旬に日中だけ屋外に出して外気に慣らし、4月に定植します。長雨が続くと根腐れしやすく、灰色カビ病が発生しやすいので、花ガラや枯れ葉はこまめに取り、鉢植えなど移動できるものは雨のかからない軒下に移します。

ベニディオアークトティスは早春に苗を入手しています。夏の暑さで枯れやすいのですが、涼しい半日陰で乾き気味に夏越しさせると11月まで花が楽しめます。大株の移植を嫌うので3月（室内）、5〜6月、9月に挿し芽で増やします。

- 寒さに弱く霜除け・保温して冬越し
- 高温多湿に弱いので長雨に当てない

原産地	南アフリカ
花期	6〜9月　草丈：30〜50cm
花色	ピンク・オレンジ・白
用途	壇・コ・切　日照：☀
土	乾（酸性土、過湿を嫌う）
耐寒性	弱（−1℃）　耐暑性：弱
発芽温度	15〜20℃
発芽日数	7〜10日
覆土	5mm　肥料：標準
播種用土	ピートバン、バーミキュライト

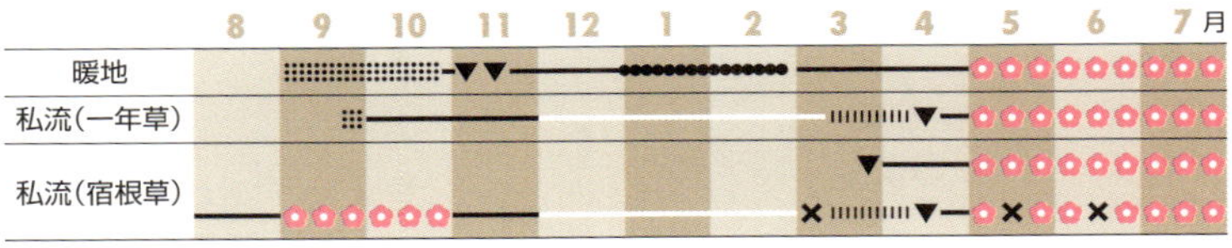

アグロステンマ

ナデシコ科　秋まき一年草　別名★ムギセンノウ

ヨーロッパでは麦畑の雑草だそうですが、花径5〜7cmの花が風にそよぐ姿はとても美しく、矢車草、ポピーなどと混植するとワイルドガーデン風になります。コンテナにも向くチェリーブロッサム、白花のオーシャンパール、淡いピンクの桜貝など、草丈、花色もさまざまあります。水揚げが良いので切り花にも利用できます。

育苗法

寒冷地では4月にまいて6〜7月に咲かせるのが一般的ですが、私は春から咲かせたいので秋まきしています。春まきは梅雨時に蒸れて枯れやすいので、秋まきがおすすめです。本葉2〜3枚のころ、水はけのよい赤玉土5・腐葉土3・クンタン1・パーライト1の用土で7.5cmポットに1本ずつ移植します。

丈夫なので直まきもできます。水はけのよい日当りに株間30cmで2〜3粒ずつまき、発芽後1本に間引きします。

定植と管理

ポットに根が十分にまわったら早めに定植し、根をよく張らせると大株に育ちます。当地でも霜除けなしで冬越しできますが、雨・雪がかかって過湿にならないよう、9cmポットに植え替え、トロ箱などに入れて雨がかからない軒下で乾燥気味に冬越しさせています。

3月下旬に水はけの良い日当たりに植え付けます。草丈が伸びてきたら、支柱をして倒伏を防ぎます。

種は、さやが黄変してからさやごと取ります。こぼれ種でもよく増えますが、長年自家採種していると種が劣化し、年々花が小さくなってしまうので、2〜3年で新しい種に替えます。

- 丈夫で直まきもでき、自家採種で増やす
- 長雨・過湿を避け、肥料は少なめに

原産地	ヨーロッパ
花期	5〜6月　草丈：40〜100cm
花色	赤・ピンク・白
用途	壇・コ・切　日照：☀
土	普（弱酸性を好む）
耐寒性	中（−5℃以上）　耐暑性：中
発芽温度	15〜20℃
発芽日数	5〜14日
覆土	3mm　肥料：少なめ
播種用土	赤玉土単用、赤玉土5・腐葉土5

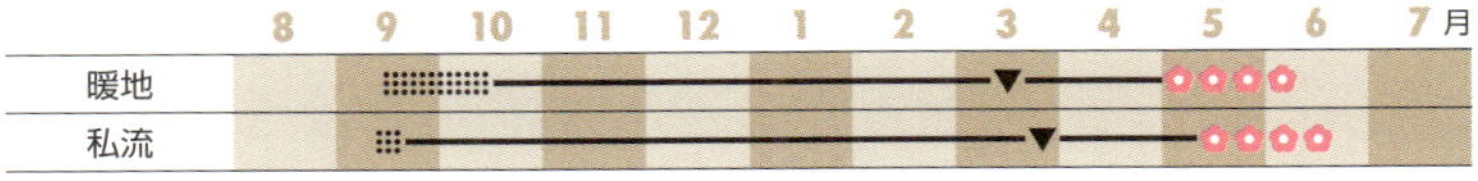

秋　9月中旬〜11月上旬

凡例：タネまき／植付け／挿し芽／株分け／掘り上げ／発芽／開花期／暖房した室内で開花

アストランティア

セリ科　宿根草

ルビーウェディング

- 晩秋にまき翌春発芽、翌々春に開花
- 半日陰の湿り気土壌を好む

原産地	ヨーロッパ～コーカサス地方
花期	5～7月　　草丈：30～60cm
花色	○ ● ●
用途	壇 コ 切　　　日照：☀ ◐
土	湿（肥沃土壌）
耐寒性	強　　　耐暑性：中
発芽温度	13～21℃
発芽日数	30～180日
覆土	なし　　肥料：標準
播種用土	赤玉土4・バーミキュライト4・パーライト2

星形の花弁のように見えるガク苞の上に、カサカサした小さなドーム状の花を咲かせます。野趣のある花はイギリスのコテージガーデンには欠かせません。白、ピンク、赤紫などの花色があり、葉に斑の入る品種もあります。冷涼な気候を好むので宿根しにくいですが、白花は比較的暑さに強いようです。

育苗法

種は休眠性が強く、冬の寒さに当たらないと発芽しにくいので、10月下旬～1月にまいても発芽は翌春です。開花はその翌年の春になります。発芽を促進するには、ポットにまいて冷蔵庫の野菜室に4～6週間入れ低温処理してから、無暖房の室内で発芽させます。セリ科は発芽に光を必要とするので覆土せず、手で軽く押さえて種を用土に密着させます。ポツポツと発芽するので、発芽がそろうまで乾かないように注意し、小苗は寒さに弱いので、冬は無暖房の部屋の窓辺で育てます。春に本葉2枚になった苗から、赤玉土4・鹿沼土2・軽石砂1・腐葉土3の用土で7.5cmポットに移植します。月に1度大粒化成を4粒与え、根が回ったらひとまわり大きなポットに植え替えます。

定植と管理

暑さを嫌うため、夏は風通しが良く午前中だけ日の当たる場所に置いて夏越しさせ、9～10月に植え付けます。水はけがよく湿り気の土壌を好むので、土を盛り上げた花壇の縁などが向いています。2年目からは露地で冬越しし、毎春咲き続けます。3年に1回、3月か10月に株分けします。花後に採りまきすると、1カ月後から翌春まで、まばらに発芽してきます。

	8	9	10	11	12	1	2	3	4	5	6	7月
秋まき			▼	▦	▦					✿	✿	✿
採りまき		▼	▼	▼	▼	▼	▼	▼		✿	✿	✿

イベリス

アブラナ科　秋まき一年草・宿根草　　別名★キャンディタフト

- 移植を嫌うので早めに鉢上げ
- 水とチッソ肥料は控えめに

原産地	南ヨーロッパ　中央アジア　北アフリカ
花期	4～6月　　草丈：20～50cm
花色	● ○
用途	壇 コ 切　　　日照：☀
土	乾（ややアルカリ性の肥沃土を好む）
耐寒性	強（宿根草）　弱（一年草）
耐暑性	中　　発芽温度：18～20℃
発芽日数	10～20日
覆土	2mm　　肥料：標準
播種用土	赤玉土6・腐葉土4

よく分枝し、花茎1cmの花を傘状にたくさんつけます。一年草のイベリスは花色が豊富で、高性種は切り花に、矮性種はロックガーデンやコンテナに向きます。草丈20cmのセンペルビレンス（トキワナズナ）は宿根草で、寒さや乾燥に強く、丈夫でよく増えます。

育苗法

一年草のイベリスは、寒冷地では春まきが一般的ですが、春まきだと開花が7～8月になり花数も少なくなるので、私は9月中旬～10月中旬にまき、春に咲かせています。直根性で移植を嫌うので、直まきやポットまきがおすすめですが、小苗のうちならば移植もできます。覆土は隠れる程度に薄くします。本葉1～2枚のころ、基本用土1を使い、根を傷めないように6cmポットに1本ずつ移植します。根が底から出てきたら7.5cmポットに植え替えます。宿根草のトキワナズナは、春に苗を求めて植え付け、花後に挿し芽をして増やします。

定植と管理

暖地では10月に定植しますが、やや寒さに弱いので簡単な霜除けをしたほうが安全です。私はビニールがけトロ箱に入れて南側の軒下に置き、乾かし気味に管理して冬越させています。全部は越冬しませんが、半数以上生き残ります。4月上旬にあらかじめ1㎡当たり苦土石灰100gと腐葉土5ℓを混ぜて、株間20cmに植え付けます。過湿を嫌うので水は控えめに、長雨には当てないようにします。チッソ分が多いと軟弱になり倒れやすくなるので、肥料は控えめにします。

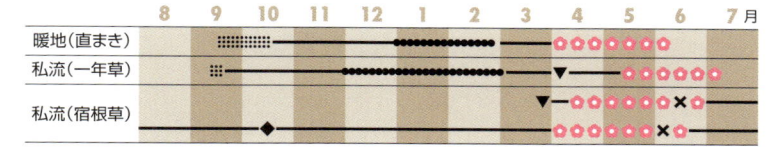

	8	9	10	11	12	1	2	3	4	5	6	7月
暖地（直まき）		▦	▦			●●●	●●●		✿	✿	✿	
私流（一年草）		▦			●●●	●●●	●●●	▼		✿	✿	
私流（宿根草）								▼	✿ ✿	✿ ✿	✕	

―屋外露地　▦屋外夜間保温　●●●屋外保温　‥‥地中休眠　―室内常温　▦低温処理　●●●室内暖房

カスミソウ

ナデシコ科　秋まき一年草・宿根草

細かく分かれた枝いっぱいに小花を咲かせ、霞がかかったように見える宿根カスミソウは、ほかの花を引き立てる花としてフラワーアレンジに欠かせません。一年草のコベントガーデンは花径1.8cm、純白の大輪で存在感があります。ほかに小輪の赤花もあります。

育苗法

宿根カスミソウは育苗期間が長いので、春に苗を購入して植え付けます。5～6月に挿し芽すると簡単に苗ができます。暑さに弱いので、風通しの良い涼しいところに植えます。

一年草のカスミソウは秋または春に種から育てます。気温が高いと発芽しにくいので、私は9月中下旬から10月上旬にまきます。石灰質を好むため、移植の2～3週間前に赤玉土7・腐葉土3の用土1ℓに苦土石灰をティースプーン1杯混ぜておき、本葉2～3枚のころ、7.5cmポットに鉢上げします。

定植と管理

暖地では霜の降りる前に十分に根が張るよう、10月末までに株間25cmに植え付けます。寒さに強いので露地でも冬越しします。私はポット苗をトロ箱に入れて軒下に置き、3月に植え付けます。植え付ける2週間以上前に苦土石灰を100g/㎡混ぜておき、腐葉土や乾燥牛糞を多めに施します。チッソ分が多いと倒れやすくなるので元肥は控えめにし、3月にリン酸とカリが多い大粒化成を株元に4～5粒追肥します。茎が伸びてきたら一度摘芯して早めに支柱をします。花後に枝ごと切って採種し、乾燥させて保存します。

- 風通しが良く夏涼しい場所に植える
- 植え付け2～3週間前に石灰を混合

原産地	コーカサス地方
花期	5月（一年草）、6～7月（宿根草）
草丈	60～100cm
花色	○ ● ●
用途	壇 コ 切　　日照：☼
土	普（弱アルカリ性土壌を好む）
耐寒性	強　　耐暑性：弱～中
発芽温度	15～20℃
発芽日数	5～7日
覆土	2mm　　肥料：少なめ
播種用土	赤玉土5・腐葉土5

カリフォルニアポピー

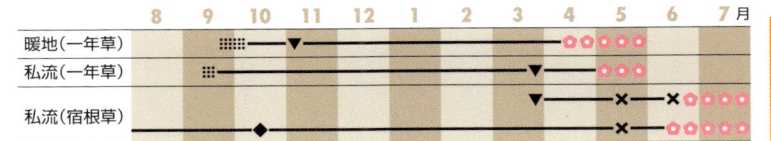

ケシ科　秋まき一年草　　別名★ハナビシソウ、エスコルチア

花は日が当たると開き、夜間や曇雨天の日は閉じてしまいます。オレンジ、黄、赤などの花色があり、一重、半八重、八重咲きがあります。切り花にするときは水切りし、樹液が出なくなってから生けます。

育苗法

直根性で移植を嫌うので、関東以西の暖地では秋の直まきがおすすめです。寒さにやや弱く、寒冷地では春まきにしますが、私のところでは春まきは開花が遅れ、暑さで蒸れて枯れやすいので秋にまいて保温して冬越しさせます。

ポットまきがおすすめですが、小苗のうちなら移植もできます。嫌光性種子のため5mm以上覆土し、本葉2枚のころ、根を傷めないように基本用土1に砂1割を混ぜた用土で7.5cmポットに移植します。大粒化成4粒を置き肥し、過湿を嫌うので乾かし気味に育てます。

定植と管理

暖地では11月に定植し、霜除けをして冬越しします。寒冷地ではポット苗をフレームや室内などに入れて保温します。私はトロ箱に入れてビニールをかけ、南側の暖かいところで冬越しさせます。

3月中旬に株間を25cm以上広くとり、過湿になると立ち枯れしやすいので、高盛りにして水はけを良くして植え付けます。あらかじめ苦土石灰を30～70g/㎡混ぜておき、根鉢をくずさないようにして植えます。チッソが多いと軟弱に育ち、立ち枯れや根腐れになりやすいので、リン酸とカリが多い大粒化成を株元に2～3粒施すくらいにします。花後にサヤが黄変したらサヤごと採種して、乾燥させて保存します。

- 直まきするか、発芽後は早めに鉢上げ
- 肥料は控え、高ウネにし株間は広めに

原産地	北アメリカ
花期	5～6月　　草丈：30～50cm
花色	● ● ● ○ ●
用途	壇 コ 切　　日照：☼
土	普（酸性・過湿を嫌う）
耐寒性	中　　耐暑性：弱
発芽温度	15～20℃
発芽日数	5～7日
覆土	5mm　　肥料：少なめ
播種用土	赤玉土4・腐葉土4・クンタン2

秋　9月中旬～11月上旬

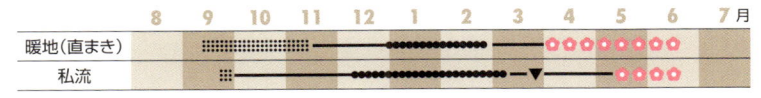

ハナシノブ科　秋まき一年草　　別名★アメリカハナシノブ
ギリア

ギリア・レプタンサは、3～4cmの青紫色をした球状の花で、切り花ではおなじみです。青紫のほか白色もあります。ギリア・トリコロールは花径2cm、藤紫色で中心部が濃い紫色をしています。ギリア・トワイライトは濃い紫色で中心部が黒に近い紫色の花です。細かく切れ込んだ葉とともにとても魅力的な花です。

育苗法

寒さにも乾燥にも強く育てやすいですが、移植を嫌うので、暖地では直まきがおすすめです。ただし、高温多湿や過湿には弱いので、日当たりと水はけが良い所にまき、徐々に株間25cmに間引きます。直まきすると、どうしても雪などで過湿気味になるので、私はポット苗で冬越しし、春に定植しています。9月中旬にまいて、本葉1～2枚の幼苗を6cmポットに基本用土1で2～3本ずつ移植します。根が底穴から見えてきたら用土を乾き気味にしておき、そっと土を落としながら7.5cmポットに1本ずつ植え替え、大粒化成を4粒置肥します。

定植と管理

10～11月に定植することもできますが、私はトロ箱に入れてビニールをかけ、雨や雪のかからぬ軒先に置き、乾き気味に管理して冬越しさせます。

3月下旬～4月に日当たりと水はけの良い所に、株間25cmで植え付けます。密植すると蒸れやすく、多肥にすると軟弱に育ち、立ち枯れしやすくなります。株間を広くとり、肥料は定植時に大粒化成を株元に4～5粒与えるていどにします。とくに酸性を嫌うことはないので、石灰もあえて混ぜません。草丈が伸びてきたら、倒れやすいので支柱を立ててやります。花後に茎ごと切って乾燥させ、種を保存します。

- 寒さや乾燥に強く直まきもできる
- 過湿に弱いので乾き気味に管理

原産地：南北アメリカ
花期：4～6月　草丈：40～90cm
花色：青・紫・白
用途：壇・コ・切　日照：○
土：乾
耐寒性：強　耐暑性：弱
発芽温度：15～20℃
発芽日数：14～21日
覆土：2mm　肥料：標準
播種用土：赤玉土4・バーミキュライト4・パーライト2

キク科　秋まき一年草　宿根草
クリサンセマム

一般にクリサンセマムと呼ばれているものには、丈夫で寒さに強く早春から咲くノースポール（パルドーサム）、黄花でやや寒さに弱いムルチコーレ、寒さに弱く夏に八重の白花を咲かすブライダルローブがあります。また、夏咲きのクリサンセマム・マウイは同じキク科でも属が違いますが、寒さに強い（-5℃）宿根草です。

育苗法

暖地では秋まき、寒地では春まきが一般的ですが、私は春に咲かせたいので秋まきしています。種まき適期は9月中旬ですが、寒さにやや弱いムルチコーレとブライダルローブは室内に取り込む必要があるので、11月上旬に室内でまき、小苗で冬越しさせています。いずれも本葉2～3枚になったら、ノースポールは7.5cmポットに1本ずつ、ムルチコーレとブライダルローブは6cmポットに2本ずつ、基本用土1で移植します。

定植と管理

暖地では本葉4～6枚のころ（11月上旬）に定植し、霜除けして冬越しさせます。私は、ノースポールは屋外でポットのままビニールをかけて冬越しさせ、3月中旬以降に定植します。ムルチコーレとブライダルローブは、2月下旬に6cmポットに1本ずつ植え替え、3月中旬から日中は外に出して寒さに慣らします。

3月下旬に9cmポットに植え替え、4月下旬に過湿を嫌うので少し土を盛って定植します。1カ月に1回大粒化成を追肥し、アブラムシがつきやすいのでオルトランなどを散布します。種は花首が黄変したら採り、乾燥させて保存します。こぼれ種もよく発芽します。

- 苦土石灰を施し、過湿を避ける
- 寒さに弱いので、冬越しは霜除け保湿

原産地：地中海沿岸　ヨーロッパ
花期：3～6月、6～8月
草丈：10～20cm
花色：白・黄（ムルチコーレ）
用途：壇・コ　日照：○
土：普（中性～弱アルカリ土壌を好む）
耐寒性：弱、中（ノースポール）
耐暑性：中～弱　発芽温度：15～20℃
発芽日数：6～10日
覆土：3mm　肥料：標準
播種用土：赤玉土4・バーミキュライト4・パーライト2

マメ科　秋まき一年草　　別名★ストロベリーキャンドル、ベニバナツメクサ

クリムソンクローバー

●秋まきして十分寒さに当てる
●こぼれ種でもよく増える

ロウソクの炎のようなユニークな花は、とても人目をひきます。クローバーの仲間で育てやすく、切り花、グランドカバーにも向き、こぼれ種でもよくふえます。白花種もあります。

育苗法
冬の低温にあわないとよい花が咲かないので、9～10月に種をまきます。寒さにも強いので直まきもできます。寒い地方では8月下旬にまき、冬越しできる丈夫な苗を育てることが大切です。大苗は移植を嫌うため、本葉2～3枚のころ根を傷めないように、基本用土1で7.5cmポットに移植し、大粒化成を4粒置肥します。

定植と管理
寒さに強く寒地でも霜除けなしで冬越しできるので、霜柱が立つまでに十分に根を張るよう、11月上旬に株間25cmに植え付けます。種まきや定植が遅れたときは、ポットをトロ箱に入れて軒下で冬越しさせ、春に植え付けます。日当りと水はけの良い所を好み、肥料は定植後に大粒化成を株元に2～3粒施すだけで十分です。

花後に比較的大きな種がよくできるので、長雨にあわないうちに穂ごと切って乾燥させて保存します。秋にこぼれ種の芽ばえを移植して育てると簡単です。

原産地：ヨーロッパ			
花期：4～6月		草丈：50cm	
花色：● ○			
用途：壇・コ・切		日照：☼	
土：普	耐寒性：強		耐暑性：弱
発芽温度：15～20℃			
発芽日数：3～5日			
覆土：2～3mm	肥料：少なめ		
播種用土：赤玉土5・バーミキュライト5			

キク科　秋まき一年草　　別名★モモイロタンポポ、センボンタンポポ

クレピス

●春まきよりも秋まきがおすすめ
●過湿を嫌うので、水はけの良い用土を

ピンクまたは白のタンポポに似た花は、優しい色合いの寄せ植えに向きます。よく枝分かれしてたくさんの花をつけるので、センボンタンポポとも言われます。つぼみは下を向いていますが、しだいに上を向いて花を開きます。咲く様子を眺めるのも楽しい花です。種もタンポポのような綿毛になります。

育苗法
一般に種まきは、暖地では9～11月まき(4～6月咲き)、寒冷地では3～5月まき(7～8月咲き)です。しかし、梅雨時期の高温多湿に弱く、春まきでは失敗することが少なくないので、私は9月中旬に種をまき、保温して冬越しさせています。

本葉2～3枚のころに7.5cmポットに4本ずつ移植し、大粒化成2粒を施します。過湿に弱いので鉢上げ用土は赤玉土6・腐葉土4に1割くらい砂を混ぜ、水はけを良くします。葉が重なり合うほど大きくなったら、1本ずつに植え替え、大粒化成4粒を置肥します。

定植と管理
耐寒性があり秋に植え付けができますが、過湿になると枯れることがあるので、私は7.5cmポットのまま雨の当らない軒下などで冬越しさせ、3月下旬から4月に株間20cmで植え付けています。日当たりと水はけの良い、砂質土壌を好みます。花後に綿毛の中に入っている針状の細い種を選り分け、乾燥させてから保存します。

原産地：南ヨーロッパ			
観賞期：4～6月		草丈：40cm	
花色：○ ●			
用途：壇・コ		日照：☼	
土：乾（砂質土を好む）			
耐寒性：強～中		耐暑性：弱	
発芽温度：15～20℃			
発芽日数：7～14日			
覆土：2mm	肥料：標準		
播種用土：赤玉土4・バーミキュライト4・パーライト2			

秋　9月中旬～11月上旬

ナデシコ科　秋まき一年草
サポナリア・バッカリア
別名★ドウカンソウ

丈夫で旺盛に育ち、よく枝分かれした先に花径2cm、ピンクまたは白の一年草のカスミソウによく似た花を多数咲かせます。群植すると霞がかかったように美しく、切り花やドライフラワーにもなります。一年草のカスミソウより開花は早いです。宿根草のサポナリア・オフィキナリスとは属が別です。

育苗法
耐寒温度は-5℃前後なので、暖地では秋に直まきし、霜除けするくらいで冬越しできます。直まきは、あらかじめ石灰・腐葉土・緩効性肥料を施してから、株間30cmで2～3粒ずつ点まきし、本葉2枚ころまでに1本に間引きます。

ごく寒い地方では春に直まきにしますが、私は9月中旬に鉢にまいて育苗しています。本葉2～3枚のころ赤玉土7・腐葉土3の用土で6cmポットに上げ、大粒化成2粒を置肥して乾き気味に育てます。

定植と管理
11月に定植もできますが、ポット苗のまま冬越しさせる場合は、トロ箱に入れ、雨のかからない軒下などに置いて冬越しします。水は控えめに、チッソが多いと軟弱になり草姿が乱れてしまうので、肥料もリン酸、カリを中心に控えめに与えます。

3月下旬に、日当たり・水はけの良い場所に、株間30cmで定植します。定期的にオルトランなどを散布して害虫を防除します。倒れやすいので伸びだしたら早めに支柱をします。

花後できた種は、黄変してから採り、秋にまきます。

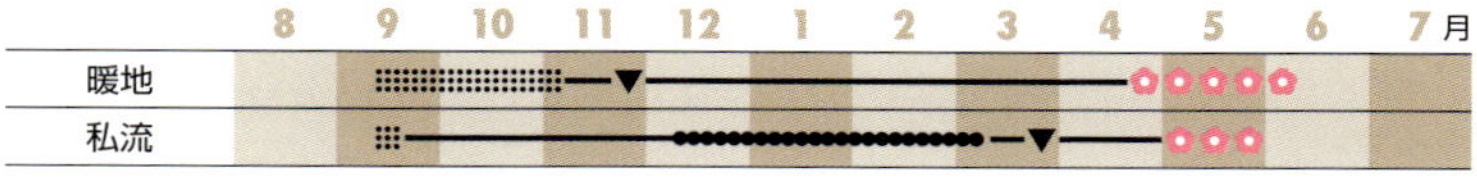

- ●肥料は控え、過湿を避ける
- ●直まきでは間引いて株間を30cm確保

原産地：南欧　東メソポタミア	
花期：4～5月	草丈：60～70cm
花色：● ○	
用途：壇 切 ド	日照：☼
土：普	
耐寒性：中～強	耐暑性：中
発芽温度：15～20℃	
発芽日数：7～10日	
覆土：3mm	肥料：標準
播種用土：赤玉土5・バーミキュライト（腐葉土）5	

ムラサキ科　秋まき一年草
シノグロッサム
別名★シナワスレナグサ

中国の忘れな草です。寒さに強く、丈夫で育てやすい一年草です。目の覚めるような鮮やかなブルーの花を多数つけます。グレーグリーンの葉も美しく、ピンク、白の花もあります。水あげがよいので、切り花としても利用できます。

育苗法
秋まきも春まきもでき、秋まきすると大株になります。春にまくとコンパクトにまとまりますが、開花が遅れ、梅雨時期の過湿で弱りやすいので、秋まきがおすすめです。直根性で大株の移植を嫌うので、直まき・ポットまきするか、小苗のうちに移植します。寒冷地では早めに9月下旬に種まきをします。霜除けなしでも冬越ししますが、寒冷地では落ち葉を寄せておくなどの簡単な霜除けをすると安心です。

嫌光性種子なので覆土は5mmと厚めにします。鉢まきの場合は、本葉1～2枚のころ早めに、根を傷めないように7.5cmポットに鉢上げします。過湿を嫌うので、基本用土1に川砂を1割くらい混ぜた水はけの良い用土を使います。

定植と管理
10～11月、ポットに根が回ったら早めに株間25～30cm（春まきは20cm）に植え付けます。私は春に草花の苗の状態を見て花壇のアレンジをしたいので、ビニールをかけたトロ箱にポット苗を入れて冬越しさせ、3月中下旬に植え付けています。あらかじめ堆肥と化成肥料、石灰をよく混ぜておきます。花後に茎葉が褐色に枯れてきたら採種します。こぼれ種の芽生えを、ごく小苗のうちに掘り上げてポットで育てます。

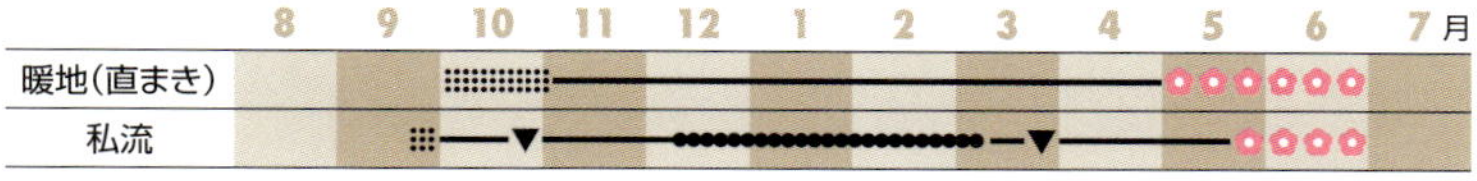

- ●移植を嫌うので直まきかポットまきに
- ●嫌光性種子なので覆土を厚めに

原産地：中国西南部　チベット	
花期：5～6月	草丈：30～100cm
花色：● ● ○	
用途：壇 コ 切	日照：☼
土：乾	
耐寒性：強	耐暑性：弱
発芽温度：10～20℃	
発芽日数：7～12日	
覆土：5mm	肥料：少なめ
播種用土：赤玉土4・バーミキュライト4・パーライト2	

ケシ科　秋まき一年草　　　　別名★ヒナゲシ、グビジンソウ

シャレーポピー

ヒナゲシ、虞美人草と呼ばれるシャレーポピーは秋まき一年草で、春に長い茎が伸び、その先に紙のように薄い花弁の花が咲きます。カスミソウ、ヤグルマソウと混植するとワイルドガーデン風になります。花びらが幾重にも重なり、パステル系の花が咲くエンジェルスクワイヤーはおすすめの品種です。種の形がおもしろいので、ドライフラワーにして楽しみます。

育苗法

ケシ科の草花は移植を嫌うものが多いので直まきがおすすめですが、小苗のうちなら移植できます。9～10月に、ごく小さい種なので覆土しないでまいて鉢底から吸水させ、雨の当たらない日陰に置いて発芽させます。発芽後はよく日に当て、本葉2～3枚の頃、根を傷めないように6cmポットに移植します。過湿を嫌うので、基本用土1に砂を1割混ぜた水はけの良い用土を使い、根がまわったら7.5cmポットに植え替えます。

定植と管理

早めに株間30～40cmで定植し、十分根を張らせて冬越しさせます。日当たりと水はけの良い、やや乾き気味のところを好みますが、アイスランドポピーよりは日陰に強く、半日程度の日照でも育ちます。

酸性を嫌うので石灰を混ぜ、肥料は控えめに施します。寒冷地でも落ち葉や腐葉土を敷く程度で冬越しします。春に植え付ける場合は、根鉢を崩さないように9cmポットに植え替え、大粒化成を4～7粒置肥し、軒下などで冬越しします。植え付け後、茎が伸び始めたら支柱をし、花後に花ガラをこまめに摘むと長く楽しめます。採種はサヤごと切り取り、よく乾かして保存します。

- ●移植を嫌うので直まきするか小苗で移植
- ●覆土なしでまき、底面給水して発芽

原産地：ヨーロッパ中部
花期：5～7月　　草丈：30～100cm
花色：● ● ● ○
用途：壇 切 ド　　日照：☼ ◐
土：乾
耐寒性：強　　耐暑性：中～弱
発芽温度：15～20℃
発芽日数：3～4日
覆土：なし　　肥料：少なめ
播種用土：赤玉土5・バーミキュライト4・パーライト2

	8	9	10	11	12	1	2	3	4	5	6	7月
暖地		▓▓▓▓▓▓▼								○○○○○		
私流		▓▓▓─▼				─▼				○○○○○		

秋　9月中旬～11月上旬

マメ科　秋まき一年草　　　　別名★ジャコウエンドウ

スイートピー

春を彩るツル性の草花です。花色が豊富で、草丈15～20cmほどの矮性種や、宿根性のものもあります。香りのよい品種は、1枝でも部屋中に香ります。コンテナスイートピーは支柱もいらず、狭い庭やハンギングバスケットに最適です。

育苗法

高温期に早まきすると種が腐りやすく、伸びすぎて葉が寒さで傷むので、10月中旬にまきます。寒冷地では春まきが一般的ですが、気温が上がると発芽しにくいので、2月から4月上中旬までにまきます。

種の皮が硬く吸水しにくいので一晩水に浸し、それでも吸水しない種は爪切りで背の部分を傷つけ吸水させます。直根性で移植を嫌います。直まきするか、9cmポットに2～3粒ずつまきます。

定植と管理

11月、本葉3枚のときに根鉢ごと2～3本ずつ、根鉢をくずさずに株間20～30cmに植え付けます。連作を嫌うので前年植えた場所は避け、酸性土を嫌うため石灰を混ぜておきます。チッソ分が多いとつぼみが落ちやすいので、チッソ分の少ない化成肥料を少なめに施します。

コンテナスイートピーなどポットで冬越ししたものは、3月に6号鉢に1株（65cmプランターに3～4株）植えます。ツルが長く伸びるものには支柱をし、3～4節残して摘芯し、地際から強い枝を伸ばします。込み合ったら枝を間引き、風通しをよくしてウドンコ病を予防します。種をつけると株が弱るので、こまめに花ガラを摘みます。採種しても同じ花が咲くとは限りません。

- ●秋の早まき、春の遅まきは失敗のもと
- ●一晩吸水させ、直まきかポットまき

原産地：イタリア、シシリー島
花期：4～6月　　草丈：30～200cm
花色：● ● ○ ●
用途：フ ネ 壇 コ 切　　日照：☼
土：乾
耐寒性：強　　耐暑性：中
発芽温度：15～18℃
発芽日数：7～14日
覆土：1cm　　肥料：少なめ
播種用土：赤玉土5・腐葉土5

	8	9	10	11	12	1	2	3	4	5	6	7月
暖地				▓▼		───				○○○○○		
私流（直まき）			▓			───					○○○○○	
私流（ポットまき）			▓──			───	─▼			○○○○○		

▓タネまき　▼植付け　✕挿し芽　◆株分け　●掘り上げ　▽発芽　○開花期　■暖房した室内で開花

セリンセ

ムラサキ　秋まき一年草　別名★ケリンテ

白い斑点のある青みがかった葉にセリンセ・マヨール・パープレセンスは青紫、セリンセ・ミノール・ブーケゴールドは黄色筒状の花を下垂させます。派手さはありませんが、とてもユニークで、花壇のほか、寄せ植えとしても魅力的です。

育苗法

高温多湿に弱く、また寒さにも弱いので、暖地では秋まき、寒冷地では春まきが一般的です。移植を嫌うので、直まきするか、ポットまきして根を傷めないように定植します。春まきでは開花が遅くなるため、私は9月下旬に鉢にまき、双葉が展開し、本葉が少し見えてきたら、早めに一本ずつ基本用土1に砂を1割混ぜた用土で移植します。また、寒さで枯れてしまうこともあるので、予備用に、12〜1月に暖房した室内で少量だけまいて育苗します。それをもとに、3月に挿し芽をして必要なだけ増やします。

定植と管理

暖地では本葉4〜5枚のころに株間30cmで定植し、霜除けをして冬越しします。寒地では室内かフレームに入れて保温します。私はトロ箱に入れビニールをかけて南側の軒下に置き、水やりを控えめにして冬越しさせていますが、−5℃以下の日が続くときは、室内に取り込まないと枯れやすいので要注意です。

3月下旬に少し高盛りにして定植します。種は熟すとすぐに落ちてしまうので、黒く変色してきたら採り、乾燥させてから保存します。こぼれ種の芽生えは根を切らないように掘り上げ、雨の当たらない風通しのよい日陰で夏越しさせます。

● 寒さに弱いので冬は霜除け、保温が必要
● 移植を嫌うので、早めにポット移植

原産地：南ヨーロッパ
花期：4〜5月　草丈：30〜50cm
花色：紫・黄
用途：壇・コ　日照：○
土：乾（砂質土壌を好む）
耐寒性：中〜弱（−5℃）　耐暑性：弱
発芽温度：15〜20℃
発芽日数：6〜10日
覆土：5mm　肥料：標準
播種用土：赤玉土4・バーミキュライト4・パーライト2

チドリソウ

キンポウゲ科　秋まき一年草　別名★ラークスパー

花色が豊富で、長い茎に小花を穂状にたくさんつけます。花壇の奥やワイルドフラワーガーデンに群植すると見応えがあります。日当たりを好みますが、半日陰でもよく咲きます。近縁のブルークラウドは、デルフィニウムに似た青紫色の花をスプレー状に咲かせます。

育苗法

春まきもできますが、高温多湿で病気が出やすいので、寒冷地でも秋まきにします。直根性で移植を嫌うため、直まきかポットまきが適していますが、小苗のうちなら移植できます。発芽温度が低いので秋まきは10月以降が種まき適期ですが、寒くなるまでに根を十分に張らせたいので、私は9月下旬にまき、ポリトロ保冷（109ページ参照）で発芽させています。嫌光性種子なので覆土は5mmと厚くし、本葉1〜2枚のうちに7.5cmポットに移植して、大粒化成を4粒与えます。

定植と管理

あらかじめ苦土石灰を混ぜておき、10月下旬から11月中旬に、15〜25cm間隔で、根鉢をくずさないように植え付けます。寒さには強いですが、落ち葉や腐葉土を株まわりに敷いておくと安心です。定植が遅れたときは9cmポットに植え替え、トロ箱に入れ軒下で冬越しします。

春に大粒化成を4〜5粒株元に施しますが、肥料は控えめにし、枯れ葉や雑草を取って風通しを良くします。立枯れた株は早めに抜き取り、殺菌剤を散布します。花後に採種しますが、こぼれ種がよく発芽するので、小苗のうちにポットに移植して育てます。

● 10月に直まきするか、子苗を鉢上げ
● 嫌光性種子なので覆土は厚めに

原産地：ヨーロッパ
花期：5〜6月　草丈：30〜100cm
花色：青・紫・桃・白・赤
用途：壇・コ・切　日照：○
土：普（酸性土壌を嫌う）
耐寒性：強　耐暑性：弱
発芽温度：10〜15℃
発芽日数：10〜15日
覆土：5mm　肥料：少なめ
播種用土：赤玉土単用、赤玉土4・バーミキュライト4・パーライト2

凡例：屋外露地／屋外夜間保温／屋外保温／地中休眠／室内常温／低温処理／室内暖房

キンポウゲ科　宿根草（秋まき一年草）
デルフィニウム
別名★ヒエンソウ

- 低温処理の早まきで秋のうちに株を充実
- 覆土は厚く、移植を嫌うので小苗で鉢上げ

原産地	ヨーロッパ　アジア（北半球の温帯）
花期	6〜8月
草丈	30〜150cm
花色	青・紫・赤・ピンク・白・黄
用途	壇・コ・切　日照：○
土	普（酸性土壌を嫌う）
耐寒性	中
耐暑性	弱
発芽温度	15〜20℃
発芽日数	7〜21日
覆土	5mm
肥料	標準
播種用土	赤玉土単用、赤玉土4・バーミキュライト4・パーライト2

宿根草ですが、日本では北海道や高冷地以外では夏越しが困難なので、一年草として扱います。草丈が150cm以上になるパフィックジャイアント系が代表的ですが、鉢植え向きのマジックフォンテン、スプレー状に咲くベラドンナ系と品種も花色も豊富です。

育苗法
北海道や高冷地では6月まきができますが、高温（地温23℃以上）だと発芽しないので、一般に種まきは10月からです。しかし、翌年開花させるには、9月下旬〜10月上旬までに発芽させ、寒くなるまでに本葉3〜4枚以上に育てておく必要があります。

それには、8月中旬〜9月上旬に早まきし、冷蔵庫の野菜室に3〜4週間入れてから発芽させる低温処理か、9月中旬にトロ箱で保冷して発芽させます（109ページ参照）。嫌光性種子なので覆土は5mmと厚めにし、移植を嫌うので本葉2枚のころ根を傷めぬよう、基本用土1で7.5cmポットに上げ、週に1回液肥を与えます。

定植と管理
10月下旬〜11月上旬、本葉3〜4枚のころ、株間30cmとって植え付けます。あらかじめ苦土石灰と元肥を施しておき、寒冷地では霜除けをします。育ちの悪い苗や10月以降にまいた苗は、フレームか室内の暖房のない窓辺で冬越しさせ、春に定植します。花茎が伸びてきたら追肥をし、早めに支柱をします。鉢植えは、夏に雨の当たらない日陰の涼しいところに置くと、うまく夏越しすることもあります。

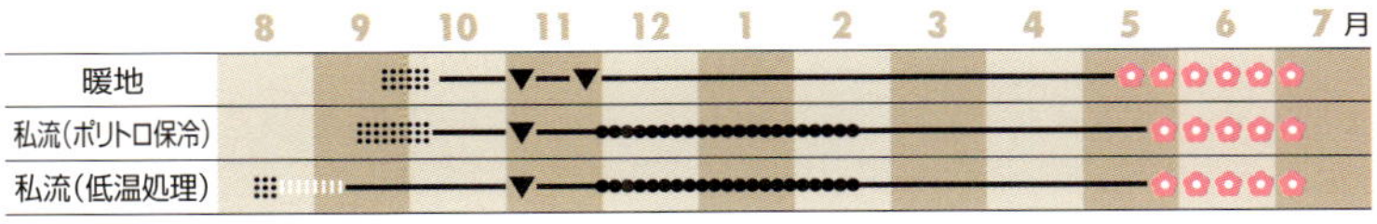

9月中旬〜11月上旬

キンポウゲ科　秋まき一年草
ニゲラ
別名★クロタネソウ、ラブインナミスト

- 9月下旬、覆土を厚くして種まき
- 直まきかポットまきか、小苗で鉢上げ

原産地	地中海沿岸地方
花期	5〜6月
草丈	50〜100cm
花色	青・ピンク・白・黄
用途	壇・コ・切・ド　日照：○
土	乾
耐寒性	強
耐暑性	中
発芽温度	15〜20℃
発芽日数	8〜16日
覆土	5mm
肥料	少なめ
播種用土	赤玉土6・腐葉土4

細かい切れ込みのあるふわふわした葉をつけ、糸状の苞の中心に野趣に富んだ優しい花が咲きます。群植すると幻想的な雰囲気です。花後に子房が風船のようにふくらむ種の形の面白さから、切り花やドライフラワーに利用されます。中の種は、別名クロタネソウと言われるように黒く、香りがあり、ハーブとして利用されます。

育苗法
寒冷地では春まきが一般的ですが、私は春早くに咲かせたいので秋まきしています。発芽温度がやや低いので、9月下旬以降に種をまきます。直根性で移植を嫌うので、直まきかポットまきがおすすめですが、小苗のうちなら移植もできます。嫌光性種子のため覆土はしっかりとかぶせ、発芽まで8〜16日間は乾かさないようにします。本葉1〜2枚のころ根を傷めないようポットに移植します。直まきは、15cm間隔（矮性種はやや密植に）に4〜5粒ずつ点まきし、ポットまきは3〜4粒ずつまき、本葉4〜5枚のころまでに1本に間引きます。

定植と管理
寒さがくるまでに十分に根が張れるよう、11月に株間15cmで定植します。日当たりと水はけが良ければ場所はとくに選びません。あらかじめ堆肥や乾燥牛糞と化成肥料を混ぜておきます。こちらでも普通は霜除けなしで冬越ししますが、育ち過ぎた苗や育ち方が不十分な苗は、霜除けが必要です。私は過湿を防ぐために、ビニールがけトロ箱にポットを並べ、乾燥気味に管理して冬越しさせ、3月に定植しています。

花後に枝ごと切り取り、ドライフラワーとして楽しんでから採種します。こぼれ種でもよく増えて毎年咲きます。

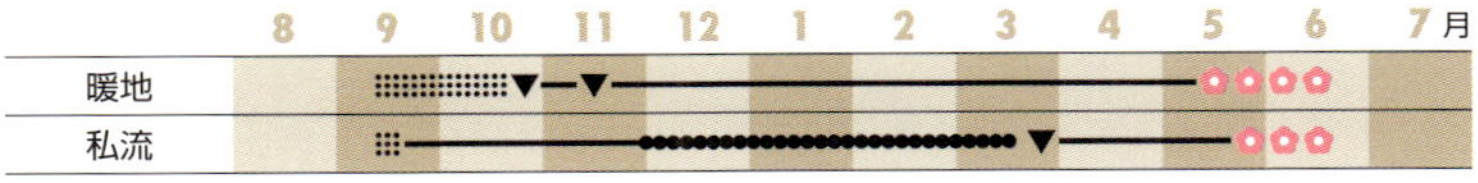

ハゼリソウ科　秋まき一年草
ネモフィラ
別名★ルリカラクサ

インシグニスブルーの澄んだブルーの花は、チューリップと混植してもよく合います。白地にブルーのスポットの入ったマキュラータ、純白のスノーストーム、黒地に白の縁取りのペニーブラックなどの品種もあります。

育て方
移植を嫌うので、暖地では直まきがおすすめです。寒地では春まきが一般的ですが、私は秋まきし、雪で茎が折れやすいのでポット苗で冬越しさせています。寒さには比較的強いですが、早くまいて大苗になってしまうと寒さで葉が傷んで枯れやすいので、9月下旬～10月中旬にまき、小苗で冬越しさせるのがコツです。発芽後よく日に当て、週1度液肥を与えて育てます。本葉1～2枚のころ、基本用土1を7.5cmポットに入れ、1本ずつていねいに移植し、大粒化成を2粒置肥します。

定植と管理
暖地では10月下旬～11月中旬に、株間20cmに定植します。私はポット苗をトロ箱に並べ、雨や雪が当たらないようビニールをかけて冬越しさせます。過湿を嫌いますが、逆に水切れすると極端に株が弱るので注意します。鉢底から根が出てきたらひとまわり大きい9cmポットに移し、大粒化成を4粒置肥します。

暖かくなり生育が盛んになってきたら、日当たりと水はけの良いところに、根鉢をくずさないように植え付けます。酸性土を嫌うので2週間前に石灰を混ぜ、堆肥をすきこんでおきます。肥料は元肥程度にします。花後できる丸いサヤは黄変したらサヤごと切って、乾燥させて採種し保存します。こぼれ種で芽生えたものを掘り上げて育てると簡単です。

インシグニス・ブルー

- 移植を嫌うので直まきかポットまき
- 湿り気を好むので、水切れに注意

原産地	北アメリカ
花期：3月下旬～5月	草丈：20～40cm
花色：青 白 黒	
用途：壇 コ ハ	日照：☀
土：湿	
耐寒性：中	耐暑性：中～弱
発芽温度：18～20℃	
発芽日数：10～12日	
覆土：3mm	肥料：少なめ
播種用土：赤玉土4・バーミキュライト4・パーライト2	

ハゼリソウ科　秋まき一年草
ファセリア・カンパニュラリア
別名★カリフォルニアブルーベル

ベル形のブルーの花は、おしべが赤紫で先端が白く、とても愛らしいです。過湿に弱いので地植えより鉢作りに向きます。横に広がる性質があり、コンテナの縁やハンギングバスケットに利用します。

育苗法
暖地では秋に直まきもできますが、耐寒性がやや弱く、寒冷地では春まきが一般的です。しかし春まきは開花が遅くなり、高温過湿の梅雨期に枯れやすいので、私は秋まきして室内で冬越しさせています。

立枯れを防ぐため無菌のバーミキュライトにまき、発芽後よく日に当て乾き気味に育て、本葉2～3枚のころ基本用土1に砂を1割混ぜた用土で6cmポットに上げます。過湿になると根腐れしやすいので雨のかからない軒下などで育て、水は土の表面が白く乾いてから与え、乾き気味に育てます。1月上旬にまき、室内で保温育苗することもできます。

定植と管理
暖地では10月下旬～11月上旬に定植できますが、霜除けが必要です。私は12月上旬から無暖房の部屋で冬越しさせ、3月中旬から徐々に外気に慣らし、4月に入ってから株間20～25cmで植え付けます。定植後も霜予報が出たらビニールや新聞紙をかけて霜除けします。

1月まきは本葉1～2枚で6cmポットに移植し、暖房した部屋で1週間育ててから、以後は徒長しないよう無暖房の部屋で育てます。2月下旬ころ急に伸び始めたら7.5cmポットに植え替えます。3月中旬から日中は屋外に出して、寒さに慣らしてから植え付けます。

- 暖地は霜除け、寒冷地は室内で冬越し
- 過湿に弱いので水はけを良く、乾き気味に

原産地：アメリカ、カリフォルニア	
花期：4～6月	草丈：25cm（這性）
花色：青	
用途：コ ハ	日照：☀
土：普（肥沃土を好む）	
耐寒性：弱	耐暑性：弱
発芽温度：15～20℃	
発芽日数：4～5日	
覆土：3mm	肥料：標準
播種用土：バーミキュライト単用	

秋

ネモフィラ■ファセリア・カンパニュラリア■ブラキカム■プルモナリア

ブラキカム

キク科　秋まき一年草、宿根草　　別名★スワンリバーデージー

●冬は保温し、水・肥料は控えめに
●宿根ブラキカムは挿し芽で株更新

原産地	オーストラリア
花期	一年草4～6月　宿根草4～11月
草丈	15～40cm
花色	● ● ● ○ ●
用途	壇 コ ハ　日照：☼ ☼◐
土	乾（過湿を嫌う）　耐寒性：中～弱
耐暑性	中～弱　発芽温度：15～20℃
発芽日数	10～18日
覆土	2mm　肥料：標準～少なめ
播種用土	赤玉土5・腐葉土5

よく分枝し株一面に小花を咲かせます。一年草のイベリディフォリア、宿根草のムルティフィダやディバシフォリアなどがあり、最近はコンテナやバスケットの寄せ植えに、比較的丈夫で寒さに強い四季咲きの宿根草が人気です。

育苗法

一年草は暖地では秋まき（4～5月咲き）、寒地では春まき（6～7月咲き）が一般的ですが、私は10月中下旬にまいて室内で冬越しさせ、4月から咲かせています。本葉2～3枚のころ、赤玉土5・腐葉土3・パーライト1・砂1の用土で2本ずつ7.5cmポットに上げます。

宿根ブラキカムも秋と春に種まきができますが、私は春に苗を購入して、5～6月か9月に挿し芽で増やして毎年、株を更新しています。

定植と管理

一年草のイベリディフォリアは、暖地でもフレームか室内の窓辺で冬越しさせます。水やりは控え目にし、肥料は月に一度、化成肥料を3～4粒置肥します。徒長したら半分に切り詰め、3月中旬に日中だけ屋外に出して寒さに慣らし、4月に株間15～20cmで植え付けます。

宿根ブラキカムは3月に室内で挿し芽をすると、5月には植え付けができます。花が休む夏に半分くらいに切り詰めると、9月から再び咲き始め、20℃前後あれば冬でも咲き続けます。一年草よりも耐寒性が強いので、暖地では屋外でも簡単な霜除け程度で冬越ししますが、寒地ではビニールがけ保温か、室内に取り込む必要があります。いずれも多肥・多湿をさけることがコツです。

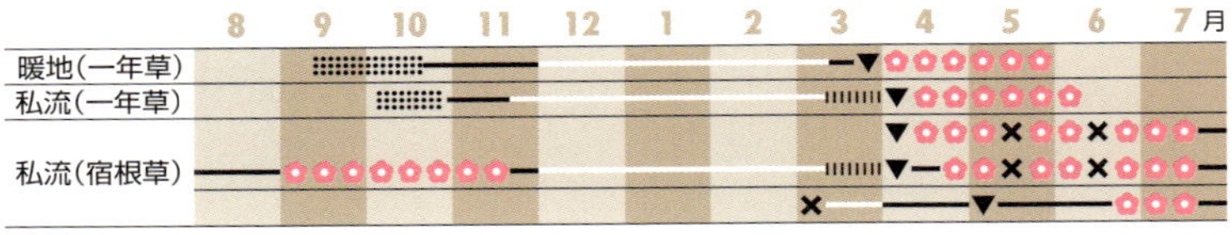

秋　9月中旬～11月上旬

プルモナリア

ムラサキ科　宿根草　　別名★ラングワート

●秋か早春に半日陰か日陰に植付け
●高温多湿に弱いので夏は乾き気味に

原産地	ヨーロッパ
花期	2～4月　草丈：20～40cm
花色	● ● ○ ● ●
用途	壇 コ 切 ハーブ　日照：◐ ●
土	湿（アルカリ土壌を好む）
耐寒性	強　耐暑性：弱～中
肥料	少なめ

ヨーロッパの森林に自生する野草または園芸品種です。プルモナリア・オフィキナリスは別名コモンラングワートと呼ばれ、ハーブとしても利用されます。まだ雪の残る早春に咲き、花の少ない時期を彩る数少ない花です。ロゼット状の葉の間から花茎を出し、ロート型の花を多数咲かせます。花色も豊富で葉色も白、白に薄緑の斑点があるもの、銀葉に緑の覆輪など多彩です。

主な品種にはブルーエイサン（濃紫色）、マジェステ（桃色から青に変化）、オパール（ライトブルー）、オフィキナリス・シシングハースト（白）などがあります。斑入りの葉をもつ品種は開花期以外も美しく、いずれも日陰を好むのでシェードガーデンのカラーリーフプランツとしてもおすすめです。

定植と管理

種は入手しにくいので、秋か早春に苗を植え付けます。適地は木漏れ日の当たるような日陰から半日陰で、水はけが良く、やや湿り気のあるアルカリ性土壌です。風通しがよく涼しい場所なら日なたでも育ちます。あらかじめ石灰と腐葉土をよく混ぜておきます。元肥として有機肥料を施し、株間30cmに植え付けます。花後と晩秋に大粒化成を1株5～6粒与えます。

寒さには強く、冬越しに霜除けの必要はありません。夏の暑さや蒸れに弱いので、夏は日陰で乾き気味に管理します。

種がなぜかできにくいため、2～3年おきに秋に株分けで増やします。1芽だけだと生育がよくないので、2～3芽ずつつけて株分けします。

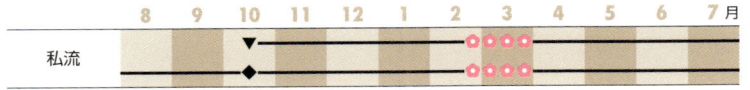

::: タネまき　▼植付け　×挿し芽　◆株分け　●掘り上げ　∨発芽　●開花期　●暖房した室内で開花

ベニバナアマ

アマ科　秋まき一年草　　別名★フラックス・レッド

北アフリカ原産の秋まき一年草で、花茎4cmの光沢のある赤い花を咲かせます。地際からよく分枝して次々と咲き、群植すると見応えがあります。ヨーロッパ原産の宿根アマも同じ仲間です。赤花のほか、白地に赤目、ピンクに赤目の品種もあります。

育苗法

移植を嫌うので、直まきかポットまきがおすすめです。寒さに弱いため寒冷地では春まきが一般的ですが、春まきは十分に株ができないうちに咲いてしまうので、私は10月中旬に鉢にまいて本葉1〜2枚の小苗でポットに移植し、室内で冬越しさせています。

本葉が1cmぐらいになったら鉢を逆さまにして土ごと出し、根を傷めないように土をほぐしながら6cmポットに2本ずつ、赤玉土5・クンタン2・腐葉土3の用土を使い移植します。活着後、粒状化成2粒を置肥します。

定植と管理

暖地では、ポットまきした苗の草丈が5cmくらいになる10月下旬に定植しますが、私は霜の降りる前に、無暖房の室内の日当たりに取り込み冬越しさせます。過湿になると根腐れしやすいので水やりは鉢土が乾くまで待って行ない、乾かし気味に育てます。

3月中旬から日中だけ屋外に出して徐々に外気に慣らし、4月中旬に日当たり・水はけのよい乾き気味の所にあらかじめ石灰を混ぜておいて、株間10〜20cmで2本植えのまま植え付けます。花後、種がよくできるので、採種して秋にまくか、こぼれて発芽した苗を小苗のうちに掘り上げて育てます。

- 移植を嫌うので直まきかポットまき
- 寒地はフレームか室内で水を控え冬越し

原産地：北アフリカ
花期：5〜6月　草丈：50〜70cm
花色：●（赤）●（ピンク）○（白）
用途：壇・コ　日照：○
土：乾（中性〜弱アルカリ土壌を好む）
耐寒性：弱　耐暑性：中
発芽温度：15〜20℃
発芽日数：4〜8日
覆土：2mm　肥料：少なめ
播種用土：赤玉土4・バーミキュライト4・パーライト2

ヘリオフィラ・ロンギフォリア

アブラナ科　秋まき一年草　　別名★ケープストック

中心が白く、鮮やかなブルーの花はまだ珍しく、「この花は何？」と必ず聞かれるほど人目を引きます。直立した茎はよく枝分かれして花径1cmの4弁花を次々と咲かせます。花色はブルーのほか白もあります。

育苗法

暖地では秋に直まきもできますが、寒冷地では春まきします（4月まき・5月下旬〜6月開花）。私は4月から春の花と寄せ植えにして咲かせたいので、秋まきして保温し、冬越しさせています。9月中旬に種をまき、本葉が3〜4枚になったら、赤玉土5・腐葉土3・クンタン1・パーライト1の用土で7.5cmポットに3本ずつ移植し、10日に1回液肥を与えます。

寒さにやや弱く、最低気温が−5〜6℃以下になる日が数日続くと枯れてしまうので、私は予備苗として1月に暖房した室内でもまいています。本葉が出てきたら6cmポットに移植し、その1週間後から徒長しないよう無暖房の部屋で育てます。

定植と管理

暖地では11月に定植し、霜除けなしでも冬越しします。私はポット苗をトロ箱に入れ、ビニールをかけて軒下で冬越しさせます。3月下旬に水はけのよい所に、株間10〜20cmで植え付け、風で倒れやすいので支柱をします。

1月まきは2月下旬に7.5cmポットに植え替え、3月に屋外のビニールがけトロ箱に入れ、寒さに慣らしてから定植します。ひと通り咲き終わったら切り戻すと、わき芽が出て再び咲きます。花後、サヤが黄変してからサヤごと採り、乾燥させて保存します。

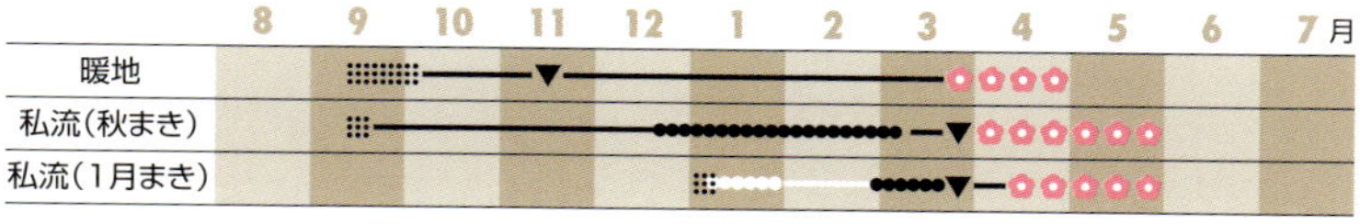

- 丈夫で、直まきも可能
- 支柱を立て、切戻しで花期を延ばす

原産地：南アフリカ
花期：4〜6月　草丈：35〜50cm
花色：●（青）○（白）
用途：壇・コ・切・ド　日照：○
土：乾　耐寒性：中〜弱　耐暑性：中
発芽温度：16〜18℃
発芽日数：5〜7日
覆土：1〜2mm　肥料：標準
播種用土：赤玉土4・バーミキュライト4・パーライト2

マメ科　二年草または一年草　別名★スイートクローバー
メリロット

ヨーロッパからアジア、北米に分布するマメ科の牧草で、寒さにも暑さにも強く、ハーブとしても利用します。マメ科特有の小さな花を穂状に咲かせ、黄色い萩のようです。切り花にしても水あげがよく、ナチュラルなアレンジが楽しめます。白花種や青花種もありますが、青花種はあまり種が出回っていません。乾燥させると草餅のような甘い香りがしますが、完全に乾燥させないと有毒だそうですので要注意です。

育苗法
寒冷地では春まきにしますが、二年草なので春にまいてもその年には咲かないことがあるので、私は9月中下旬にまいています。直根性で移植を嫌うので、直まき、ポットまきがおすすめです。私は素焼き鉢にまき、本葉2枚のころ根を傷めないように6cmポットに赤玉土5・腐葉土3・クンタン1・パーライト1の用土で1本ずつ移植しています。肥料はマメ科なので控えめにします。

定植と管理
ポットに根がまわったら、11月上旬までに、水はけの良い日当たり、または4～5時間日の当たる半日陰に、株間20～30cmで植え付けます。植え付けが遅くなると根がよく張らず、霜柱で根が浮き上がってしまうので、遅れたときは7.5cmポットに植え替え、屋外で過湿にならないように冬越しさせ、春に植え付けます。

大変丈夫で何もしなくても育ち、花後、切り戻して種をつけないようにすると、株が弱らず夏越しして翌年もまた花が咲きます。こぼれ種でもどんどん増え、挿し芽でも増やせます。花後に種を必要な分だけ採り、咲かせたいところにバラまき、発芽後間引いて育てると簡単です。

- ●丈夫でこぼれ種でよく増える
- ●移植を嫌うので直まきかポットまきで

原産地：ヨーロッパ　アジア　北米
花期：6～9月　　草丈：50～150cm
花色：黄・白・青
用途：壇・コ・切・ハーブ　日照：☀ ☁
土：乾（やせ地でも育つ）
耐寒性：強　　耐暑性：強
発芽温度：15～20℃
発芽日数：4～7日
覆土：2～3mm　　肥料：少なめ
播種用土：赤玉土5・腐葉土5

キク科　秋まき一年草　別名★コーンフラワー
ヤグルマギク

ブラックボール

昔から親しまれている花です。草丈が高く場所をとるので敬遠されがちですが、イングリッシュガーデンの流行とともに見直されています。矮性種はコンテナ植えに向き、麦やポピーなどと混植するとワイルドガーデン風の寄せ植えになります。花はポプリなどのハーブとしても利用します。ユキノシタ科のヤグルマソウと区別するためヤグルマギクの名になりました。

育苗法
一般に暖地は秋まき、寒冷地は春まきですが、こちらでも露地で冬越しするので、私は秋まきにしています。本葉2～3枚で6cmポットに移植します。直まきもできます。9～10月にあらかじめ1m²当たり石灰100g、腐葉土2～3kg、化成肥料100gを混ぜておき、発芽後、株間30～40cmに間引いて育てます。また、春まきするとコンパクトにまとまるので、あまり大きくしたくないときは春まきにします。3月初めに室内でまき、下旬に株間20～30cmで植え付けます。

定植と管理
大苗の移植を嫌うので、秋まきは11月上旬に本葉5～6枚で根鉢をくずさず、株間30～40cmに定植します。ポット苗で冬越しさせる場合は、過湿を嫌うので雨の当たらない軒下で育てます。

チッソ分が多いと倒れやすく開花も遅れるので、リン酸、カリを中心に控えめに与えます。オルトランなどでアブラムシを予防します。早めに支柱をし、花ガラをこまめに摘み長く楽しみます。種がよくでき、こぼれ種でよく増えます。私は種ができたら、咲かせたい場所にバラまいておきます。

- ●大苗の移植は嫌うので早めに定植
- ●コンパクトにしたいときは春まきに

原産地：東ヨーロッパ南部
花期：4～6月　　草丈：30～100cm
花色：青・紫・ピンク・白
用途：壇・コ・切　日照：☀
土：普（酸性土壌を嫌う）
耐寒性：強　耐暑性：中
発芽温度：15～20℃
発芽日数：3～5日
覆土：3mm　　肥料：少なめ
播種用土：赤玉土5・腐葉土5

秋　9月中旬～11月上旬

リムナンテス科　秋まき一年草　　別名★ポーチドエッグフラワー

リムナンテス

　ポーチドエッグフラワーと言われるように、黄色い花弁が白く縁取られたとても愛らしく育てやすい花です。春から初夏にかけて株を覆うように花を咲かせるので、群植すると見事です。

育苗法

　一般に暖地は秋まき（春咲き）、寒冷地は春まき（夏咲き）で、暖地では直まきもできます。私は春花壇に寄せ植えしたいので、秋まきしています。秋まきでは、発芽温度が15℃と低いので9月下旬〜10月に種をまきます。移植を嫌いますが根を傷めないようにすれば移植もできます。本葉2枚のころ、水はけの良い赤玉土4・腐葉土3・クンタン1・パーライト1の用土を使い6cmポットに1本ずつ移植します。

定植と管理

　鉢底から根が見えてきたら、暖地では11月に日当たり・水はけの良いところに株間15〜20cmで定植します。私は7.5cmポットに植え替え、大粒化成4粒を置肥し、ビニールがけトロ箱に入れて北風の当たらない軒下で冬越しさせます。耐寒性は−5℃くらいですが−10℃近くまで耐えるので、暖地では簡単な霜除けで大丈夫です。

　3月下旬に植え付けると、5月から咲いてくれます。水はけの良いところを好みますが、乾燥に弱いので腐葉土や堆肥を多めに施し、湿り気を保つようにします。花後できる種はそのままにしておくとこぼれ落ちてしまうので、サヤが黄変してきたらサヤごと採り、紙袋に入れて乾燥させます。こぼれ種で発芽したものをポットに植え替えて育てると簡単です。

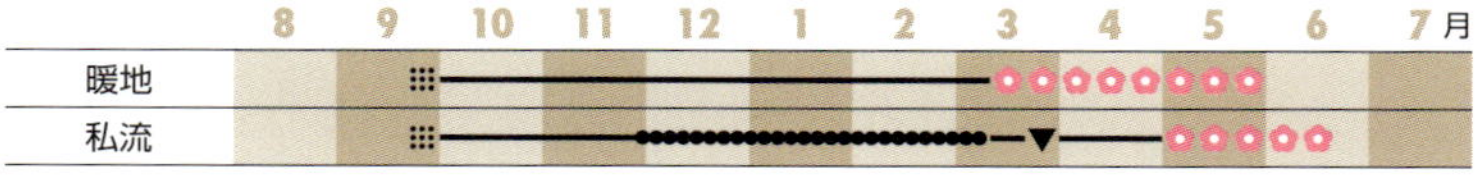

● 早まきは避け早めに定植し根を張らす
● 堆肥や腐葉土を混ぜ、湿り気を保つ

原産地	アメリカ、オレゴン州、カリフォルニア州
花期	4〜5月　　草丈：20〜25cm
花色	黄・白・緑・黄緑
用途	壇・コ　　　日照：○
土	湿（乾燥に弱い）
耐寒性	中　　　耐暑性：弱
発芽温度	15℃　発芽日数：14〜21日
覆土	2mm　肥料：標準
播種用土	赤玉土4・バーミキュライト4・パーライト2

キキョウ科　秋まき一年草　　別名★ルリチョウチョウ

ロベリア

　蝶を思わせるかわいい花が株一面に咲き、ほかの花との相性もよく、初夏の花壇に最適です。草丈10〜15cmの矮性種から、下垂して草丈30cmにも伸びるトレイリングタイプなど品種も多く、花色も豊富。種からたくさん育ててみたい花です。

育苗法

　私は室内で冬越しさせるので、苗があまり大きくならないよう、遅めに10月下旬にまいています。7cmポットに上記の播種用土を入れて十分湿らせてからまき、ごく細かい種なので覆土はしません。

　本葉2枚のころポットを逆さまにして土ごと抜き出し、割るようにして10本くらいのかたまりで6cmポットに、赤玉土6・腐葉土3・砂1で移植します。多めに植えたほうが用土が乾きやすくなります。本葉4〜5枚のころ6cmポットに4〜5本ずつ植え替えます。

定植と管理

　霜の降りる前に室内の窓辺に移します。水は表面の土が白っぽくなってから与えます。2月上中旬に急に伸びだすので、その期をのがさずに6cmポットに1本ずつ植え替えるのがコツです。

　3月中旬、日中だけトロ箱に入れ戸外に出して寒さに慣らし、4月末に日当たりの良いところに植え付けます。遅霜予報のときは不織布をかけておくと安心です。開花期が長いので、月1回大粒化成で追肥をします。7月下旬に、3分の1程度に切り詰めて涼しい所に移動して夏越しさせると、霜の降りるまで咲き続けます。こぼれ種がよく発芽するのでポットに上げて育てると簡単です。

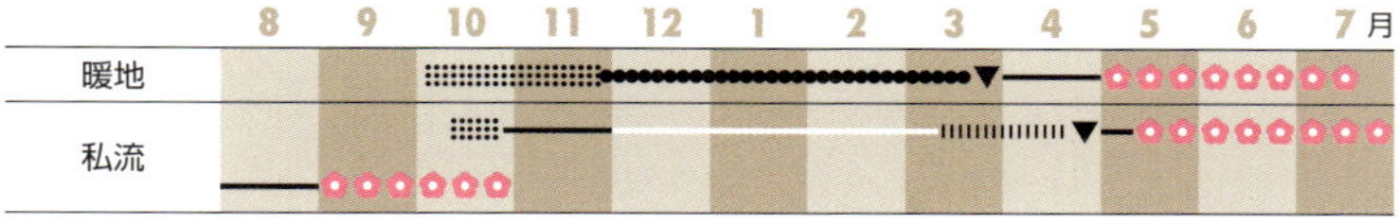

● 秋まきし、室内で保温して冬越し
● 高温多湿に弱いので乾かし気味に管理

原産地	南アフリカ
花期	5〜6月　9月　草丈：10〜30cm
花色	青・紫・桃・白
用途	壇・コ・ハ　　日照：○
土	乾（肥沃土を好む）
耐寒性	中　　　耐暑性：弱
発芽温度	15〜20℃
発芽日数	6〜12日
覆土	なし　肥料：標準
播種用土	赤玉土5・バーミキュライト5

屋外露地　屋外夜間保温　屋外保温　地中休眠　室内常温　低温処理　室内暖房

ワスレナグサ

ムラサキ科　秋まき一年草　　別名★ミヨソチス

- 春まきでは咲かない、寒地でも秋まき
- 乾燥に弱いので水切れさせない

原産地	ヨーロッパ	
花期	4～5月	草丈：20～40cm
花色	青 ピンク 白	
用途	壇 鉢 切	日照：○ ◐
土	湿（中性土壌）	
耐寒性	強	耐暑性：中
発芽温度	15～18℃	
発芽日数	10～15日	
覆土	2mm	肥料：少なめ
播種用土	赤玉土5・バーミキュライト4・クンタン1	

毎年こぼれ種で増えるほど丈夫な花です。本来は宿根草ですが、暑さに弱いので一年草として扱われています。白やピンクもありますが、やはりブルーの花がおすすめです。ピンクのチューリップと混植してモネの庭風に、ボーダーの前面に植えてワイルドガーデン風にと、ほかの草花ともよく合います。切り花用の高性種もあります。

育苗法

寒さにあわないと花芽ができないため春まきしても開花しません。寒冷地でも前年に秋まきします。9月中旬～10月に上記用土に種をまき、嫌光性種子のためしっかり覆土します。本葉2～3枚のころ、7.5cmポットに上げ、固形肥料を4粒置肥します。

最近、品種改良で低温にあわなくても花芽ができる品種も出まわっています。この品種なら春まきができます。

定植と管理

播種後40～50日の10月に定植して、株を大きく育てると花付きが良くなります。しかし、幼苗はやや寒さに弱いので霜除けが必要です。私はポット苗をトロ箱に並べ、ビニールをかけて冬越しさせています。乾燥に弱いので水切れに注意して、冬に大粒化成4粒を1回追肥します。

3～4月に、あらかじめ石灰、腐葉土、堆肥を混ぜておき、大苗の移植を嫌うので根鉢をくずさないよう、株間15～20cmに植え付けます。日当たり、水はけが良く、やや湿り気のあるところを好みますが、半日陰でも育ちます。種がこぼれて夏に芽生えたものは丈夫なので、寒地でも霜除けしなくても冬越しします。

秋　9月中旬～11月上旬

アネモネ

キンポウゲ科　秋植え球根　　別名★ウインドフラワー

アネモネ・ブランダ

- 徐々に吸水・発根させて植える
- とがったほうを下にして植える

原産地	地中海沿岸地方	
花期	3～5月	草丈：25～40cm
花色	赤 ピンク 紫 青 白	
用途	壇 鉢 切	日照：○
土	普（弱酸性～中性土壌）	
耐寒性	強	
植え付け	10～11月	覆土：2cm
株間	5～15（5号鉢に3球）	

宿根草のシュウメイギクやイチリンソウなどもアネモネの仲間ですが、球根ができるアネモネには、アネモネ・コロナリア、アネモネ・ブランダ、アネモネ・フルゲンスなどがあります。

コロナリアは一重咲きと八重咲きがあり、花色も豊富です。ブランダは野草の趣きのある可憐な花を咲かせます。フルゲンスは性質がやや弱く、入手しにくい品種です。

定植と管理

あまり秋早くに植えると球根が腐敗しやすいので、気温が十分に下がってから（25℃以下）植え付けます。弱酸性から中性を好むので石灰で酸度を調整し、腐葉土と化成肥料を混ぜておきます。乾いた球根をそのまま植えると急激に水を吸って腐りやすいので、湿らせた砂かバーミキュライトを入れた鉢に、上部が少し見える程度に埋め、10～14日間、涼しいところに置いて発芽・発根させてから植えると安全です。

根が出る尖ったほうを下にし（見分けがつかない場合は横にして）、深さ2cmで球根の横幅の3～4倍の間隔で植え付けます。冬は腐葉土を敷いて乾燥や霜から保護し、追肥は春に葉が伸びてきたら少し与える程度です。鉢植えは、赤玉土6・腐葉土4の用土にマグアンプKを用土5ℓに20gくらい混ぜます。

一般に花後に葉が黄変したら掘り上げ、乾燥させて保存しますが、私は植え放しにして、少なくなったら新しい球根を植え足しています。鉢植えは水を切って雨のかからない所で夏越しさせ、10月に新しい用土で植え替えます。

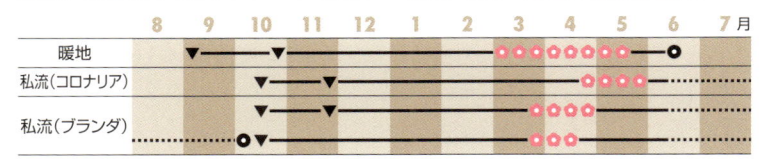

凡例：タネまき　▼植え付け　✕挿し芽　◆株分け　●掘り上げ　▽発芽　○開花期　暖房した室内で開花

ユリ科　秋植え球根
アリウム
別名★ハナネギ

シクラム　ユニフォリウム

- 強健で肥沃土壌を好む
- 植え替えは数年おきでOK

花がネギ坊主型で草丈1mになるギガンチウム、アフラツンセンセ、スフェロセファルム（丹頂）や、ニラの花に似たモーリー、ユニフォリウム、シクラムなどがあります。いずれも毎年または2～3年で掘り上げますが、私は植え放しにして、少なくなったら新しい球根を足しています。

原産地	北半球	
花期	4月中旬～6月下旬	
草丈	16～100cm	
花色	紫・桃・青・黄・白	
用途	壇 鉢 切 口	日照：☀
土	普（肥沃土壌）	耐寒性：強
植え付け	9月下旬～11月上旬	
覆土	2～10cm	
株間	10cm（小球）15～30cm（大球）	

	8	9	10	11	12	1	2	3	4	5	6	7月
暖地			▼	▼					○○○○	○○○○	○○○○●	
私流				▼	▼					○○○○	○○○○	

ヒガンバナ科　秋植え球根
イキシオリリオン・パラシー

- 寒冷地では遅く深く植え腐葉土で防寒
- 厳寒地では鉢植えし室内で冬越し

寒さにやや弱いので、寒冷地では強い霜が当たらない場所になるべく遅く、球根の高さの3～4倍の深さに植え付けます。冬は落ち葉や腐葉土をかけて防寒します。厳寒地では鉢植えにして室内で冬越しさせます。花後に葉が枯れてきたら球根を掘り上げ、乾燥させて保存します。

原産地	西・中央アジア	
花期	4～5月	草丈　20～40cm
花色	紫	
用途	壇 コ 切	日照：☀～☀
土	普（弱酸性～中性土壌）	
耐寒性	中～弱	植え付け：9～11月
覆土	球根高の3～4倍	株間：4～6cm

	8	9	10	11	12	1	2	3	4	5	6	7月
暖地		▼	▼	▼						○○○	●	
私流				▼	●●●●●●●●							

キンポウゲ科　秋植え球根
エランティス
別名★キバナセツブンソウ

- 気温が下がってから吸水させて植え付け
- 花後の葉のある間は液肥を与え生育促進

早春の日だまりに光沢のある黄色の花を咲かせます。旧暦の節分の頃から咲き始めるので、節分草とも呼ばれます。日本（セツブンソウ）や朝鮮半島（ヒナマツリソウ）にも自生していますが、出回っている球根はヨーロッパ原産のエランティス・ヒエマリスです。

定植と管理

芽だしから開花中は日が当たり、花後は半日陰になる落葉樹の下などが適地です。9月中旬から植えられますが、気温が高いと腐りやすいので、暖地では十分気温が下がってからのほうが安心です。

市販の球根はよく乾燥させてあり、急激に水を吸わせると腐りやすいので、湿らせた砂やバーミキュライトの中に球根の上部が少し出る程度に浅く埋め、徐々に吸水させ、球根が膨らんで芽が少し出てきたら植え付けます。ひげ根のついているほうを下向き（中央に小さな突起があるほうが上向き）にして、上記の株間で植え付けます。上下がわからないときは横に寝かせて植えます。

開花まではたっぷりと水やりして乾かさないようにします。花後は雨の当たらない半日陰に置き、表土の乾きを見て水やりします。花後に出る葉の生育が悪いと、翌年花が咲かないことがあります。葉の出ている期間は液肥を与えます。

地植えの場合、3年おきに初夏または初秋に植え替えます。種もよくでき採種できます。赤玉土4・鹿沼土4・軽石砂2の用土に採りまきすると翌春に発芽しますが、こぼれ種でもよく増えます。いずれも開花は2～3年後です。

原産地	ヨーロッパ	
花期	2～3月	草丈：5～10cm
花色	黄	用途：壇 鉢
日照	☀◐	土：普　耐寒性：強
植え付け	9月中旬～12月中旬	
覆土	2～5cm	
株間	5～7cm（鉢3～5cm）	
鉢用土	赤玉土4～5・腐葉土4～3・軽石砂2	

	8	9	10	11	12	1	2	3	4	5	6	7月
暖地			▼	▼			○○○			●		
私流（球根）				▼	▼		○○○					
私流（種）（2～3年後）						▼	▽					

凡例：屋外露地／屋外夜間保温／屋外保温／地中休眠／室内常温／低温処理／室内暖房

ユリ科　秋植え球根　　　別名★西洋カタクリ

エリスロニウム

エリスロニウム・パゴダは北米産の黄花カタクリです。日本の淡紫のカタクリ(エリスロニウム・ジャポニカム)の仲間で、春先に6枚の花弁を反り返らせて咲きます。冷涼な気候を好む寒地向きの草花で、とくにピンクや白の品種は高冷地以外は不向きです。

定植と管理

長いくさび型の球根が秋に出回ります。気温の下がる10月に、10cmくらいの大きな球根をもとめ、乾燥させないようすぐに植え付けます。球根が年々深く入っていくので、10～15cmと深めに植えます。深さが限られる鉢植えは、育てにくく花付きが悪くなるので不向きです。

暑さに弱いので落葉樹の下など、花後に半日陰になる所が適地です。水はけが良く湿り気のある土壌を好みます。腐葉土を多めに混ぜ、緩効成肥料を施して植え付けます。耐寒性は強いので霜除けは必要ありません。

開花期間は1～2週間と短く、冷涼な気候ほど長くなります。花後は葉だけになり、その葉も6月に入ると枯れてしまいます。この開花後から葉が枯れるまでの期間に、葉を傷めないようにして、液肥を10日に1回追肥し球根を肥大させます。球根が大きくなると大株になり、1株から何本も花茎が伸びてきます。

球根は植え放しにするほうがよく育ち、大株になります。植え替えは、休眠期に傷をつけないように掘り上げ、ベンレートTなどで消毒して陰干しし、乾燥しないようバーミキュライトかピートモスに埋めて保存します。種から育てると開花まで5～7年かかります。

- ●落葉樹の下などの花壇に深めに植え付け
- ●寒地以外では黄花種がおすすめ

原産地：北米	
花期：3～4月	草丈：10～30cm
花色：ピンク 白 黄	
用途：壇	日照：☼(冬～春) ◐(夏)
土：湿(肥沃土壌)	耐寒性：強
耐暑性：弱(白・ピンク花は特に弱い)	
植え付け：9～10月上旬	
覆土：10～15cm	株間：20～25cm

	8	9	10	11	12	1	2	3	4	5	6	7月
暖地			▼―▼					❀❀❀				
私流			▼―▼						❀❀❀			

ユリ科　秋植え球根　　　別名★オオアマナ

オーニソガラム

- ●耐寒性が弱い品種は室内で冬越し
- ●耐寒性が強い品種は数年間植え放し

寒さに強いものと弱いものがあり、寒さに強いものは、ヨーロッパ原産のウンベラツムや、草丈が短いバランサエ(開花期3月下旬～4月上旬、花色淡黄緑色)です。ヨーロッパ原産でも、黒い雄しべが印象的なアラビカムやヌタンスはやや寒さに弱いようです。

南アフリカ原産の白花のシルソイデス(開花期5月中旬～下旬,草丈50cm)や黄花のダビウム、黄花に黒い斑点が入ったマクラタム(草丈15cm)は寒さに弱く、室内で冬越しさせます。草丈が1mにもなる純白のサンデルシー(開花期夏～秋)は、耐寒性がない春植え球根です。

定植と管理

耐寒性の強い品種は、10～11月に花壇に深さ5cmに植え付けます。こちらでも霜除けしなくとも冬越しします。

寒さにやや弱いアラビカムは鉢植えし、冬は日中は外に出し、夜間は玄関に入れています。シルソイデスやダビウムなどの寒さに弱い品種(半耐寒性)は、室内の窓辺で冬越しさせます。シルソイデスは3～4月に植えると7～8月に咲きます。

冬は水を控えめに、表土が白く乾いてから与えます。肥料は用土に緩効性化成肥料を混ぜておき、春に伸び始めたら液肥を追肥します。

私は耐寒性の強い品種は、2～3年間は花壇に植え放しにしています。植え替えるときは、葉が半分くらい黄変してから掘り上げて分球し、日陰で乾燥させ、風通しの良いところで保管します。鉢植えは水を切って、木の下や縁の下に置いて夏越しさせ、秋にまた植え直します。

原産地：ヨーロッパ　南アフリカ　西部アジア	
花期：4～6月	草丈：20～60cm
花色：白 黄 緑	
用途：壇 コ 切	日照：☼ ◐
土：普(砂質土壌)	
耐寒性：強・弱(品種によって異なる)	
耐暑性：弱　植え付け：10～11月上旬	
覆土：5～10cm	株間：15～25cm

	8	9	10	11	12	1	2	3	4	5	6	7月
ウンベラツム(耐寒性強)			▼					❀❀❀				
アラビカム(やや寒さに弱い)			▼―――						❀❀			
シルソイデス(耐寒性弱)			▼―――							❀❀		
春植え(シルソイデス)	❀―●							▼				❀

秋　9月中旬～11月上旬

::: タネまき　▼植付け　✕挿し芽　◆株分け　●掘り上げ　✓発芽　❀開花期　■暖房した室内で開花

オキザリス

カタバミ科　秋植え球根　　別名★ハナカタバミ

世界中に自生しているカタバミの仲間です。つぼみに螺旋状の赤い筋が入るバーシカラー（ベルシコロール）や濃い黄色の花のロバータなどの夏植え・秋冬咲き種、スプリングチャームなどの初秋植え・春咲き種、大型の葉で小豆色に黒褐色の斑が入るトライアングロリスなどの春植え・夏咲き種があります。

暖地では植え放しにして群生させると見事です。

育て方

夏植え・秋〜冬咲き種や初秋植え・春咲き種は、耐寒性が弱い（+5℃）ので、暖地でも戸外では霜除けが必要です。寒冷地では鉢植えにして室内で冬越しさせます。

春植え・夏咲き種は耐寒性はやや優れています（−1〜2℃）が、寒冷地では室内に入れたほうが安心です。春に発芽して夏から秋に開花します。日当たりと水はけの良い所ならば土質を選ばず、丈夫で作りやすい花です。ただし、日当たりが悪いと花が咲きません。

肥料は緩効成肥料を植え付け時に少量与え、液肥を2週間に1回追肥します。水やりは、表面が乾くまで待ってかけ、乾かし気味に管理します。

暖地ではいずれも地植えは数年間植え放しでよく、鉢植えは晩秋に茎葉が枯れたら、そのまま水を切って植えつけ時期まで縁の下などに置いておきます。

寒冷地では霜の降りる前に、花壇に植えたものも秋にポットに移し、室内に入れて育てます。トライアングロリスは、温度があれば冬でも開花します。

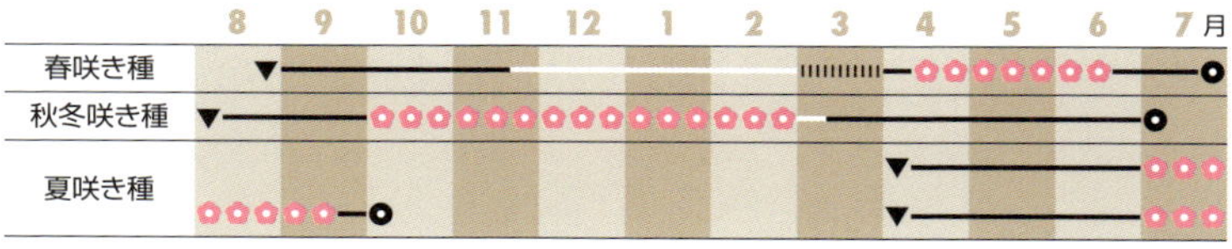

●夏・秋植えは寒冷地では室内で冬越し
●過湿を避け乾かし気味に水管理

トライアングロリス

原産地	世界の熱帯〜温帯
花期：10〜4月	草丈：10〜40cm
花色：桃・黄・白	
用途：壇・鉢	日照：☼　土：乾
耐寒性：中・弱	
植え付け：7〜8月（秋・冬咲き）、8月下旬〜9月中旬（春咲き）、4〜5月（夏咲き）	
覆土：5mm（小球）、1〜2cm（大球）	
株間：15〜20cm	

球根アイリス

アヤメ科　秋植え球根　　別名★イリス

球根アイリスは、根茎ではなく球根ができるアヤメです。多くの種類がありますが、大別すると、草丈50〜60cmで切り花にも利用できるダッチアイリス（球根アイリス）と、草丈10cm前後の矮性種で鉢植え向きのレティキュラタ系（ミニアイリス）とがあります。矮性種のダンフォルディアエは黄花です。

最近はトルコ原産の原種も出回るようになりました。いずれも寒さに強く強健で、寄せ植えにも向きます。

定植と管理

アヤメ科は連作を嫌うので、2〜3年は右記のアヤメ科の植物を植えていないところを選びます。植え付け時期は、暖地では9〜10月ですが、ダッチアイリスは早く植えると晩秋から伸びた葉が寒さで傷んで見苦しくなるので、寒冷地では11月になってから植え付けます。レティキュラタは春に葉と花茎が同時に出るので、寒冷地でも10月に植えても心配ありません。まとめて植えると見応えがあります。

日当たりと水はけを好みますが、湿り気土壌を好み乾燥しすぎると育ちが悪くなります。花壇には堆肥などをすき込み保水性を良くし、鉢栽培では水切れしないようにします。6月に掘り上げて分球し、乾燥してから涼しいところに保管します。

＊主なアヤメ科の植物

アヤメ、イキシア、カキツバタ、グラジオラス、クロッカス、サフラン、シャガ、ジャーマンアイリス、スパラキシス、チリーアヤメ、ハナショウブ、フリージア、ワットソニア、ヒメヒオウギなど。

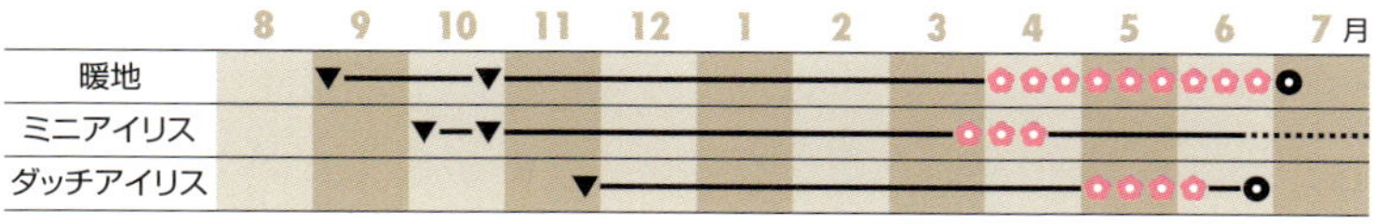

●アヤメ科同士の連作は避ける
●冬の乾燥、水切れに注意

原産地：イラン　コーカサス　小アジア	
花期：3〜6月	草丈：10〜60cm
花色：黄・白・青・紫	
用途：壇・コ・切・ロ	日照：☼
土：湿	耐寒性：強
植え付け：9〜11月	
覆土：1〜5cm	
株間：レティキュラタ系3〜5cm　ダッチアイリス10cm	

クロッカス

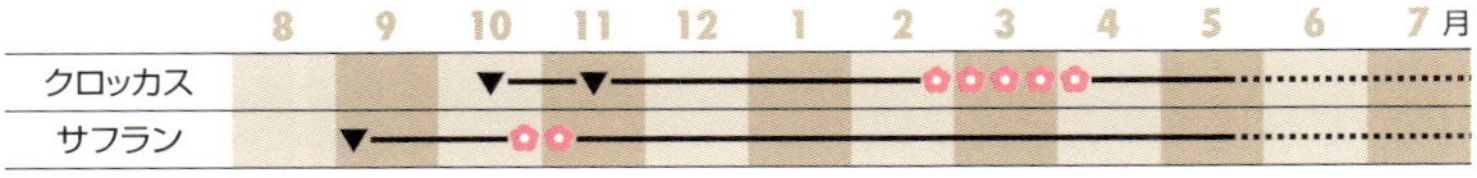

アヤメ科　秋植え球根　　別名★ハナサフラン

- ●植え付け用土には肥料を混ぜない
- ●混んでくるまで3～4年は植え放し

芝生植えやハンギングの水苔植えも楽しめます。5～6cmと深植えします。鉢植えは球根が半分見えるくらいに浅植えにしますが、霜で持ち上がってしまうので、根が張るまで腐葉土をかぶせて軒下で育てます。用土に肥料を混ぜると腐りやすいので、出芽後から液肥を与えます。

原産地	地中海地方
花期	2～4月
草丈	10～15cm
花色	黄 白 紫
用途	壇 鉢 切 水
日照	☼
土	普
耐寒性	強
植え付け	9月上旬～11月
覆土	5～8cm
株間	5～10cm

	8	9	10	11	12	1	2	3	4	5	6	7月
クロッカス			▼	▼				✿✿✿✿				
サフラン		▼	✿✿									

シラー

ユリ科　秋植え球根　　別名★スキラ

- ●過湿を嫌うが、丈夫で半日陰でも育つ
- ●植え替えは3～4年おきに

草丈7～10cmのシビリカやスプリングビューティーは3～4月咲き、草丈30～50cmでベル形の花のカンパニュラータ（ヒスパニカ）は5月咲き、大型で円錐形の花穂に星型の花のベルビアナは6月咲きです。採種して秋にまくと3～4年後に開花します。

原産地	ヨーロッパ　アフリカ　アジア
花期	3～6月
草丈	7～80cm
花色	青 紫 白 桃
用途	壇 ロ 鉢
日照	☼ ◐
土	普
耐寒性	強
植え付け	10月上旬～12月上旬
覆土	3～7cm
株間	5～15cm

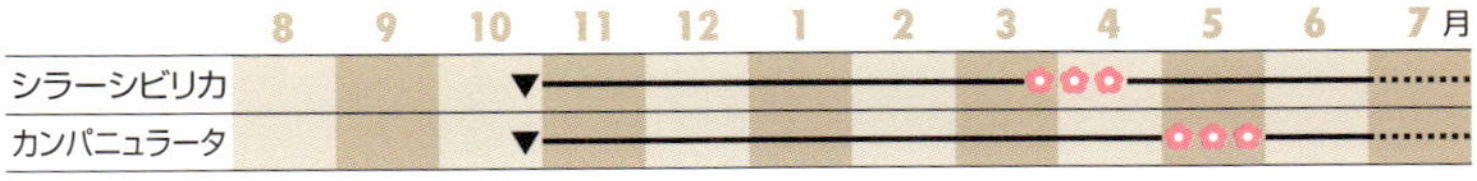

	8	9	10	11	12	1	2	3	4	5	6	7月
シラーシビリカ			▼					✿✿✿				
カンパニュラータ			▼							✿✿✿		

スイセン

ヒガンバナ科　秋植え球根　　別名★ナルキッサス

- ●室内への取り込みは蕾が膨らんでから
- ●花後に追肥し3～4年おきに植え替え

房咲き、八重咲き、ラッパ形など品種が多く、原種のバルボコディウムなど草丈の低い品種は鉢植えやロックガーデンに向きます。群植して楽しむのが一般的ですが、八重咲き種やピンク水仙などは1球でも存在感があります。

定植と管理

冬から春に日の当たる落葉樹の下などに、堆肥や腐葉土と緩効成肥料を混ぜて、10cm以上の深さに植え付けます。リン酸分の多い液肥を与えると、花にボリュームが出ます。

鉢植えでは、覆土1～2cmと浅く植え、腐葉土でマルチをして霜除けし、水切れに注意して屋外で育てます。早く咲かせるには、1月中下旬ころの寒さに当て、蕾が膨らんでから室内に入れます。私は葉が伸びてきたら無暖房の室内の窓辺に置き、蕾が膨らんだら暖房した部屋に移しています。開花後も時々低温に当てると花持ちがよくなります。

花後の管理

花ガラはこまめに摘みとり、花が終わってから葉が黄変するまで、週に1度液肥を与えると球根がよく肥大し、毎年咲いてくれます。

スイセンの根は再生力が弱いので、毎年植え替えるとかえって花付きが悪くなります。しかし、球根が込み合ってくると、球根が肥れなくなるので、3～4年おきに葉が枯れてから掘り上げて陰干しし、秋に大きな球根を選び植え付けます。

鉢植えは花後に鉢のまま、水を切り樹木の下などで夏越しさせ、秋に芽が見えてきたら、古土を3分の1くらいそっと落とし、根を傷めないように植え付けます。

原産地	地中海沿岸　中国
花期	12～4月
草丈	10～45cm
花色	黄 橙 白
用途	壇 鉢 切 水
日照	☼ ◐
土	湿
耐寒性	強
植え付け	8月（早咲き種）、9～11月（普通種）
覆土	10～15cm
肥料	標準～多め
株間	15cm

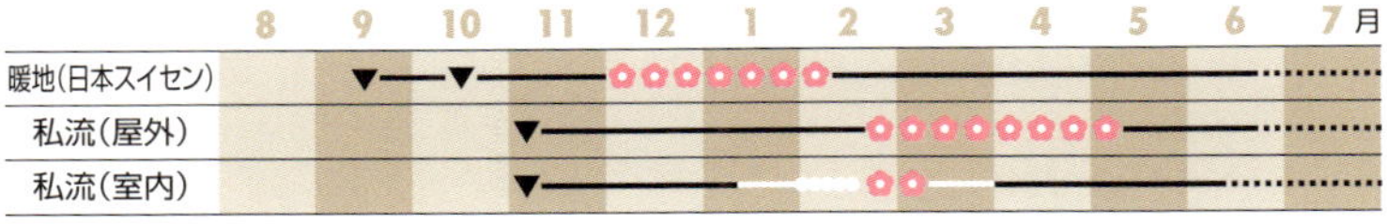

	8	9	10	11	12	1	2	3	4	5	6	7月
暖地（日本スイセン）		▼	▼		✿✿✿✿	✿✿						
私流（屋外）				▼			✿✿✿					
私流（室内）				▼		✿						

秋　9月中旬～11月上旬

スノードロップ

ヒガンバナ科　秋植え球根

別名★ガランサス、マツユキソウ

- 夏は涼しく、敷わらなどで高地温を防ぐ
- 1月に夜間だけ室内に入れると早く咲く

雪の間から花茎が伸びて咲く可憐な白い花は、春が近いと告げてくれます。夏は日陰になる落葉樹の下などに、腐葉土と有機質肥料をよく混ぜて植え付けます。数年おきに込み合ってきたら掘り上げ、球根は乾燥を嫌うのでバーミキュライトに埋めて涼しいところで保管します。

原産地	地中海沿岸
花期	2～3月
草丈	10～20cm
花色	○
用途	壇 鉢
日照	☼（秋～春）☽（夏）
土	湿
耐寒性	強
耐暑性	弱
植え付け	9月下旬～10月
覆土	2～4cm
株間	8～9cm

スノーフレーク

ヒガンバナ科　秋植え球根

別名★スズランスイセン

- 丈夫で作りやすく4～5年は植え放し
- 秋咲きは7月下旬に植え9月咲き

先端に緑色の斑の入った白色の小花をスズランのように咲かせる春咲き種は、スイセンと同様に育てます。群植すると見応えがあります。秋咲き種は草丈15cmと小型で、野趣があります。寒さに大変強く丈夫で半日陰でも育ちます。数年は植え放し、込んできたら植え替えます。

原産地	ヨーロッパ　北アフリカ
花期	4月（春咲き種）、8～9月（秋咲き種）
草丈	15～50cm（春咲き種）
花色	○
耐寒性	強
用途	壇 鉢
日照	☼ ☽
土	普
植え付け	7月（秋咲き）　10月（春咲き）
覆土	10cm（春咲き）、2～4cm（秋咲き）

チオノドクサ

ユリ科　秋植え球根

別名★ユキゲユリ

- 植え付けから出芽まで乾かさない
- 数年は植え放しにして群生を楽しむ

早春に咲くかわいい星型の花は一目で魅了されます。とくに草丈5cmほどのルシリアエ（中生）の群生は妖精のよう。ヨーロッパの高地・高山が原産地なので寒さに強く、姿に似ずとても丈夫です。水はけが良ければ土質を選ばず、小さな球根を一度植えつけると数年は植え放しで毎年咲いてくれます。ほかに早生種のサーデンシスや晩生種のギガンティア（青色）があります。

定植と管理

10月下旬に、水はけ・日当たりが良く、夏は半日陰になる場所に植え付けます。腐葉土と緩効性化成肥料（マグアンプK）を混ぜておきます。草姿も小さく球根が小さいので、3cm間隔に密植します。鉢植えも赤玉土6・腐葉土4の用土に緩効性化成肥料を混ぜ、12cm鉢に4～5球を目安に植え付けます。

寒さに強いので霜除けは必要ありません。芽が見えなくても根が伸び始めているので、乾かさないよう注意し、水は表土が白く乾くのを待って控えめに与えます。2月に入ると芽が出てくるので、球根用の肥料を少し与えます。3月に星形の愛らしい花が咲きます。

花後に液肥か球根用の化成肥料を追肥し、5月下旬ころ葉が枯れてきたら、鉢植えは木の下か縁の下に移し、水やりを中止します。庭植えは樹木の下や球根の位置の南側に夏の草花を植え、日陰にしてやります。

球根が込み合ってくるまでは植え放しにします。鉢植えは10月に球根を取り出して分球し、腐ったものは取り除き、大きめのものを選んで新しい用土で植え付けます。

原産地	地中海東北部～小アジア
花期	3～4月
草丈	5～18cm
花色	● ● ● ○
用途	壇 鉢 □
日照	☼（冬～春）☽（夏）
土	湿
耐寒性	強
植え付け	10～11月
覆土	1cm
肥料	標準
株間	3～5cm

ユリ科 秋植え球根
チューリップ

花型		品種
早生種	一重咲き	アプリコットビューティ（サーモンピンク） ピューリッシマ（白） ヨコハマ（黄）
	八重咲き	モンテカルロ（濃黄） カールトン（赤） ピーチブロッサム（濃桃）
	原種系	スカーレットベイビー（赤） ライラックワンダー（桃紫） トルケスタニカ（白）
中生種	一重咲き	ニューデザイン（淡桃） ネグリタ（紫） アラビアンミステリー（紫に白） ピンクインプレッション（桃） ゴールデンオックスフォード（黄） アイボリーフロラーデル（乳白） プリンセスイレーネ（オレンジ）
	枝咲き	ハッピーファミリー（桃） オレンジブーケ（オレンジ） ジョーゼット（黄に赤覆輪） レッドジョーゼット（赤）
	原種系	ピノキオ（桃に白覆輪） ハーツデライト（サーモンピンク） クルシアナシンシア（外側オレンジ内側黄）
晩生種	一重咲き	イルデフランス（赤） ピンクダイアモンド（桃） メントン（淡桃） マウリーン（白） クインオブナイト（黒紫） ガボタ（茶に黄縞） シャーリー（白に紫覆輪）
	八重咲き	アンジェリック（淡桃） マウントタマコ（白） メイワンダー（桃） カストラップ（赤） カーナバルデニース（白に赤すじ）
	フリンジ咲き	レッドウィング（赤） ハミルトン（黄） マヤ（淡黄） ファンシーフリルス（桃） ブルーヘロン（淡紫に白）
	ユリ咲き	アラジン（赤に黄覆輪） レッドエンペラー（赤） バレリーナ（オレンジ） マリリン（白に赤縞） ウエストポイント（黄） メイタイム（紫に白覆輪） バラード（紫桃に白覆輪） ホワイトトライアンフェクター（白）
	パーロット咲き	レッドパーロット（赤） フレーミングパーロット（黄に赤縞） エステララインベルト（白に赤縞） スノーパーロット（白） ブルーパーロット（青紫） ブラックパーロット（黒紫）
	ビリディフローラ	スプリンググリーン（白に緑） グリーンランド（桃に緑） アーティスト（オレンジに緑） ゴールデンアーティスト（黄に緑） エスペラント（赤に緑）
	原種系	タルダ（黄）

中生ブルーダイヤモンド
原種系ハミルス

↑晩生アーティスト
←ネグリタ（ムラサキ）
サッポロ（白 百合咲）
エスター（淡桃）

- 早生・中生・晩生を植えて長く楽しむ
- 新球根を育てるならコンテナ栽培で

秋 9月中旬～11月上旬

春の庭を彩る代表的な花です。早生、中生、晩生と、開花時期の違いを利用すれば、3月下旬から5月上旬まで次々と咲かせることができます。花色も豊富で、一重咲き、八重咲き、枝先、ユリ咲き、フリンジ咲き、パーロット咲き、原種系など花形もさまざまです。大きな充実した球根には十分に養分が貯えられているので、かなりの日陰でも咲かせることができます。

定植と開花期までの管理
植え付け適期は10月下旬～11月ですが、12月まで植え付けできます。12月には球根が値下げされるのでたくさん植えられます（ただし人気のある品種は早めに確保）。花壇は、あらかじめ深く耕して腐葉土などの有機質と緩効性化成肥料を混ぜておき、5～10cmの間隔で深さ15cmに植え付けます。

鉢植えは球根の頭が少しのぞく程度の浅植えにします。65cmのプランターで20球程度が目安です。密植気味にしたほうが見応えがありますが、花後に球根が充実しにくくなります。

用土は赤玉土6・腐葉土3・砂1を使い、鉢底にゴロ土を入れ、下層に大粒化成を入れて植え付けます。水やりは用土の表面が白く乾いてきたら十分に与えます。水切れさせると病気になりやすいので注意します。パンジーやビオラを寄せ植えしておくと、水やりも忘れませんし、用土が過湿になりにくくなります。

チューリップをはじめ秋植え球根の多くは、寒さに当てないと咲きません。室内に入れて早く咲かせたいときは、暖地では2月上旬、こちらでは1月中下旬まで屋外で育て、その後暖房した室内に入れると1カ月後に開花します。沖縄の友人に球根を送るときは、1カ月以上冷蔵庫に入れて低温処理をして12月上旬に送ります。友人の話だと1月中下旬に咲くそうですから、こちらでも低温処理すれば早く咲くと思いますが、試したことはありません。

花後の管理
私は花壇のチューリップは花後にすぐ抜き取り処分し、毎年球根を新しくします。葉が枯れるまで育てていると枯れた葉が見苦しく、花壇に他の草花が植えられないからです。さらに花後に追肥して肥大させようとしても、なかなか新球根が大きくならず（とくに八重咲き、パーロット咲きや微妙な花色の新品種は肥大しにくい）、植えても花を咲かせにくいからです。

プランターや鉢植えは、花後に場所を移動させ、球根用のリン酸カリ分の多い肥料を月1回、液肥を週1回与えて新球を育てます。葉が枯れたらそのまま水を切り、雨の当たらない所に移動して夏越しさせ、10月に掘り上げて大きな球根を新しい用土で植え直します。こうすると品種や花色が混ざってわからなくなることもありません。

また、ピンクイレプレッションや従来からある品種や原種系チューリップは、雨のあまり当たらない木の下などに植えれば、数年は掘り上げなくても毎年咲いてくれます。

原産地：コーカサス 地中海地方 アジア		
花期：3～5月		草丈：20～70cm
花色：赤 桃 白 黄 オレンジ 紫		
用途：壇 鉢 切 水		日照：☀
土：普		耐寒性：強
植え付け：10月下旬～12月		
覆土：10～15cm		株間：5～10cm

	8	9	10	11	12	1	2	3	4	5	6	7月
暖地			▼	→	→	→	→	○○○	○○○	○○	●	
私流（花壇）				▼	→	→	→	○○○	○○○	○		
私流（鉢植え・開花促進）				▼	⋯⋯	⋯	○○	○				

⋮ タネまき ▼植付け ✕挿し芽 ◆株分け ○掘り上げ ✓発芽 ○開花期 ○暖房した室内で開花

ハナニラ

ユリ科　秋植え球根　　別名★アイフェイオン

- 丈夫なので花壇の縁取りや塀の下に
- 掘り上げて乾燥したらすぐ定植する

大変丈夫で、植え替えは3～4年おきでよく、新葉が出てからでも開花中でも植え替えができます。日当たりさえ良ければどこでも育ちます。ウィズレーブルーは紫青、ユニフローラは藤青色です。定植時と9月に緩効性化成肥料をばらまくくらいで十分です。

原産地：南アメリカ	
花期：3～4月	草丈：10～15cm
花色：	
用途：壇 鉢	日照：☼　土：普
植え付け：9月下旬～10月	
耐寒性：強	覆土：0.3～1cm
株間：2cm（15cm鉢に10～15球）	

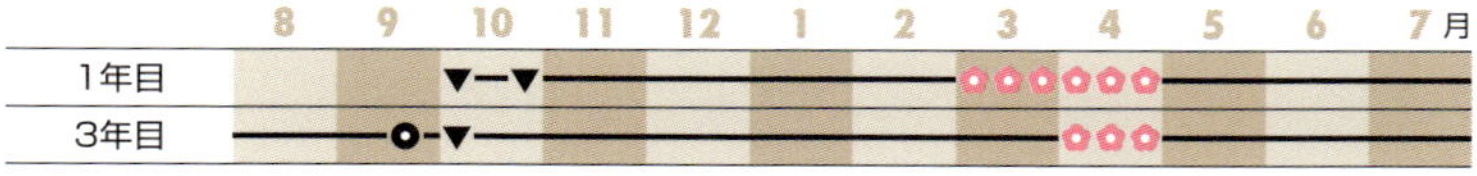

	8	9	10	11	12	1	2	3	4	5	6	7月
1年目			▼—					○○○○○	○○○○○			
3年目		○▼						○○○	○○○			

ヒアシンス

ユリ科　秋植え球根

- 花壇では4～5年は植え放しでOK
- 水栽培は水の高さを球根下1cmまでに

花壇植えは腐葉土と緩効性化成肥料を施し、大粒化成を5～6粒、2～3回追肥します。水栽培では水底に炭かミリオンを入れ、発根するまでは暗所に置き、発根したら水位を球根の底より1cm下に下げます。1月末まで寒い部屋に置き、2月に暖房した部屋に移します。

原産地：地中海沿岸　小アジア	
花期：3～4月	草丈：20cm
花色：	
用途：壇 鉢 水 切	日照：☼
土：普（砂質土を好む）	
耐寒性：強	植え付け：10～11月中旬
覆土：10cm	株間：12cm（15cm鉢に1球）

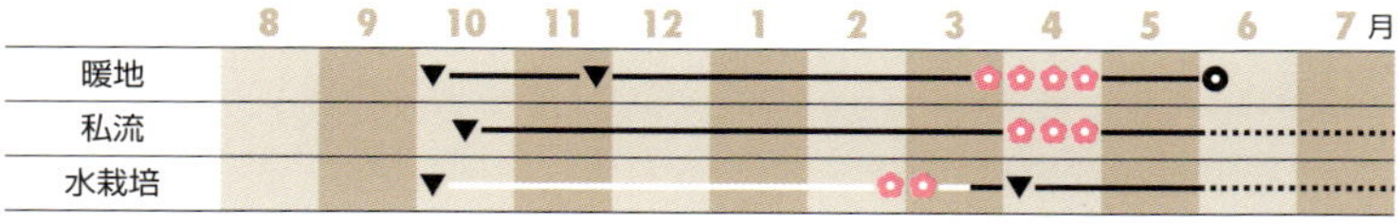

	8	9	10	11	12	1	2	3	4	5	6	7月
暖地			▼					○○○○	○○○○	○		
私流			▼					○○○	○○○			
水栽培				▼			○○					

ヒメヒオウギ

アヤメ科　秋植え球根　　別名★ラペイロージア

- 晩秋に植え付け寒地では室内で冬越し
- 採りまき栽培で苗をたくさん増やす

フリージアをごく小さくしたような姿で次々と花茎を伸ばし、6弁の愛らしい花を咲かせます。栽培も秋植え球根のフリージアに準じます。種まきでも育てられます。

定植と管理

暖地なら露地植えもできます。球根が小さいので、ネットに入れて植え付けておくと、簡単に掘り上げることができます。やや寒さに弱く、早く植えると葉が伸びすぎて霜で傷むので、霜除けするか、11月以降に植えて冬越しさせます。

寒地では水はけの良い用土で鉢植えにし、寒くなってきたら無暖房の室内の日当たりで育て、春に戸外に出します。葉のある生育期は月1回、鉢のまわりに大粒化成を5～6粒置肥します。花ガラは早めに摘みとります。花後に大粒化成を置肥し、葉先が黄変してきたら水を切り、鉢ごと雨の当たらないところで休眠させ、秋になり新葉が出てきたら鉢から土ごと抜き出してまわりの土を3分の1程度落とし、ひとまわり大きい鉢に新しい用土を足して植え付けます。露地植えのものは掘り上げて乾燥させてから保管します。

種まき栽培

2mmほどのつやのある赤茶色の種がよくできます。これを6月中下旬に採りまきすると、開花は翌年か翌々年からになりますが、たくさん増やせます。

7.5cmポットに赤玉土を入れ10粒くらいまき、5mm覆土すると1カ月くらいで発芽します。緑葉のある間は月に1度大粒化成を与え、球根と同じく寒地では室内で冬越しさせます。翌年からは球根と同様に育てます。

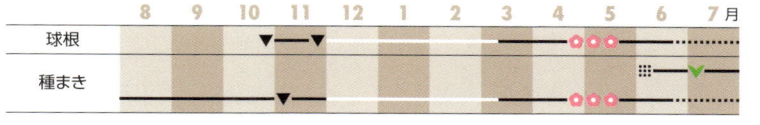

原産地：南アフリカ	
花期：4～5月	草丈：15～25cm
花色：	
用途：壇 コ	日照：☼
土：普	耐寒性：弱
植え付け：10～12月	覆土：2cm
株間：2～3cm（15cm鉢に4～5球）	
<種まき>	
発芽温度：15～25℃	
発芽日数：30日	覆土：5mm
播種用土：赤玉土単用	

	8	9	10	11	12	1	2	3	4	5	6	7月
球根			▼						○○○	○○		
種まき				▼					○○○			▽

―屋外露地　‖屋外夜間保温　●●●●屋外保温　••••地中休眠　―室内常温　―低温処理　●●●●室内暖房

フリチラリア

ユリ科バイモ属　秋植え球根　別名★ヨウラクユリ

メレアグリス
ペルシカ・アマン

- 大球は10～11月に深めに植え付け
- 掘り上げずに過湿・高温を防ぎ夏越し

原産地：北半球の温帯	
花期：3～5月	草丈：25～100cm
花色：橙・黄・紫・白	
用途：壇・鉢・切・口	
日照：◐（西日を避ける）	
土：普（過湿を嫌う）	
耐寒性：強	耐暑性：弱
植え付け：9～11月	覆土：5～10cm
株間：10cm（小球）、25～30cm（大球）	

4～5月に釣鐘状の花が直立した茎の頂部に優雅に垂れ下がります。大型のインペリアリス（草丈60～100cm、花色黄・橙赤）やペルシカ（100cm、黒紫・白、ベル形）、中型のメレアグリス（20～50cm、白・紫、花弁に市松模様）、小型のミハイロフスキー（15cm、紫褐色で先端の縁が黄色の複輪）などがあります。茶花として親しまれているバイモ（アミガサユリ）やクロユリも仲間です。メレアグリス、ミハイロフスキー、クロユリはロックガーデンや鉢栽培に向きます。

定植と管理
大型で大球のインペリアリスやペルシカは気温が高いと球根が傷みやすいので、10～11月に10cmくらいの深めに植え付けます。中小球のメレアグリスやミハイロフスキーは9～10月に植え付けます。水はけの良い西日の当たらない半日陰に、腐葉土を混ぜ、元肥を混ぜると腐りやすくなるので元肥は与えず、発芽後から大球種は大粒化成を7～8粒、2～3回与えます。

鉢植えは、赤玉土小中粒5・腐葉土4・バーミキュライト1の用土で（ミハイロフスキーとクロユリは鹿沼土5・軽石砂5）球根が隠れるくらいに浅植えし、雨・雪の当たらない所に置きます。水は表土が乾いてから与え、発芽後に月1回2～3回、大粒化成を置肥します。

花後の管理
高温多湿に弱いので、「梅雨入り前に掘り上げて乾燥させ、バーミキュライトなどに埋めて涼しいところで保管」と園芸書に書かれていますが、球根は傷がつくと腐りやすくなるので、私は数年は植え放しにして、株が少なくなったら新しい球根を足しています。葉が枯れたらそこに土を盛って草花を植え、過湿や地温の上昇を防ぎます。

鉢植えは、春の花と寄せ植えすると乾きやすくなります。春の花が終わったら茎葉を切り、木の下など雨が当たらず涼しいところで水を切って夏越しさせます。秋に掘り上げ、すぐに新しい用土に植え付けます。クロユリは秋まで葉を育てて球根を太らせて、10月に掘り上げ植え直します。

秋　9月中旬～11月上旬

	8	9	10	11	12	1	2	3	4	5	6	7月
暖地			▼	▼					○○○	○○	○	
私流				▼					○○	○○		

ムスカリ

ユリ科　秋植え球根　別名★グレープヒアシンス

アズレウム

- 丈夫で数年は植え放しでもよい
- 花壇の縁取りに最適

原産地：地中海地方　西南アジア	
花期：4～5月	草丈：10～30cm
花色：紫・青・白・黄	
用途：壇・鉢	日照：☀ 夏は◐
土：普	
耐寒性：強	耐暑性：弱
植え付け：10～11月	
覆土：10cm（大球）、5cm（小球）	
株間：5cm（15cm鉢に5球）	

白花種や、花弁が羽毛のように見えるプルモーサム、香りが強いモスカータムなどもありますが、青紫の壷型の花が密につくアルメニアカムが一番なじみがあります。群植すると見応えがあり、花壇の縁取りや寄せ植えに利用します。丈夫で4～5年は植え放しで構いません。

定植と管理
水はけが良く、秋から春までは日が当たり、夏は日陰になるような所が適地です。早く植えると9月から葉が伸び出し春までに30cmにもなり、霜で葉が傷みます。見苦しいからといって葉を切ると球根が肥大しません。葉と花のバランスを良くするには、11月まで待ってから植え付けます。大球は10cm、小球は5cm覆土して、肥料は秋と早春に控えめに与えます。花ガラは早めに摘みます。

鉢植えで早く咲かせるには、1月まで十分に寒さに当ててから、室内に取り込みます。3～4年に1回、込み合ってきたら掘り上げ、乾燥させて保存し、涼しい所に保管します。

	8	9	10	11	12	1	2	3	4	5	6	7月
暖地			▼	───				○○○	○○○	○		
私流				▼					○○			

ユリ科　秋植え球根

ユリ

ロートホルン　　カサブランカ

●種類によって適地、植え付け適期が違う
●球根を乾かさず、20cmくらいの深植えに

春の草花が一段落する初夏、すっくと伸びた茎の頂部に鮮やかな花が咲き誇るユリ。多くの原種・交配種があり、種類によって植え付け適地、適期に違いがあります。数年は植え放しでよいので、手間がかかりません。

定植

表のように、日当たり条件は種類によって違います。植え付け期も、テッポウユリは9月中旬～11月下旬と早植えも晩植えもできますが、スカシユリは古根を大切にする必要があるので、10月に入手したら根が乾かないうちに早く植え付けます。そのほかのオニユリ、オトメユリ、ヤマユリ、ササユリ、カノコユリ、オリエンタル系などは、11～12月に植えることもできます。いずれにしてもユリの球根は乾燥に弱いので、入手したら早めに植えるのがコツです。

多くは砂質土壌を好みますが、ヤマユリ、カノコユリ、ササユリ、オトメユリなどは自生地が山野の肥えたところなので、腐植質に富んだ土壌を好みます。また、チューリップと混植するとウィルス病になりやすいので、チューリップの近くには植えないようにします。

ユリには球根の底から伸びる下根と球根から伸びた地中部の茎から出る上根がありますが、上根が養水分を吸収するので深植えにします。植穴を30cm以上深く掘り、下層に緩効成肥料よく混ぜて埋め戻し、球根の高さの3倍（約20cm）の深さに植え付けます。株間は球根の大きさの3～4倍が目安です。

鉢植えの場合はできるだけ深い鉢を使い、赤玉土6・腐葉土4の用土に緩効成肥料を混ぜて、鉢の高さの中間よりやや下に植え付けます。

定植後の管理と増やし方

ユリは寒さに強く、また一定の寒さにあわないと芽が伸び始めないので、鉢植えも屋外で冬越しさせます。冬越し中は乾燥しないよう、腐葉土や敷きわらをかぶせて、表面が乾いたらたっぷり水やりします。

春に発芽しはじめたら、月に2回、液肥で追肥します。アブラムシはウィルス病を媒介するので定期的に防除し、花は枯れてきたら早く摘み、種をつけないようにします。花後できるだけ葉を残し、肥料を与えて球根を太らせます。地植えのユリは2～3年は植え放しにします。

掘り上げは10～11月の植える前に行ないます。分球し、乾かさないようにできるだけ早く植え付けます。保存するときはバーミキュライトなどに埋めておきます。

また、開花するまで3年かかりますが、地中の茎にできる木子やオニユリなどの地上部の茎にできるムカゴを植え付けても増やすことができます。鉢植えは茎葉が枯れても湿り気を保ち、10～11月に掘り上げて、下根を傷めないようにして植え付けます。

| 原産地：北半球 |
| 花期：6～8月　草丈：60～120cm |
| 花色：● ● ○ ● ● |
| 用途：壇　鉢　切 |
| 日照：☼ ◐ ●（品種によって違う） |
| 土：普　耐寒性：強　耐暑性：中 |
| 植え付け：10～11月 |
| 覆土：球根高の2倍（10～20cm） |
| 株間：球根の大きさの3～4倍 |

	8	9	10	11	12	1	2	3	4	5	6	7月
テッポウユリ			▼―――▼								✿	
スカシユリ			▼―▼								✿	
その他のユリ			▼―――――▼								✿	✿

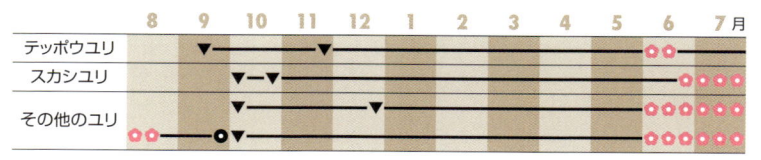

日当たり条件		品種
日当たり	原種	テッポウユリ　ヒメユリ　エゾスカシユリ　オニユリ　コオニユリ　カノコユリ
	交配種	アジアンティックハイブリッド　LAユリ
日当たりから明るい日陰（西日の当たらない半日陰）	原種	オトメユリ（ヒメサユリ）　タカサゴユリ　リーガルリリー
	交配種	トランペットリリー（オーレリアンハイブリッド）
明るい日陰（木漏れ日くらいの日が当たり、株元は日陰になるところ）	原種	ササユリ　ヤマユリ　サクユリ
	交配種	オリエンタルハイブリッド

キンポウゲ科　秋植え球根　　別名★ハナキンポウゲ

ラナンキュラス

ラナンキュラスには多くの品種がありますが、球根植物（塊根）として扱われているのはラナンキュラス・アジアティクスの改良種です。一重咲きもありますが、幾重にも重なる花びらがとても美しく、花色、草丈もさまざまで、用途に応じた選び方ができます。やや寒さに弱いので、霜のあたらないところやコンテナ、鉢栽培に向きます。

定植と管理

乾燥した球根をそのまま植えつけると急激に水を吸って腐りやすいので、少し湿らせたバーミキュライトや砂に埋めて徐々に吸水させ、発芽したら植え付けます。寒さに弱いので、暖地でも路地植えは霜よけが必要です。私は球根を容器に入れ、濡らしたティッシュペーパーをかぶせて冷蔵庫の野菜室に4～7日入れておきます。球根が膨らんでから、少し湿らせた用土で、9cmポットに1球ずつ植え、無暖房の室内で育て、春に植え付けます。

鉢植えは、赤玉土5・腐葉土4・川砂にクンタンを5％くらい混ぜ、1～3cm覆土します。早く咲かせたいときは、1月から暖房した室内の窓辺に移動します。水は必ず乾いてから、直接球根にかからないように与え、伸びてきたら月に一度化成肥料を4～5粒与えます。室温が高すぎると伸びすぎたり花が小さくなるので要注意です。こちらでも雨の当たらない日溜りに敷きワラなどで保護すると越冬することもあります。

通常、葉が黄変したら掘り上げ、陰干しして保存しますが、私は失敗しやすく手間もかかるので、植え放しにし、鉢植えは水を切って縁の下などに置き、10月に新しい用土を足して植え直します。

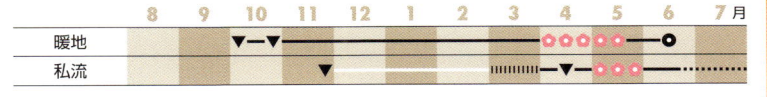

●植え付け前に徐々に吸水させて植える
●土壌や用土に石灰を混ぜておく

原産地	中近東～ヨーロッパ南部
花期：4～5月	草丈：25～50cm
花色	● ● ● ● ○ ●
用途：壇 コ 切	日照：☼
土：乾（中性の砂質土壌）	
耐寒性：中～弱	
植え付け：10～11月	
覆土：2～3cm	
株間：10～20cm	

秋　9月中旬～11月上旬

ユリ科　秋植え球根　　別名★グローリーオブザサン

リューココリーネ

早春の切り花で親しまれる秋植え球根です。細い葉の間から直立した茎を伸ばし、花径3～4cmの透き通るように美しい花を5～6輪咲かせます。青や藤色の花びらで中心が白のコキンベンシスや、丸みのある藤色の花びらで中心が赤紫のプルプレア、白花でやや小輪のイキシオイデスなどがあります。花には香りがあり、直径1cmの小球根にしては多花性で、1球から2～5本の茎を伸ばします。耐寒性も耐暑性も弱く育てにくいですが、それにも増して育ててみたい美しい花です。

定植と管理

9月下旬～10月に水はけ良いところに植えつけます。半耐寒性なので暖かい地方でも花壇に植えつける場合は霜よけが必要です。鉢に植える場合は霜の当たらない軒下に置きます。

私は鉢に植え、無暖房の室内で冬越しさせています。自生地は春から秋に雨が多く、夏は乾燥するところなので、植え付け後は鉢土の表土が乾いてきたら水やりをして、乾かし過ぎに注意します。3月中旬からは日中だけ外に出して寒さに慣らし、4月中旬、強い霜の心配がなくなってから日当たりと水はけのよいところに植えつけます。鉢植えは一回り大きい鉢に植えつけ、まだ寒い時期なので、株のまわりを腐葉土で覆い、鉢植えは霜の当たらない軒下に置きます。

高温多湿に弱く、夏に球根が腐ることがあるので、庭植えは夏越ししにくいです。鉢植えは葉が枯れてきたら水を切って雨のかからない涼しいところに移し、秋に新しい用土で植え直します。

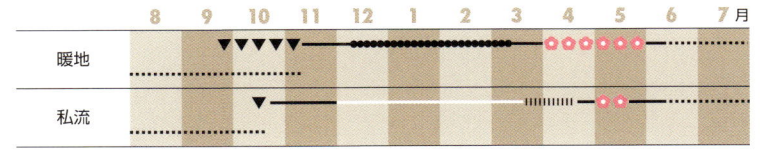

コキンベンシス

●暖地は霜除けして、寒地は室内で冬越し
●冬の乾燥・水切れに注意

原産地：チリ	
花期：4～6月	草丈：30～40cm
花色	● ● ● ○
用途：壇 コ 切	日照：☼
土：普（水はけの良い所）	
耐寒性：弱	耐暑性：弱
植え付け：9月中旬～11月	
覆土：3cm	
株間：5～10cm	

⋮タネまき　▼植付け　✕挿し芽　◆株分け　●掘り上げ　▽発芽　○開花期　●暖房した室内で開花

冬
11月中旬～2月中旬

11月中下旬
冬越し支度を急ぐ

　福島の冬は駆け足でやってきます。山の頂が雪化粧をすると、日中の気温は2週間で5℃ずつ急降下します。最低気温が5℃を下回って時折霜も降り、庭は日に日に色をなくします。いよいよ今年も終わりと思うと寂しくなりますが、土の中ではもう春が始まっています。秋に植えた球根はしっかり根を張り、小さな芽が見え始めていますし、宿根草は来春に向けて芽を少しずつ伸ばしているのですから。

　少し早めですが地面が凍る前に寒肥を与えます。寒さに弱い植物は害虫の駆除をしてから室内に入れ、ポットで冬越しさせる草花はトロ箱に並べてビニールをかけます。宿根草は落ち葉の蒲団をかけて寒さに備えます。寒さに当てないと発芽しない性質の草花は、この時期にまいて外の冷気にさらします。

12月
秋まき草花を遅まきし予備苗つくり

　12月に入ると最低気温は氷点下になり、庭仕事も終わって冬ごもりと言いたいところですが、私はまだやり残した作業に追われてバタバタしています。年によっては寒さで枯れてしまうような、やや寒さに弱い草花は、用心のためこの時期にまいて、予備の苗を作っておきます。花の少ない時期ですが、パンジーやストックなどは霜が当たらないようにすると1月中旬ごろまで花が楽しめます。クリスマス用と正月用の寄せ植えをすると、いよいよフィニッシュです。

1月から2月
春まき草花の早まき開始

　1月下旬から2月上旬の平年最低気温は−3℃ですが、寒波がやってくると、−6～−10℃になります。積雪が少ないので寒さを直接受けることになり、植物には過酷な条件です。やや寒さに弱い植物は、強い凍結を防ぐため、枯れない程度に水やりを控えます。戸外での作業はお休みですが、室内ではすでに1月上旬から春まき草花の早まきが始まっています。

　2月中旬になると気温は徐々に上がり、日照時間も伸びてきます。この頃になると室内の草花が急に伸び始めるので時期を逃さずに植え替え、植え広げをします。

冬の作業暦

11月中旬～12月下旬	主な管理作業			
	・天地返しと土作り		・寒肥	
	・秋植え球根の植え付け		・トロ箱にビニールをかける	
	・半耐寒性植物を室内へ		・低温処理が必要な種をまく	
	種まきする草花	植え付けする草花	採種する草花	挿し芽（室内）
	リシマキア	ラナンキュラス	プリムラ	シロタエギク
	ゲラニウム**	ムスカリ		アゲラタム
	セリンセ	フリージア		
	春咲きシュウメイギク**	球根アイリス		
	アルケミラモリス**	チェイランサス		
		ストック		

1月上旬～1月下旬	主な管理作業			
	・宿根草、二年草の種まきと鉢上げ		・病害虫対策（消毒）	
	・春植え球根の植え付け		・追肥	
	・春まき一年草の摘芯		・早春の花の採種	
	・夏用コンテナの植え付け			
	種まきする草花	植え付けする草花	採種する草花	挿し芽（室内）
	ヘリオフィラ			サルビア
	ファセリア・カンパニュラリア			アークトティス
	シロタエギク			ブラキカム
	バーバスカム			イソトマ
	コドノプシス**			ナスタチウム
				バーベナ

2月上旬～2月中旬	主な管理作業			
	・冬まき苗のポット上げ			
	・ポット苗（室内）の植え替えと鉢替え			
	種まきする草花	植え付けする草花	採種する草花	挿し芽（室内）
	リクニスカルセドニカ			
	アナガリス・モネリー			
	ゲラニウム**			
	ディアスキア			
	スミレ			
	ルドベキア			
	ストック			

＊＊種を低温処理するもの

―屋外露地　||||屋外夜間保温　●●●●●屋外保温　‥‥地中休眠　―室内常温　低温処理　●●●●●室内暖房

サクラソウ科　宿根草（春まき一年草）　　別名★ピンパーネル、ルリハコベ

アナガリス・モネリー

花径2cmの鮮やかな青紫色で、中心が赤い、とても愛らしい花です。茎が這い気味に伸びるので、コンテナの足元やハンギングバスケットに向きます。乾き気味土壌を好み、ロックガーデンにも向いています。

育苗法

普通、種まき適期は4～5月（開花7～8月）ですが、夏の高温多湿に弱いので、私は2月上旬に暖房した室内でまき、5月下旬から咲かせています。上記用土にまき、発芽後はよく日に当て乾き気味にして、週1回液肥を与えます。本葉1～2枚のころ6cmポットに4本ずつ、基本用土1にパーライトを1割混ぜた用土で移植します。移植1週間後からは無暖房の部屋に移し、葉がふれあうようになったら1本ずつ6cmポットに植え替えます。3月中旬からは日中だけ屋外に出して寒さに慣らし、一度摘芯してわき芽を伸ばします。根が鉢底から出てきたら7.5cmポットに植え替えます。

定植と管理

5月中旬に日当たり・水はけの良い所にあらかじめ石灰を混ぜておき、株間20～30cmと広くとって植え付けます。肥料は控えめに与え、伸びすぎたら切りもどしをして新しいわき芽を伸ばします。長雨に当てると根腐れしやすいので、鉢植えは梅雨時、雨の当たらない軒下に移します。暑さに弱いので7月下旬に半分ほどに切りもどして、風通しの良い半日陰で乾き気味にして夏越しさせます。夏越しができれば10月ころまで咲き続けます。霜の降りる前に室内にとり込んで冬越しさせるか、一年草として扱い、毎年種から育てます。

- 2月上旬に暖房した室内で早まき
- 切りもどして夏越し、保温して冬越し

原産地：地中海西岸
花期：6～11月　　草丈：15～30cm
花色：■（青紫）
用途：コロハ　　日照：☼
土：乾（酸性土を嫌い砂質土を好む）
耐寒性：弱　　耐暑性：弱
発芽温度：15～21℃
発芽日数：10～14日
覆土：2mm　　肥料：少なめ
播種用土：赤玉土4・バーミキュライト4・パーライト2

バラ科　宿根草　　別名★レディスマントル

アルケミラ・モリス

うぶ毛に覆われた丸い葉は水をはじき、水滴が葉の上をころがります。6月に40～50cmの花径を多数伸ばし、緑がかった黄色の小花をスプレー状に咲かせます。葉が美しいのでグランドカバーにも向きます。

育苗法

通常3月に苗を購入して育てます。種は冬の低温にあわないと発芽しないため、春にまくと翌春に発芽し、開花は翌々年になります。私は冬にまいて冬の寒さを利用したり、早春にまいて冷蔵庫で低温処理して、発芽日数を短縮しています。

冬まきは11月中旬にまいて4週間くらい室内に置き、その後、屋外に出しておくと3月上旬に発芽します。早春まきは、2月上旬に暖房した室内でまき、15～20℃の温度を4週間保ちます。そして鉢をビニールに包み冷蔵庫に4～8週間入れ、その後、再び15～20℃の温度に戻すと10～14日後に発芽してきます。

発芽後、本葉2～3枚のとき赤玉土5・鹿沼土2・腐葉土3の用土で6cmポットに移植します。月に一度、大粒化成を置肥し、根がまわったら徐々に大きいポットに植え替えます。夏は風通しの良い半日陰で乾き気味に育てます。

定植と管理

10月に日当たり、水はけの良いところに株間30cmで浅めに植え付けます。日陰でも育ちますが花付きは悪くなります。高温多湿を嫌うので、夏に半日陰になるところが適地です。肥料はほとんど必要なく、-15℃まで耐え、春か秋の株分けで簡単に増やせます。

- 冬まきか、早春にまいて低温処理
- 浅植えして夏は半日陰に

原産地：ヨーロッパ　アジア北部
花期：6～7月　　草丈：40～50cm
花色：●（黄）
用途：壇コハーブグド　日照：☼ ◐
土：湿（弱酸性土壌を好む）
耐寒性：極強　　耐暑性：中～弱
発芽温度：13～20℃
発芽日数：10～14日（低温処理後）
覆土：2～3mm　　肥料：少なめ
播種用土：鹿沼土5・バーミキュライト5

冬　11月中旬～2月中旬

フウロソウ科　宿根草

別名★フウロソウ

ゲラニウム

ゲンノショウコの仲間で野性味があり花色も多彩。高性種はイングリッシュガーデンに、矮性種は鉢やロックガーデン向きです。育苗に日数がかかるので一般に苗から育てますが、種から育てるとその分、喜びもひとしおです。

育苗法

種まき後10日ぐらいで発芽するものから、数カ月かかるものまであります。私は11月か2月にまいています。11月まきは、種をまいて暖房した室内に4～6週間置き、発芽しない場合は屋外に4～6週間置いて低温にあわせ、その後、無暖房の室内で発芽させます。

2月まきは、暖房した室内に4～6週間置いた後、冷蔵庫に4～6週間入れて低温処理をし、再び20℃の室内に戻して発芽させます。発芽するまで乾かさないことが肝心です。

発芽後はよく日に当て10日に1回液肥を与えます。本葉2～3枚のころ、赤玉土4・腐葉土2・鹿沼土1・バーミキュライト1・軽石砂1・クンタン1の用土で7.5cmポットに上げ、大粒化成を月に2粒置肥し、乾き気味に育てます。夏は風通しの良い半日陰に置きます。

定植と管理

10月に西日の当たらない半日陰以上の日当たりを選び、高性種は株間30～40cm、低性種は20cmで定植します。4月の芽出しのころと花後に大粒化成を与えます。鉢植えは風通しの良い半日陰で夏越しします。種はサヤが薄茶色に変わったらはじけ飛ぶ前に採り、紙袋に入れて乾燥させます。こぼれ種の芽ばえを掘りあげて育てると簡単です。

ビオコボ

- 低温処理と変温処理で発芽促進
- 発芽まで乾かさず、あきらめず

原産地：ヨーロッパ　アジア	
花期：5～7月	草丈：10～60cm
花色：青・紫・ピンク・白・黒	
用途：壇・コ・ロ	日照：○・◐
土：普（アルカリ土壌を好む）	
耐寒性：強	耐暑性：中～弱
発芽温度：15～24℃	
発芽日数：10～120日	
覆土：なし	肥料：少なめ
播種用土：赤玉土4・バーミキュライト3・軽石砂3、または赤玉土単用	

キキョウ科　宿根草

コドノプシス

日本の山野に自生するツルニンジンの仲間です。コドノプシス・クレマチディアは半ツル性で、ベル形の花を次々と咲かせながら茎を50cm以上伸ばします。灰色がかった淡いブルーの花の内側に紅紫のリング状の模様があります。コドノプシス・ビリディフローラは薄い黄色がかった緑の花を咲かせます。

育苗法

ニンジンのような根を秋に購入して育てますが、種からも育てられます。種は寒さに当てないと発芽しにくいので、冷蔵庫で低温処理するか、冬の寒さを当てて発芽させます。

私は1月中旬に戸外で種をまき、そのまま春まで乾かさないようにして、3月ころ発芽させます。発芽後はよく日に当て、10日に1度液肥を与えて育てます。

本葉4～5枚のころ、赤玉土3・鹿沼土2・軽石砂1・腐葉土1・クンタン1の用土で、7.5cmポットに移植し、大粒化成を4粒置肥します。雨の当たらない日向から半日陰で育てます。根がまわったら順次大きなポットに植え替えます。

定植と管理

4月ころに径18cmくらいの鉢に植え付けます。ツル性ですが、からみつかないので、支柱やトレリスに茎を結束して誘引します。過湿や蒸れに弱いので、夏は風通しが良く、午前中だけ日の当たるような半日陰・日陰に移動します。

冬は地上部の茎葉は枯れますが根部が肥大し、春に新芽が伸びてきます。寒さには非常に強いので冬の防寒は必要ありません。5～6月の挿し芽や3月の株分けで増やします。

クレマチディア

- 2月に屋外で低温にあわせて発芽させる
- コンテナ栽培は半日陰で夏越し

原産地：雲南　チベット　ヒマラヤ	
花期：6～8月	
草丈：150～180cm（ツル性）	
花色：水色・緑	
用途：壇・コ	日照：○・◐　土：乾
耐寒性：極強（−25℃）	耐暑性：弱
発芽温度：15～24℃	
発芽日数：60～365日	
覆土：なし	肥料：少なめ
播種用土：赤玉土4・鹿沼土3・軽石砂2・クンタン1	

キク科　常緑宿根草　　　　　　　　　　　　　　　別名★ダスティミラー

シロタエギク

白い毛に覆われた銀白色の葉は他の植物を引き立て、秋から春の寄せ植えに重宝します。葉が深く切れ込んだシルバーダストや丸葉のシラスなどのセネシオ系は耐寒性がありますが、除虫菊の仲間のシルバーレースはやや寒さに弱いです。

育苗法

秋から春に苗を求めて植え付けます。種から育てる場合、一般には春にまいて秋から春の花壇に利用しますが、過湿や蒸れで夏に弱ったり、冬の寒さで葉が傷むため、私は1月に室内でまいて春の寄せ植えに利用しています。

暖房した室内で発芽させ、本葉1枚で6cmポットに4本ずつ移植します。過湿を嫌うので乾き気味に育て、葉が触れあうようになったら1本ずつに植え替えます。冬に苗を購入して暖かい室内で挿し芽をすると手軽に苗ができます。

定植と管理

3月中旬からは日中は外に出して寒さに慣らし、4月に日当たり・水はけのよい所に根鉢をくずさずに植え付けます。生育が遅いので、2～3株まとめて植え付けると見栄えがします。

シルバーレース以外はこちらでも露地で冬越ししますが、寒さで葉が傷み見苦しくなるので、春に切りもどして新しい葉を出させるか、鉢に植えて室内で冬越しさせます。2年目の5～6月に花が咲きますが、花を咲かせると株が弱るので早めに切り取ります。

株が古くなると姿が悪くなります。毎年または2年ごとに種をまいたり挿し芽をして更新します。

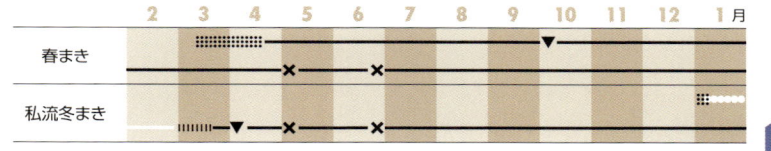

- 過湿に弱いので乾き気味に育てる
- シルバーレースは寒さに弱いので注意

原産地	地中海沿岸　南アフリカ
花期	周年　草丈：10～60cm
葉色	●
用途	壇 コ 切　　日照：☼
土	乾
耐寒性	中　　耐暑性：中～弱
発芽温度	12～18℃
発芽日数	15～20日
覆土	2mm　肥料：少なめ
播種用土	赤玉土4・バーミキュライト4・パーライト2

スミレ科　宿根草　　　　　　　　　　　　　　　別名★バイオレット

スミレ

日本には60種以上のスミレが自生していますが、野生種は自生地と同じような環境でないと育ちにくいようです。最近多く出回っている外国種や園芸種は育てやすく、花壇でも場所が気に入るとどんどん増えます。半日陰のグランドカバーにも利用できます。

育苗法

一般に春に苗を求めて植え付けますが、品種によって性質が異なるので、ラベルをよく読んで適した場所を選びます。ニオイスミレは日陰の石灰質で湿り気のあるところを、ビオラ・フレックルスは乾燥した半日陰を好みます。

スミレの種は乾燥するほど発芽しにくくなるので、入手したらすぐに種をまきます。しかし、秋遅く芽生えた幼苗は冬越しが難しく、寒さに弱いビオラ・コルシカなどは、種を冷蔵庫に入れて保存しておき、2月に暖房した室内でまいています。覆土はせず手で軽く押さえ、発芽まで乾かさないようにします。本葉2～3枚で7.5cmポットに上げ、月に1度大粒化成4粒を置肥します。

定植と管理

秋まき苗は寒冷地では、軒下やビニールがけトロ箱に入れて、乾き気味に管理して冬越しさせ、3月に株間20cmで定植します。種は春に咲く花にはほとんど実らず、その後に出るつぼみによく似た閉鎖花にできます。サヤが上向きになったら採り、紙袋に入れて乾かします。ランナーの出るタイプはランナーを根ごと採取してポットに移植し、そのほかは春か秋に株分けで増やします。こぼれ種もよく発芽します。

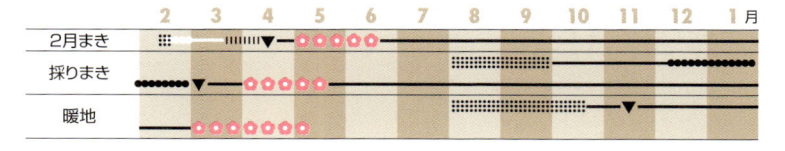

ビオラ・ソロリア
ビオラ・フレックルス

- 品種によって好む環境が異なるので注意
- 採った種は乾かしてからすぐにまく

原産地	東北アジア　日本
花期	3～5月　草丈：10～30cm
花色	● ● ● ○ ●
用途	壇 ロ グ　　日照：☼ ◐
土	乾 普 湿（品種によって異なる）
耐寒性	強～中　　耐暑性：強～中
発芽温度	15～20℃
発芽日数	14～21日
覆土	なし　肥料：少なめ
播種用土	赤玉土4・バーミキュライト4・パーライト2

冬　11月中旬～2月中旬

ディアスキア

ゴマノハグサ科　宿根草（一年草）

短い距（管状の突出物）がある愛らしい花が穂状に咲き、這うように広がるので、ハンギングバスケットやコンテナの縁に植えます。上手に夏越しさせれば11月まで咲き続け、暖地では戸外で冬越しします。

育苗法

一般に種まきは4月ですが、春まきだと開花が夏になり暑さで枯れることもあるので、私は2月初旬に室内で種をまいて、5月から咲かせています。種は細かいのでバーミキュライト単用でまき、細かくしたバーミキュライトをごく薄く覆土します。これを暖房した室内の家具の上などに置いて発芽させます。

本葉2～3枚のころ、基本用土にパーライトを1割混ぜた用土でポットに移植し、乾き気味に育てます。本葉5～6枚のころ芽摘みをし、伸びてきたわき芽も1～2回芽摘みをして枝数を増やします。

定植と管理

4月下旬に、日当たり・水はけの良い乾き気味のところに腐葉土またはピートモス、緩効性化成肥料を混ぜ、株間20cmで植え付けます。活着後、大粒化成を月1回5～6粒追肥します。長雨や夏の熱さに弱いので、コンテナ栽培が適しています。雨の当たらない風通しのよい半日陰で夏越しさせると、秋に再び咲き、霜が降るまで咲き続けます。寒さには比較的強いですが過湿に弱いので、寒冷地では室内に取り込み乾き気味にして冬越しさせます。私はビニールがけトロ箱を陽だまりに置いて冬越しさせています。採種は難しいですが、3月（室内）や5～6月の挿し芽で容易に増やせます。

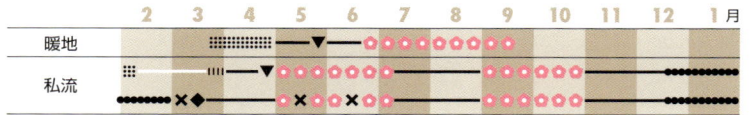

- 2月に保温してまけば5月から開花
- 暑さや過湿に弱く、夏越しが難しい

原産地	南アフリカ
花期	5～11月　草丈：30cm
花色	ピンク・白・オレンジ
用途	壇・コ・ハ　日照：○
土	乾
耐寒性	中（-5℃）　耐暑性：弱
発芽温度	20℃
発芽日数	4～5日
覆土	2mm　肥料：標準
播種用土	バーミキュライト単用

春咲きシュウメイギク

キンポウゲ科　宿根草　別名★バイカイチゲ

ヴァージニアナ、カナデンシス、シルベストリスの3種類があります。ヴァージニアナは3cmほどの少し緑色がかった白い花を咲かせます。カナデンシス、シルベストリスは丸弁ですが、ヴァージニアナの花びら（苞）は先が尖っていることでも見分けられます。

育苗法

春に苗を求めるか、種まきします。種まきは一般に4～5月ですが、キンポウゲ科の種は時間がたつと発芽が悪くなるので、種を入手したらすぐにまきます。発芽までに30日以上かかるので水切れに注意します。40日以上たっても発芽しない場合は、冷蔵庫に4週間以上入れて低温に当て、その後、徐々に温度を上げて発芽を待ちます。私は秋に種を入手して11月にまき、冬の寒さに当てて3月に発芽させています。

水はけが悪いと根腐れしやすいので上記の播種用土にまき、本葉2～3枚のころ、赤玉土4・軽石砂3・腐葉土2・クンタン1の用土で6cmポットに移植します。高温多湿に弱いので、夏は雨の当たらない半日陰で育てます。

定植と管理

10月に水はけが良く湿り気のある場所に植え付けます。夏に半日陰となる落葉樹の下などが適地です。苦土石灰、腐葉土、緩効性肥料を施し、数年植え放しにするので、株間30～50cmと広めにとります。寒さに強く、霜除けの必要はありません。花後に種を採りまきすると約1カ月で発芽しますが、発芽しない場合は翌春まで待ちます。10月または3月の株分けでも増やせます。

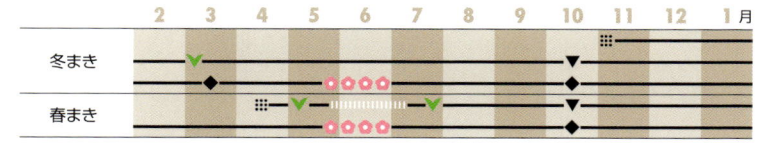

- 冬まきするか、低温処理して発芽促進
- 高温・乾燥に弱いので夏は半日陰で

原産地	北アメリカ　ヨーロッパ～コーカサス地方（シルベストリス）
花期	5～7月　草丈：30～50cm
花色	白
用途	壇・コ・切　日照：○・◐
土	湿（湿り気の石灰質土壌）
耐寒性	強　耐暑性：弱
発芽温度	13～24℃
発芽日数	30日以上
覆土	3mm　肥料：少なめ
播種用土	赤玉土4・バーミキュライト4・軽石砂2

ナデシコ科　宿根草（一年草）　　　　別名★アメリカセンノウ

リクニス・カルセドニカ

ピンキー

● 1〜2月に室内でまきその年から咲かす
● 肥料は控え、夏の高温・過乾燥に注意

原産地：シベリア〜小アジア	
花期：6〜8月	草丈：30〜40cm
花色：● ● ● ○	
用途：壇 コ 切	日照：☼　土：乾
耐寒性：強（−15℃）	耐暑性：中
発芽温度：15〜25℃	
発芽日数：5〜30日	
覆土：なし	肥料：少なめ
播種用土：赤玉土4・バーミキュライト4・パーライト2	

リクニスには多くの種類があり、日本のまつもと仙翁、節黒仙翁や、センジュガンピなどもリクニスの仲間で、夏咲きの野草として親しまれています。リクニス・カルセドニカはロシア原産でアメリカセンノウとも呼ばれ、草丈40cm前後、直立した茎に花径2〜2.5cmの花を傘状につけます。花色も豊富で育てやすい草花です。

育苗法

春に苗を求めて植え付けるか、春または秋に種をまいて育てます。いずれも開花は翌年になりますが、室内で1〜2月に冬まきすると、年内に開花します。

水はけを好むので左記パーライト入り用土に種をまきます。覆土はせず、手で軽く押さえて土と密着させ、鉢底から吸水させます。普通5〜6日で発芽しますが、条件によっては時間がかかります。本葉2〜3枚で赤玉土5・ピートモスまたは腐葉土3・パーライト2の用土を使い7.5cmポットに上げます。

定植と管理

冬まき苗は徐々に寒さに慣らしてから、5月上旬に日当たり、水はけの良い所に株間20cmで植え付けます。秋まき苗は、暖地では10月、根が回ったら早めに植え付けます。

幼苗はやや寒さに弱いので、寒い地方では9cmポットに植え替え、北風の当たらない軒下に置いて冬越しさせます。夏の暑さと乾燥に弱いので、コンテナは夏の間は西日が当たらず半日陰になるようなところに移動して、花ガラは早めに摘み、種をつけないようにします。花後に採種したり、5〜6月の挿し芽や10月または3月の株分けで増やします。

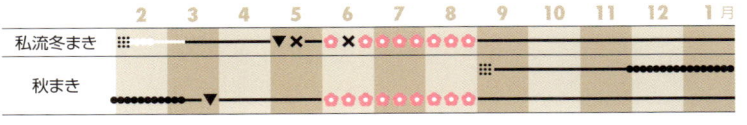

冬　11月中旬〜2月中旬

キク科　春まき一年草・宿根草　　　　別名★マツカサギク

ルドベキア

● 大型の宿根草は春まきし翌年開花
● 花後に切り詰めて長く楽しむ

原産地：北アメリカ	
花期：6〜9月	草丈：30〜100cm
花色：● ●	
用途：壇 コ 切	日照：☼
土：乾	
耐寒性：強（宿根草）	耐暑性：強
発芽温度：20〜25℃	
発芽日数：4〜5日	
覆土：2mm	肥料：少なめ
播種用土：赤玉土4・バーミキュライト4・パーライト2	

夏の暑さに強く育てやすい花です。一年草には大型で蛇の目模様の花のグロリオサデージー、草丈30〜40cmで多花性のトトシリーズや八重咲きのゴルディロックなどがあります。宿根草には花期の長いタカオやユニークな花芯のグリーンウィザードなどがあります。仲間のオオハンゴンソウは特定外来生物のため栽培が禁止されています。

育苗法

一年草と小型の宿根草は、春にまくと年内に開花します。発芽温度が高いので戸外での種まきは4月中旬以降ですが、私は6月から咲かせたいので2月中旬に暖房した室内でまきます。

発芽後はよく日に当て、乾き気味に育て、本葉2〜3枚で基本用土2を使い、6cmポットに移植します。徐々に寒さにならして、3月下旬には外に出し、鉢底から根が見えてきたら9cmポットに植え替えます。大型のグリーンウィザードは大株に育てないと開花しにくいので、私は春にまいて10月に定植し、翌年に開花させます。

秋まきもできますが、幼苗はやや寒さに弱いので防寒が必要です。

定植と管理

5月中旬に株間20〜30cmで定植します。乾き気味の場所を選び、堆肥や乾燥牛糞を混ぜておきます。ひととおり咲いたら種ができないうちに切り詰め、化成肥料を茶さじ1杯程度追肥すると、わき芽が伸び、再び開花します。

宿根草は3〜4月か10月に株分けもできますが、短命なので一年草同様、種を採って増やします。

⋮⋮⋮ タネまき　▼ 植付け　✕ 挿し芽　◆ 株分け　● 掘り上げ　▽ 発芽　○ 開花期　■ 暖房した室内で開花

99

私の好きな山野草

私の家から車で15分も行くと、もうそこは吾妻連峰の山の中です。毎年、山の花を見に行くのも私の大きな楽しみのひとつです。ブナ林に群生するカタクリや湿原の花々の美しさ、岩場に健気に咲く花たちを見るにつけ、山の花は山に会いに行くのが一番と思わされます。でも、その楚々とした風情は園芸品種にはない魅力があり、庭に植えて楽しみたくなります。

しかし、高山に自生するものは冬が寒く夏は涼しい気候を好むので、夏の暑さで弱ってしまい、庭植えには向かない品種がほとんどです。またショウジョウバカマのように暖かい地方では花付きが悪くなったり花色が薄くなってしまうものや、ソバナのように1メートル以上に草丈が伸びてしまい、野草らしい風情がなくなってしまうものも少なくありません。

下の表は、従来から庭木の根締めや草もの盆栽などの素材として愛好され、園芸店で入手しやすく、園芸用に育てやすいように改良された山野草です。また、種から育てると、比較的その地域の気候に順応しやすいので、種まきもおすすめです。気むずかしい山野草も、植えた場所が気に入ればあまり手もかからずよく増えます。2～3年は植え放しにするので、それぞれの性質に合った植え付け場所を選ぶことが一番大切です。

ヤナギラン

白マツモトセンノウ

チョウジソウ

庭植えもできる育てやすい山野草

適地	山野草	
日当たりの良い所	●アキチョウジ	●ツリガネニンジン
	●イカリソウ	●ホタルブクロ
	●オダマキ	●マツムシソウ
	●リンドウ	●ノコンギク
	●ソバナ	●ワレモコウ
	●サワギキョウ	●フウロソウ
	●ヒメシャガ	●コンロンソウ
	●タツナミソウ	●ヤナギラン
開花までは日が当たり、その後は半日陰の所（落葉樹の下など）	●セツブンソウ	●マイズルソウ
	●フクジュソウ	●シラユキゲシ
	●カタクリ	●タイツリソウ（ケマンソウ）
	●イチリンソウ	●フウロソウ
	●バイモ	●ラショウモンカズラ
	●ユキワリソウ	●チョウジソウ
	●エンレイソウ	●ハンゲショウ
	●ショウジョウバカマ	●レンゲショウマ
	●エビネ	●ヤマブキソウ
	●サクラソウ	
半日陰の所	●センノウ	●ヒトリシズカ
	●ガンピ	●ギボウシ
	●ホトトギス	

種から育てる基礎知識

苗作りや育て方の工夫、ポイントを作業別にまとめました。

PART 2

1 草花の種類と種まき適期

種まき適期は草花によって違います。また地域の気候によっても違います。草花はその育ち方から、一年草（春まきと秋まき）、二年草、宿根草（多年草）、球根（多年草）に分類できますが、それぞれの性質から、種まき適期を考えてみます。

❶一年草

種をまいてから1年以内に開花して枯れる草花を一年草といいます。

●春まき一年草

発芽温度、生育温度が高く、日が短くなると開花しやすくなる性質[注1]のものが多い草花です。亜熱帯原産が多く、暑さに強く寒さに弱いものがほとんどです。種まき期間が早春から初夏までと長いので、時期をずらしてまいて長く花を楽しめる種類もたくさんあります[注2]。また、温室や室内で保温すれば、冬から早春の早まきもできます。

●秋まき一年草

秋に種をまいて苗で冬を過ごし、日が長くなると花芽ができ[注3]、春に開花します。ヨーロッパや北アメリカなど温帯地域の草花が多く、寒さに強く暑さに弱いものがほとんどです。

一般に発芽温度が低いので、秋に早まきすると温度が高すぎて発芽しないことがあります。反対に遅まきすると大きくならないうちに寒くなり、露地では冬越ししにくくなります。種まきに適した期間が短いので、適期を逃さず種をまくことが大切です。

秋まき一年草の中で寒さにやや弱いものは、「寒冷地・寒地では春まき」がすすめられています。しかし、春まきすると開花が遅れ、夏が暑いところでは開花期間が短くなり、花も貧弱になります。夏が暑くなるところでは秋まき一年草は秋にまき、フレームや室内などに入れて冬越しさせ、春に植え付けたほうがよいでしょう[注4]。

❷二年草

種まきから開花まで1年以上かかり、開花後枯れる草花です。フウリンソウ、ジギタリス、ホリホックなどがありますが、種類は多くありません。

花芽は一定の大きさに育った株が冬の寒さにあうとできます。前年の春に種をまいて寒くなるまでに大きな株に育てておかないと、翌年に咲きません。たとえば、ジギタリスは初霜までに本葉3枚以上、カンパニュラは5枚以上に育てないと翌年に咲きません。また、寒くならない沖縄などでは咲きません。夏越ししにくいものが多く、生育期間が長いため作りにくかったのですが、最近は秋に種をまいても翌春開花する秋まき一年草タイプのものが育成されて作りやすくなりました。

❸宿根草

一度植えると地上部は枯れても地下部が枯れずに生き残るものと、地上部も枯れずに常緑で冬越しして何年間も生育する植物を、宿根草または多年草と言います。

注1 ● 短日性といい、日が短くならないと花芽ができない。外灯の下など夜間明るい場所では開花が遅れたり、咲かないことがある。

注2 ● 種まき時期をずらして長く咲かせたい草花…アサガオ、ヒマワリ、マリーゴールド、ナスタチウムなど。

注3 ● 長日性という。四季の変化がない熱帯などが原産のものは、日の長さの変化に関係なく花芽ができる。

注4 ● 秋まき一年草でも、暑さに強いナデシコ類、ラバテラ、ホリホック（一年草タイプ）、バーベナ、キンギョソウなどは春まきでも見事に咲く。

●種まきから開花までの期間が違う

　下の表のように、春にまいてその年から咲くもの（熱帯原産の宿根草など）、秋にまいて翌年から咲くもの、春（5～6月）にまいても開花は翌年以降になるものとがあります。なかには発芽から開花まで数年かかるものもあります。

　また野生種に近いものほど休眠性が強く、種まきから発芽まで（発芽日数）が、数カ月から1～2年もかかるものもあります。宿根草は、株分け、挿し芽でよく増えます。苗を購入し、挿し芽で増やす方法もおすすめです。

●暑さに弱く夏越しが難しいものが多い

　原産地の気候が日本の気候に似ているものは、寒さにも暑さにも強いので育てやすく、3～4年は植え放しで楽しめます。しかし、夏期冷涼な気候のヨーロッパなどが原産のものは、日本では夏越しが難しいため、寒地や高冷地以外では一・二年草として扱われています。また原産地が熱帯で寒さに弱く、露地での冬越しが難しいものも一・二年草として扱われています。

❹球根

　根や茎、葉の部分に養分を貯えた球根をつくり、乾燥、高温、低温などの過酷な環境となる時期を休眠して過ごす多年草です。

　春植え球根は、冬の間乾燥する地域や熱帯が原産地で、春に植え付けて春から夏に開花し、秋に地上部が枯れて冬期は休眠します。

宿根草の種まきから開花までの期間

春にまけばその年から開花するもの	ヘレニウム、ディアスキア、宿根サルビア（一部）、オキシペタラム・ケウレウム、ルドベキア、ガウラ、バーバスカムなど
秋にまいて翌年から開花するもの	セラスチューム、オーブリエチア、アレナリア・モンタナ、デルフィニウム、カタナンケ、セキチク、リシマキア、ペレニアル・フラックス、ヘアーベル、ルピナス、カンパニュラ・パーシシフォリアなど
春にまいても、開花が翌年以降になるもの	ケマンソウ、アストランティア、ペンステモンの一部、ベロニカ、ムラサキセンダイハギ、ゲラニウム、スカビオサ・コーカシカ、アルケミラモリスなど

一・二年草として扱われている宿根草

夏越ししにくい宿根草	アレナリアモンタナ、エリゲロン（高性種）、オーブリエチア、カタナンケ、カンパニュラ・パーシシフォリア、ジギタリス（一部）、スィートアリッサム、スカビオサ（コーカシカ）、セラスチューム、チェイランサス、ディアスキア、デルフィニウム、フランネルソウ、ヘスペリス　ルピナスなど
冬越ししにくい宿根草	インパチェンス、ペチュニアなど

秋植え球根と春植え球根

秋植え球根	アネモネ、アリウム、イキシオリリオン、エランティス、エリスロニウム、オキザリス、オーニソガラム、カマシア、球根アイリス、クロッカス、シラー、スイセン、スノードロップ、スノーフレーク、チオノドクサ、チューリップ、ハナニラ、ヒアシンス、ヒメヒオウギ、フリージア、フリチラリア、ムスカリ、ユリ、ラナンキュラスなど
春植え球根	アマリリス、カラー、カンナ、グラジオラス、グロリオサ、サンダーソニア、ゼフィランサス、ダリア、チューベローズ、ヒメノカリス、モントブレチア、ユーチャリスなど

2 種や苗の入手法

種の購入法

種はほとんど種苗会社のカタログで注文しています。下の表のような種苗メーカーの会員になり、春と秋に送られてくるカタログを見て申し込みます。最近ではインターネット通販も多くなりました。人気の新品種などは、早く申し込まないとすぐ売り切れてしまいます。

種は花色がミックスされていない単色のものを買うようにしています。苗のときに花色がはっきりしていないと、花壇や寄せ植えに配色を考えて植えられないからです。

園芸店などで買うときは、シーズンごとに商品を入れ替えている管理の行き届いた店へ行きます。長い間日向に並べてあったような種は、発芽率が悪くなります。購入した種は乾燥剤とともに缶に入れ、冷蔵庫の野菜室や暗く涼しいところで保管します。

苗の購入法

種が入手しにくい新しい品種や、発芽が難しかったり育苗の期間が長い宿根草は、苗から育てます。また、挿し芽が容易な草花[注1]は、種から育てるより購入苗をもとに挿し芽で増やすと、手軽で簡単です。

苗も種苗メーカーのカタログを見て早めに注文すると、その地域の植え付け適期に送られてきます。園芸店やホームセンターで買う場合は、葉色が鮮やかでわき芽の多い締まった株で、下葉が黄ばんでいないものを選びます。温室で加温して早く咲かせた開花苗は避けます。急に戸外に出すと寒さで傷んだり、時には枯れてしまうことがあるからです。

最近では、連結ポット（プラグトレー）に植えられた小さい苗が売られています。ちょっと寂しい気もしますが、このような幼苗のほうが開花は遅くなりますが、開花苗よりも根がよく張り、わき芽も多くなり株持ちも花つきも良くなります。

また、パンジーの開花苗は気温が高いときに植えると徒長してしまい、本格的な寒さが来ると葉が傷んで枯れることもあります。しかし、遅すぎると根がしっかり張る前に寒くなってしまうので、10月中旬～11月下旬ころまでに植え付け、十分に根を張らせてしっかりとした株を作ることがポイントです。適期を逃したときは、早春に苗を買って定植したほうが確実です。

注1 ●マリーゴールド、アゲラタム、インパチェンス、ポーチュラカ、バーベナ、ミムラスなど。

種の入手先

業者名	住所／ホームページ		電話
タキイ種苗㈱ 直売部	〒600-8686 京都市下京区梅小路通猪熊東入南夷町180	http://www.takii.co.jp	075-365-0123
㈱サカタのタネ 通信販売部	〒224-0041 横浜市都筑区仲町台2-7-1	http://www.sakataseed.co.jp	045-945-8800
㈱国華園	〒594-1125 大阪府和泉市善正町10番	http://www.kokkaen.co.jp	0725-92-2737
㈱太田種苗（おおたねっと）	〒523-0063 滋賀県近江八幡市十王町336	http://www.otaseed.co.jp	0748-34-8075

イギリスの種苗会社

Thompson & Morgan	http://www.thompson-morgan.com
Plants of Distinction	http://www.plantsofdistinction.co.uk
Chiltern Seeds	http://www.chilternseeds.co.uk

3 種まきの基本

播種用土は水はけが良く、清潔なものを

　発芽から幼苗期は、立枯れ病などが発生しやすいので、病原菌や害虫のいない清潔な新しい土を使います。とくに、雑菌が繁殖しやすい夏場や室内まきの用土は無菌用土が決め手です。堆肥や腐葉土は雑菌が多いので、丈夫な草花以外は避けます。とくに雑菌が繁殖しやすい夏は禁物です。

　種は水と酸素を吸って発芽に適した温度になると休眠から覚め、根や芽を伸ばし始めます。しかし発芽して葉を開く前に乾ききったり、過湿になって酸素不足になると、伸び始めた幼根や幼芽が枯死してしまいます。発芽まで適度な湿り気を保つことが重要です。そのために播種用土は細かな粒状で保水性と排水性が良く、弱酸性または中性であることが条件です。また、播種用土には、肥料は入れません。

　私は草花によって播種用土を下の表のように使い分けています。基本用土は、赤玉土細粒に、腐葉土の替わりのバーミキュライトと、中性で通気性の良いパーライトを混ぜています。バーミキュライトは無菌で、弱アルカリ性なので酸度矯正にもなります(注1)。

　バーミキュライト単用の場合は、水もちが大変良いので、やや乾き気味に管理します。フッと息を吹き、バーミキュライトが動くくらいまで乾いてから水やりをするのがコツです。また、バーミキュライトは光を通すので、好光性種子の覆土にも使えます。

床まき（鉢まき）で早めに鉢上げ

　種のまき方には、直まき、ポットまき、床まきとがあります。花壇やコンテナに直接まく直まきは、直根性だったり根の再生力が弱いために移植を嫌う草花(注2)、あるいは発芽しやすく強健な草花に適しています。発芽後に間引いて育てます。

　ポットまきは、直まきと同様、移植を嫌う草花向きで、ポリポットにまいて間引き、根がまわったら根鉢ごと植え付けます。

　床まきは、育苗箱（箱まき）や鉢（鉢まき）などにまいて、本葉2〜4枚になったら、ポリポットに移植（鉢上げ）して育てる方法です。

　直まきに比べて花壇を有効に利用でき、しかも場所を取らず移動もでき、目がよく行き届くので、私は移植を嫌う草花も鉢まきにしています。本葉1〜2枚の小苗のうちに、根を傷めないよう鉢上げすれば心配ありません。

移植を嫌う草花

直まき（点まき）
ポットまき

ほとんどの草花

床まき（育苗箱）
（すじまき）
鉢まき（バラまき）
↓
本葉2、3枚で鉢上げ

私の播種用土

草花	赤玉土	腐葉土	バーミキュライト	パーライト	鹿沼土	軽石砂	
発芽しやすく丈夫な草花	10						水もちが良く簡便
大きい種や丈夫な草花	6	4					ポットまきの用土
ほとんどの草花の基本用土	4		4	2			基本用土
ごく細かい種	5		5				水もちが良い
夏まきや冬の室内まき			10				無菌で水もちが良い
発芽日数の長い草花	4				4	2	排水性が持続する

注1●ピートモスは酸性で吸水しにくく、軽いので底面給水すると浮き上がってしまう欠点がある。

注2●移植を嫌う草花
アサガオ、オキシペタルム、カリフォルニアポピー、クレオメ、コスモス、シノグロッサム、シャーレーポピー、スイートピー、セリンセ、チェイランサス、チドリソウ、デルフィニウム、ナスタチウム、ニゲラ、ハツユキソウ、ヒマワリ、ベニバナアマ、ペレニアルフラックス、ネモフィラ、ユウガオ、ルピナス他。

厚めにまいたパンジー

注1●3号鉢にパンジーは30粒、ロベリアは100粒が目安。細かい種は砂と混ぜてバラまくと、比較的均一にまけます。

好光性種子
キンギョソウ、ペチュニア、ベゴニア、コリウス、プリムラ、ジギタリス、アクレギア、アゲラタム、アルメリア、インパチェンス、エキザカム、ガーベラ、グロキシニア、シネラリア、シャスターデージー、ダリア、デージー、トルコギキョウ、ユーフォルビアなど

嫌光性種子
アマランサス、ガザニア、ナスタチウム、カリフォルニアポピー、シクラメン、シザンサス、チドリソウ、デルフィニウム、ニゲラ、ニチニチソウ、ワスレナグサなど

用土は浅く入れ乾きやすくする

　発芽するまでは乾かさないことが大切ですが、発芽後はよく日に当て、用土を乾き気味に育てることがコツです。そのためには、用土は5cm前後に浅く入れます。深い鉢にまく場合は鉢底に軽石を入れ、水はけを良くします。水抜き穴を開けたイチゴのパックなども使えます。

用土を平らにならし種を密着させる

　まき方にはバラまき、点まき、すじまきがありますが、私は場所の都合もあって、ほとんど鉢に、やや厚めにバラまきでまいています(注1)。そのかわりほとんど小苗のうちに鉢上げします。密にまいたほうが、競って発芽し、用土も乾きやすくなります。

　種が吸水するには、用土と種を密着させる必要があるので、まず平らにならします。点まきの場合は底の平らなビンなどで、まくところに押し付けて鎮圧してからまきます。また基本用土に細かな種をまき、覆土を極薄くする場合は、上層部にバーミキュライトを多く混ぜるとよく密着し、乾きにくくなります。

好光性種子は覆土せず

　通常、覆土は種が隠れる程度にしますが、大粒の種（アサガオ、ヒマワリ、オシロイバナ、クレオメ、ホウセンカ、スイートピー、ルピナスなど）は、種の厚みの3倍くらいに覆土をします。覆土してから土と密着するよう、手のひらやビンの底などで軽く押さえます。

　発芽に光が必要な好光性種子やごく細かい微細種子（ロベリア、トレニアなど）には、覆土はしません。覆土する場合は光を通すバーミキュライトを細かくし、種がやっと隠れるくらいにかけます。バーミキュラ

用土を乾き気味にするポイント

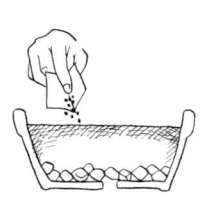

1 種は厚めにバラまきする（土は5センチ前後と浅めに）

2 発芽後はよく日に当て、表土が白く乾いてから水やり

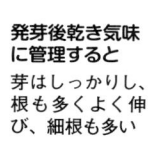

発芽後乾き気味に管理すると
芽はしっかりし、根も多くよく伸び、細根も多い

発芽後多湿気味に管理すると
芽は細く、根も少なく短い

嫌光性種子の種まき

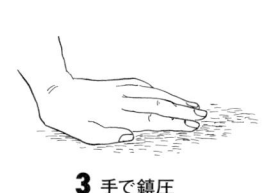

蒔き床を平らにしてまく

1 種をまく

ざるで5～7ミリ覆土

2 覆土する

3 手で鎮圧

4 水やり

イトを覆土すると、表面にまいた種が乾きにくくなり、発芽しやすくなります。

好光性種子といっても直射日光に当てると地温が上がりすぎてしまうので、発芽するまでは日陰程度の光で十分です。反対に嫌光性種子は5～7mmと厚めにしっかりと覆土します。

微細種子・好光性種子は底面給水

しっかり覆土した大きい種は、ジョウロで最初は表面が湿る程度に水をかけ、落ち着いてから2～3回に分けて鉢底から流れ出るまでかけます。

覆土が薄い小さい種や覆土しない好光性種子は、鉢受け皿や洗面器に水を入れ、鉢底から吸水させます（底面給水）。発芽するまで鉢受け皿に水を入れて底面給水しておく方法もありますが、過湿になる心配があるので、私は夏まき以外はしません。上面までよく吸水したら、受け皿の水は流しておきます。

発芽まで日陰に置き、乾かさず過湿にしない

まき終わったら、ラベルに草花名、花色、播種日などを書き込んで鉢に差し込んでおきます。発芽するまでは、乾かさず、過湿にしないことが重要です。好光性種子でも光はあまり必要ないので、発芽までは雨のかからない日陰に置きます。私は室内ではビニールをかけてほこりや乾燥を防ぎますが、戸外では発芽を見逃さないように覆いはしません。

草花によって違う発芽日数

草花によって、それぞれ播種から発芽に要する発芽日数が違います。一般的な一、二年草は3日から1カ月くらいですが、山野草や宿根草の中には発芽まで1～2カ月、長いものでは1年以上かかるものもあります。その間は水を切らさないように注意します。

私は、発芽日数から10日以上過ぎても発芽の気配のないときは、まき直します。しかし、山野草などは1年くらい待つこともしばしばです。

発芽後は日当たりに置き、乾き気味に管理

発芽したら日の当たるところに移し、よく日に当て、今度は乾き気味に管理します。水は赤玉土が乾いて白っぽくなるまで待って、たっぷりかけます。芽の小さいものはジョウロでかけると用土に芽がはりついてしまうので、底面給水します。また、種まき用土には肥料分がないので、発芽後から鉢上げまで、7～10日に1回液肥を与えます。長雨や天候不順で鉢土が乾きにくい時は、規定希釈率の2倍に薄くして乾いたら与えます。

発芽日数	草花名
3～6日	アスター、アグロステンマ、カリフォルニアポピー、キンギョソウ、コスモス、ジニア、シレネ、スイートアリッサム、ストック、ナデシコ、カレンジュラ、マリーゴールド
7～14日	インパチェンス、アークトティス、エリゲロン、トレニア、クリサンセマム・パルドーサム、ロベリア、ポピー、ニコチアナ、パンジー、アゲラタム、ガイラルディア
15～21日	ガウラ、カタナンケ、カンパニュラ、デルフィニウム、ニーレンベルギア、アクレギア
21～30日	アレナリアモンタナ、アドニス
30日以上	アルケミラモリス、ゲラニウム、アストランティア

微細種子・好光性種子の種まき

1 平らにしてから種まきをする

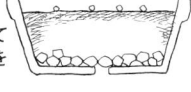

2 覆土せず、てのひらで軽く押さえる（バーミキュライトを少しまいてもよい）

3 底面給水させる

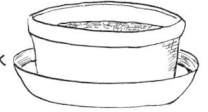

4 雨の当たらない日陰で発芽させる

6 用土の作り方

　良い用土の条件は排水性、保水性、通気性、保肥性が良いこと、病原菌や害虫がいないこと、肥料分が少ないこと、弱酸性から中性であることです。とくに排水性、通気性が良く乾きやすいことが重要です。酸素不足になると根腐れしやすいからです。市販の培養土はこれらの条件に適っていますが、手作りして植物の性質に応じて使い分けることもできます。

基本用土を作り、使い分ける

　用土は、その草花に合ったものを使い、苗の鉢上げから最後まで変えないことが原則です。しかし、それぞれの草花ごとに配合していたのでは煩雑なので、私はあらかじめ下の表のように、3種類の基本用土を作っています。

　より水はけを好む草花には、基本用土1、2にパーライト、川砂、軽石砂などを1割程度混ぜて使います。乾き気味土壌を好む草花は、基本用土2と基本用土3を等量混合したり、水はけを好み酸性を嫌うものは、基本用土1と基本用土3を等量混ぜて使います。

　用土を使う前に元肥としてマグアンプKなど緩効性肥料を、用土1ℓ当たり6g混ぜておきます。

主な用土の種類と特性

　配合する主な用土には下記のような種類がありますが、配合の目安は、土用土5～6割、植物性用土3～4割、調整用土1～2割です。

私の育苗用土

基本用土	赤玉土	腐葉土	ピートモス	クンタン	バーミキュライト	鹿沼土	軽石砂
基本用土1	5	3	(3)	1	1		
対象草花：微酸性からアルカリ性を好む草花と、ほとんどの秋まき一年草							
基本用土2	6	4	(4)				
対象草花：弱酸性を好む春まき一年草							
基本用土3						5	5
対象草花：生育期間が長い山野草や根腐れしやすい球根類							

（　）は腐葉土の代わりに使う場合

主な用土の種類と特性

土用土	赤玉土	弱酸性で、保水性、排水性、保肥性が良く培養土の基本用土。大粒、中粒、小粒があるが主に小粒を使う。大粒は鉢底に入れると排水性、通気性が良くなる。乾くと白っぽくなるので水やりの目安となる。
	鹿沼土	酸性で、多孔質、粒状。通気性、排水性、保水性が良いので、単用で挿し芽用土に使うほか、水はけをより好む草花の用土に加える。
植物性用土	腐葉土	落ち葉を腐らせたもの。通気性、排水性が良く、保肥力があり、配合土を作るとき3割くらい混ぜあわせて使う。未完熟なものや松葉や枝の混じった粗悪なものは避ける。
	ピートモス	水ゴケが堆積して泥炭化したもの。保水性、通気性が良い。酸性なので石灰かクンタンと混ぜる。水に浮き、乾くと吸水しにくくなるのが欠点。用土に混ぜるときは、湿らせてから混ぜる。
	乾燥牛糞	牛糞を発酵させて高温で乾燥させたもの。土を柔らかくし、保肥力を高める。用土に1割程度混ぜて使うほか、花壇の土壌改良のため、堆肥や腐葉土と同じように使う。
調整用土	バーミキュライト	焼成珪石を高温処理して作った人工土。無菌で排水性、通気性、保水性が良く軽い。製品により弱アルカリ性のものと弱酸性のものとがあるので注意。単用で播種用土、挿し芽用土になる。光を通すので好光性種子の覆土、軽いのでハンギングバスケット用土にも使う。
	パーライト	火山岩を高温処理して作った多孔質の人工土。中性で軽く、保水性、排水性が良い。ピートモスを3割くらい混ぜて、挿し芽用土に使ったり、用土を軽くするために混ぜる。
	クンタン	モミガラを炭化したもの。通気性が良く、アルカリ性で酸性土を中和させたり、酸性を嫌う草花の用土に1～2割混ぜる。カリやリンサンも含まれる。
	軽石砂	大・中・小粒があり、用土には小粒を使う。用土に混ぜると水はけが長期間良くなり、地温が上がりにくくなるので、暑さに弱い草花の用土に1～3割混ぜる。

7 鉢上げ後の管理

葉がふれあうようになったら鉢上げ

　発芽した苗が本葉を伸ばし葉がふれ合うようになると、日当たりが悪くなり、徒長してもやしのようになってしまいます。立枯れ病も発生しやすくなります。発芽後は日当たりを維持することがもっとも重要です。

　そこで、普通は本葉2～4枚のころに移植をします。密に発芽したときは、とくに早めに移植します。浅い箱に4～7cmの間隔で仮植えするか、6cmのポットに1本ずつ鉢上げします。深植えにならないよう、今までの地際が用土面になるようにていねいに移植します。

移植を嫌う草花は本葉1～2枚で鉢上げ

　移植を嫌う草花は直まきかポットまきが原則ですが、床まきして鉢上げをする場合は、根が傷まないように本葉1～2枚のときに、早めに1本ずつ鉢上げします。鉢を静かにひっくり返して用土ごと取り出し、少しずつ土を落とすと根が傷みません。

　鉢上げ後、水やりをします。小さい苗はジョウロだと水圧で倒れやすいので注意します。心配なときは、ポットを容器に並べ底面給水させます。数日は雨のかからない日陰に置き、その後、日なたでよく日に当て、土の表面が乾いてきたらたっぷり水やりします。

小さなポットから大きなポットに鉢替え

　鉢上げは小さい6cmポットを選びます。小さなポットのほうがポット全体に空気が入りやすく、乾きやすいからです。いきなり大きなポットに植えると、根は比較的乾いて空気の多いポットの外周部だけに張りめぐってしまいます。そのために、中心部がますます乾きにくくなり、根が張らず、根腐れになりやすくなります。ほとんどの苗は乾きにはわりと強いですが、過湿には弱いのです。

　鉢上げから約1カ月後、根が十分に張って、ポットの底から根が見えてきたら、定植するか、一回り大きい7.5cmポットに鉢替えします。

　植え替えないと根が鉢の中でいっぱいになり「根詰まり」状態になります。そうなると、水が全体にしみこまず、根は酸素不足になって根腐れになりやすくなり、苗は老化してきます。老化苗は植え付けても活着しにくく、生育も悪くなります。

　植え替えは普通1回ですが、花壇にまだ他の草花が植えてあるときや花色を確かめてから植え付けるときは、一回り大きい9cmポットに植え替えます。

移植を嫌う花の鉢上げ

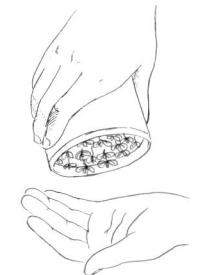

1 静かに逆さにして用土ごと抜き取る

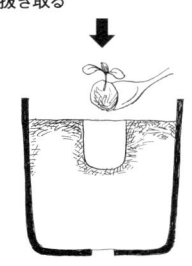

2 用土に植え穴を開けて、根をまっすぐに入れて埋める

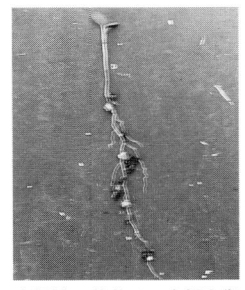

直根性の草花は、直根を傷めないように早めに鉢上げ

鉢替え

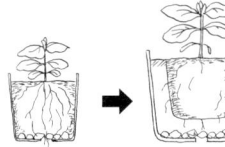

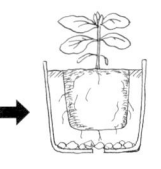

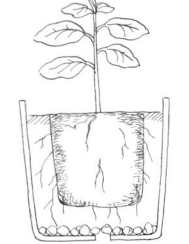

6cmポット → 7.5cmポット → 9cmポット

最初から大きなポットに鉢上げすると、中心に根が張らない

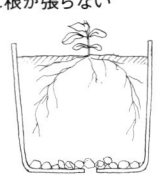

鉢替えしないと根詰まりして根が老化

3～4本ずつ
はなして鉢上げ

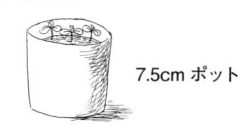

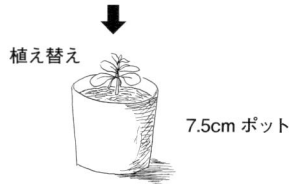

7.5cmポット

↓

植え替え

7.5cmポット

摘芯

↓

・枝数が増え、花数が多くなる
・コンパクトな草姿になる

注1●
◆枝数を増やすために摘芯
アゲラタム（高性種）、アサリナ、アナガリス、イソトマ（挿し芽苗）、キク、キンギョソウ（高性種）、コリウス、サルビア、ジニア、宿根サルビア、宿根リナリア、スイートピー、ダリア、トレニア、ナスタチウム、ニチニチソウ、ノラナ、バーベナ、ファセリアカンパニュラリア、フクシア（挿し芽苗）、ブルーデージー（挿し芽苗）、マリーゴールド、ロベリア
◆花穂を増やすために摘芯
オキシペタルム、キキョウ、宿根フロックス、フウリンソウ、ペンステモン
◆草丈を抑えるために摘芯
アキレアプタルミカ、アルテミシア、宿根サルビア、ユーパトリウム

数本植えの鉢上げもおすすめ

　私は、苗数を多く作る草花は、苗を置く場所に限りがあるので、7.5cmポットに3～4本ずつ移植しています。そして葉がふれあってきたら1本ずつに植え替えます。

　苗は数本を一緒に植えると競い合って生長し、用土も乾きやすくなるので、案外生育は良いようです。また室内で冬越しさせる苗も省スペースにするために2～5本ずつ植えています。冬の間は生長が遅いのでそのまま育て、暖かくなる2月末から3月に1本ずつに植え替え、新根を張らせて植え付けます。

こんな草花は育苗中に摘芯

　わき芽が出にくい草花[注1]は、本葉5～8枚の育苗中に2～3節残して手で折り取るかハサミで切り取り、摘芯します。摘芯をすると枝数が増え、がっちりとした株に育ち、花つきも良くなります。また花穂を増やしたり草丈を抑えるためにも摘芯します。一方、自然に分枝する草花や一本の花穂を出す草花は摘芯しません。

肥料は控えめに草花の特性に合わせて

　肥料不足になると葉色が悪くなったり花数も少なくなりますが、あまり多すぎるのもよくありません。とくにチッソ分が多いと軟弱に育ち、病害虫も発生しやすくなります。

　肥料の好みは草花によっても違い、野草に近い宿根草やマメ科の草花やアゲラタム、ナスタチウムなどは、多肥にすると葉ばかり茂ってしまい、花つきが悪くなります。

月に1回緩効性大粒化成を置肥

　移植用土には半年間効き目のある緩効性化成肥料（マグアンプKなど）を用土1ℓに6g混ぜます。移植後10日から2週間くらいから、大粒化成肥料を月に1回置肥します。6cmポットで2粒、7.5cmポットで4粒、9cmポットで5粒を目安に、ポットの縁に押し込みます。多肥にすると花つきが悪くなる草花は、1回目は同様に与え、次からは少なめにします。また、生長が鈍化、停止する冬は、肥料は無用で、水も少なめにします。

大粒化成肥料を6cmポットに2粒置肥

置き肥

主な肥料と特性

	肥料名	N%	P%	K%	肥効	時期	備考
有機肥料	発酵油粕	4	6	2	2カ月	元肥	穏やかに効き、宿根草の元肥、追肥に
	花咲く肥料	1.5	9	4.5	2カ月	追肥	
緩効性化成肥料	マグアンプK	6	40	6	1年	元肥	用土に混ぜる
	IB化成大粒	10	15	10	4カ月	追肥	ポット、鉢、コンテナに置肥
速効化成	普通化成	8	8	8	2週間	追肥	切戻し後の追肥に
液肥	ハイポネックス	5	10	5	1週間	追肥	開花中の追肥
	粉末ハイポネックス	6.5	6	19	1週間	追肥	カリが多く育苗中の追肥に

8 挿し芽育苗

こんな草花は挿し芽で苗つくり

茎が伸びる草花なら、ほとんどのものは挿し芽ができます。挿し芽苗は、親と同じ花が咲き、育苗期間が短く早く開花します。私は以下のようなときに挿し芽苗をつくっています。

❶種のできない品種や株分けの難しい宿根草

アクレギア、キキョウ、マーガレット、宿根ダイアンサスなど。

❷種まきよりも挿し芽のほうが容易な草花

挿し芽が容易で、たくさんの苗をつくりたい草花。マリーゴールド、インパチェンス、サルビア類、バーベナなど(注1)。

❸すぐに咲く苗がほしいとき

種まきから開花まで育苗日数のかかるアゲラタムなどの宿根草は、開花株を購入し、わき芽を挿すと、すぐに咲く苗になります。宿根草は挿し芽苗で株を更新すると若返ります。

❹暑さに弱い草花は挿し芽苗で夏越し

暑さに弱く夏越しが難しい宿根草は、5〜6月に挿し芽をしたポット苗を涼しい場所に置いて、夏越しさせます(注2)。

❺寒さに弱い草花は挿し芽苗で室内で冬越し

寒さに弱い宿根草は、9〜10月に挿し芽をして、室内で冬越しさせ、春にそれを親株にしてまた挿し芽をして増やします(注3)。

❻少しだけまいて挿し芽で増やす

寒さに弱いセリンセ・ナスタチウムなどは少量だけ室内で早まきして3月に必要なだけ挿し芽で増やします。

挿し芽育苗の手順

天ざしと茎ざしとがありますが、挿し穂に余裕があれば天ざしがおすすめです。挿し芽のポイントは、無菌で水はけが良く肥料分がない用土を選び、水やりは用土が乾くまで待ち、発根するまでは明るい日陰に置いて挿し穂を動かさないことです。

梅雨入り前の5〜6月と9月が適期ですが、暑さに強い草花は風通しを良くすれば夏挿しもできます。また、冬越しした苗は2月末になると新芽が伸び出すので、この新芽を3月に挿し芽し、暖房した室内のレースのカーテン越しの窓辺に置きます(注4)。

注1●そのほかの挿し芽が容易な草花
アルテミシア、クレマチス、キンギョソウ、ジニアリネアリス、宿根ネメシア、宿根フロックス、シロタエギク、セネシオレウコスタキス、トラディスカンチア、ナデシコ類、ニーレンベルギア、ベロニカ、ペンステモン、ベゴニア、モナルダ、ラミウムなど。

注2●挿し芽苗で夏越しさせる草花
アークトティス、アレナリアモンタナ、オーブリエチア、セラスチューム、宿根ビオラ、ディモルホセカ、フクシアなど。

注3●挿し芽苗で冬越しする草花
アゲラタム、インパチェンス、カーネーション、コリウス、サルビア類、ゼラニウム、ナスタチウム、ブルーデージー、ペチュニア、ルリマツリ、プレクトランサス、ヘリクリサムシルバー(オーレア)など。

注4●3月挿しする草花
インパチェンス、サルビア類、ヒメコリウス、ペチュニア類、バーベナ類、ブルーデージー、フクシア、ヘリクリサムシルバー(オーレア)、ラミウム、プレクトランサス、
3月に挿し芽をすると5月には植え付けができます。

挿し芽

1 木化していない充実した枝を選び、葉を3〜4枚つけて切

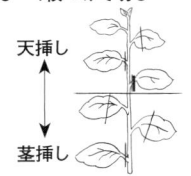

天挿し ↕ 茎挿し

2 葉を2〜3枚残し、節の下で切り戻す。葉は1/3にカット

3 1時間以上水揚げ

4 発根剤を切り口につける(発根しやすいアゲラタムなどは必要ない)

5 挿し芽し、水をかける棒で4〜5cmの深さに穴をあけ、挿し穂の1〜2節が埋まるように挿す

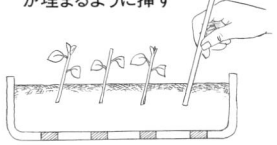

用土　バーミキュライト8・パーライト2

6 明るい日陰で3〜4週間育苗(水は用土表面が乾いてからかける)

9 秋まき苗の冬越し

私の5つの冬越し法

　冬が寒い寒冷地や寒地では、冬越しが悩みの種です。温室があればよいのですが、私は、それぞれの草花の耐寒性の程度から次ページの表のように5つの方法で冬越しさせています。

❶寒さに大変強い草花…秋早めに植え付け

　−10℃でも耐える草花は、寒さがくるまでに十分に育てて、しっかり根を張らせ、霜で根が浮き上がらないようにします。腐葉土などでマルチングをしてやると霜柱を防ぐことができます。

❷寒さに強いが葉が傷みやすい草花…ポット苗を覆いなしで冬越し

　寒さで葉が傷むのを防ぐため、種まきを少し遅らせて、小苗のポット苗を雨の当たらない屋外で冬越しさせます。

❸耐寒性が「中」で過湿に弱い草花…ビニールがけトロ箱で冬越し

　耐寒温度が−5℃くらいの草花は、こちらでは霜除けや保温が必要です。ビニールをかけてもあまり保温効果はありませんが、直接冷たい風が当たらず、雨や雪除けになるので、過湿に弱い草花によいようです。ビニールには必ず4カ所ほど穴をあけて、苗が蒸れないようにします。

❹耐寒性「弱」の草花…無暖房の室内で冬越し

　最低温度0℃度まで耐えられる草花は、無暖房の室内で育てます。

❺耐寒性「なし」の草花…暖房した室内で冬越し

　最低温度3℃以上の草花は、暖房した室内の窓辺で育てます。春先に2〜3週間は暖かい日中だけ屋外に出して寒さに慣らしてから、植え付けます。

耐寒性が「強」のクリムソンクローバーの苗

耐寒性が「弱」の
ロベリアの苗

1 耐寒性強

腐葉土

2 耐寒性強だが葉が傷みやすい

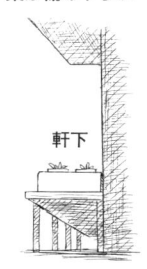

軒下

3 耐寒性中で過湿に弱い

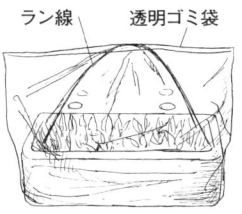

ラン線　透明ゴミ袋

頂部から10〜15cmに径5cmの穴を4カ所あけるビニールがけトロ箱（軒下で）

4 耐寒性弱…無暖房室内

5 耐寒性なし…暖房室内

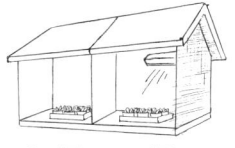

無暖房　暖房

冬越し中は肥料は無用、水も控える

冬期は生育が停止するか鈍化しますので、冬越し中は肥料は必要ありません。水もあまり吸収せず、寒い間は少し萎れるくらいでも案外枯れません。水を控えると植物体内の細胞液の濃度が高くなり、耐寒性が強くなります。葉も凍害で傷みにくくなります。

水やりは、比較的暖かい日が続くような時を見計らって、午前中（10時頃）に枯れない程度にします。とくに室内に入れる寒さに弱い草花は、過湿になると根腐れしやすいので少なめに与えます。

トロ箱積み重ね法による夜間保温

夜間の最低温度が−2〜3℃で昼間は5℃以上のときなら、図のようにポット苗をトロ箱に入れて日中は日に当て、夜間は南側の軒下の縁台にトロ箱を重ねて置き、寒さに強い草花を入れたトロ箱でふたをします。

こうすると外気が−2〜3℃になっても箱の中は保温されるので凍ることはありません。

私が室内で冬越しさせているロベリアは、2月下旬になると伸びだすので、ポット替えして屋外に出し、この方法で夜間保温して、寒さに慣らしてから本格的に屋外で育てています。

トロ箱積み重ね保温

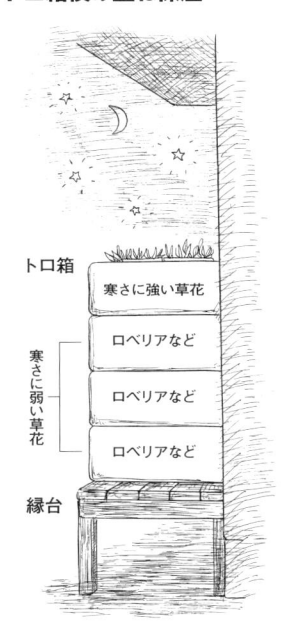

トロ箱　寒さに強い草花
ロベリアなど
寒さに弱い草花　ロベリアなど
ロベリアなど
縁台

冬越し草花の耐寒性と冬越し法

耐寒性	冬越し法	
強	秋早く植え十分に根を張らせ、露地で冬越し	アクレギア、カンパニュラ類、ビジョナデシコ、ヘスペリス、ポピー、ムラサキハナナ、ヤグルマソウ、ジギタリス、ワスレナグサ
強	ポットのまま雨の当たらない所で冬越し	クリムソンクローバー、シレネ、ポピー、アグロステンマ、ペレニアルフラックス
中	トロ箱にビニールをかけて屋外で冬越し	アサギリソウ、アレナリアモンタナ、オーブリエチア、ギリア、エリゲロン、キンギョソウ（幼苗）、カタナンケ、カレンジュラ、クレピス、ゲラニウム（幼苗）、スイートアリッサム、スカビオサ、セキチク、セラスチューム（苗）、宿根ネメシア、宿根アマ、シロタエギク、チェイランサス、ネモフィラ、リナリア、ノースポール、ラミウム、ビスカリア この方法で生存率50%以下のボーダーラインの草花…カリフォルニアポピー、イベリス、セリンセ、ヘリオフィラ
弱	無暖房の室内で冬越し（0℃以上）	アークトティス、アブチロン、オキザリス、クリサンセマムムルチコーレ、スワンリバーデージー、サルビア類、デルフィニウム（幼苗）、秋まき宿根草の幼苗、ニコチアナ、ヘリクリサムシルバー（オーレア）、ヒメヒオウギ、ファセリアカンパニュラリア、プリムラキューエンシス、フクシア、プレクトランサス、ヘリオフィラ、マーガレット、ランタナ、ロベリア
なし	暖房した室内で冬越し（3℃以上）	アンゲロニア、インパチェンス、コリウス、デュランタ、トラディスカンチア、ラン類

10 花壇の土作りと施肥

初夏と秋に土作り

　私は花壇がすく初夏と秋から晩秋に、堆肥や腐葉土、石灰を施して耕し、土作りをしています。春の花が終わる6月中下旬に一気に夏から秋の花に入れ替えるので、そのときに初夏の土作りをします。終わった花を掘り上げて1㎡当たり腐葉土をバケツ1杯（5ℓ）くらい土とよく混ぜます。このとき、石灰は混ぜません。長年石灰を混ぜていると石灰分が多くなり過ぎ、過剰障害が出ます。また夏の花は酸性を嫌うものが少ないので、必要がないからです。

　私は、翌春の花壇を左右する秋の土作りに一番力を入れています。花の終わったものから順次抜き取り、9月の下旬から11月上旬まで行ないます。株分けをする宿根草や植え放しの球根（スイセンを除く）は一時鉢植えにします。

　そして古い根や枯れ葉を除去してから、できるだけ深く30〜50cmは掘り、上部の土と下層の土を入れ替え、天地返しをします。その後、腐葉土や堆肥、牛糞を1㎡当たり5〜7ℓと苦土石灰を2握りまいて土とよく混ぜます（注1）。土作り後2〜3週間くらいたったところから、苗や球根を植え付けていきます。

定植前の元肥施肥

　私は秋に土作りを済ませていますが、春の植え付け前に土作りする場合は、少なくとも植え付けの2週間以上前に石灰を施して土になじませておきます。腐葉土や堆肥も1週間以上前に混ぜておきます。

　このとき肥料を腐葉土と一緒に混ぜてから施すと、肥持ちが良くなります。花壇の元肥には、効き目が穏やかな有機配合肥料や、効き目が長く続く緩効性化成肥料を使っています。宿根草には主に「花咲く肥料」などの有機配合肥料を1㎡当たり100g施しますが、宿根草は野生種に近いものが多く、丈夫でほとんどはやせ地でもよく育つので、肥料は少なくても構いません。

　オミナエシ、キキョウ、宿根フロックス、ヘメロカリスなどは肥料を与えすぎると花が咲かないことがあるので、元肥は与えません。様子を見てリン、カリ分の多い肥料を与えるか、花後に与えます。

　しかし、花期の長い一年草や四季咲きの宿根草（インパチェンス、ナデシコ、ペチュニア、宿根リナリア、クレマチス）は、肥料が少ないと花つきが悪くなるので、ＩＢ化成大粒などの緩効性化成肥料を、月1回、1株当たり5〜6粒施します。

注1 石灰を好むカスミソウなどには30〜50g/㎡混ぜる。反対に土壌がアルカリ気味のときは、酸性のピートモスを腐葉土の代わりに混ぜる。

11 花壇への植え付け

適地に植え付け

植え付け場所を選ぶ際には、その草花が好む日照条件（日当たり、半日陰、日陰）や土壌水分条件（湿り気、乾き気味）を考慮して決めます。高温多湿に弱く夏越ししにくい草花は、西日が当たらず、夏に涼しくなる落葉樹の下などに植え付けます。とくに暑さに弱く夏越ししにくい宿根草を植え付ける場所は吟味します(注1)。

連作を避ける工夫

アスター、ジニア、ホウセンカなどは連作を嫌う代表的な草花ですが、ナス科の草花（サルピグロッシス、ニコチアナ）やマメ科の植物（スイートピー）なども、同じ科同士の連作を嫌います。これらの草花は一度植えたら3～5年はその場所に植えないようにするほうがよいとされていますが、小さい庭では毎年頭を悩ませます。

私は、スイートピーはあらかじめ3カ所の植え付け場所を決めておき、3年のローテーションでひとまわりさせています。アスターやサルピグロッシスはもっぱらコンテナに植えています。

ニコチアナは大きめのポットに植えたものを、ポットごと花壇に3分の1程度埋めています。秋に掘り上げるときに周囲の土も少し取り除き、有機物をすき込んで翌年も同じところで作ります。こうすると連作障害もなく、また加湿による根腐れも防げます。ただ水切れには注意が必要です。

宿根草類もできれば連作をしないほうがよいですが、有機物を多量に与えるか、天地返しをすれば多くの種類は連作できます。しかしシャクヤク、リアトリス、ジャーマンアイリスなどは連作を避けます。

水はけを好むものは高盛り植えに

通常は本葉5～8枚の頃が定植の適期ですが、ジニア、ヒマワリ、ホウセンカ、ラバテラなどは本葉4～5枚のころが適期です。まだ植えられないときは大きめのポットに植え替えます。

苗をポットから抜き、根が詰まっているようなら少し根をほぐし、根鉢が少し隠れるくらいに植え付けます。移植を嫌う草花は根鉢をくずさないよう丁寧に植え付けます。水苔などで根巻きしてある苗は、水苔を取り除き、根を広げるようにして植えます。

とくに水はけを好む草花は、土を5～10cm盛り上げて高盛り植えにします。私は花壇の一方を高くしたり、中央に土を盛り上げて傾斜させています。

株間はその草花の株張りを考えて植え付けますが、春から夏は生長がよいので広めに取り、晩夏から冬の間はあまり生長しないので詰め気味にします。植え付け後は株元に十分に水やりします。

注1 ●暑さに弱い宿根草の適地
❶午前中に日が当たり、西日が当たらない所
　アクレギア、ジギタリス、カンパニュラ・パーシシフォリアなど。
❷開花後に半日陰～日陰になる落葉樹の下
　ダイコンソウ、スカビオサなど。
❸雨の当たらない軒下
　カタナンケ、サルピグロッシス、バーバスカムなど。
❹鉢植えにし、梅雨から夏は雨の当たらない風通しの良い日陰で乾き気味に管理
　アレナリアモンタナ、オーブリエチア、セラスチューム、ディアスキアなど。

ニコチアナ

ポットごと1/3くらい埋めて植える

花壇の水はけを良くする工夫

1 5～10cm 高盛り植え

2 後方を高くする

3 中央を高くする

12 コンテナへの植え付け

コンテナの用土の配合

植え付ける用土も移植用土と同様な配合がベターですが、私は下の表のように4つに使い分けています。ハンギングバスケットは腐葉土の代わりに、軽くて水もちの良いピートモスを使っています。いずれの用土にも1ℓ当たりマグアンプKを6g混ぜています。

古い土の再利用法

少量ならよく乾かしてから熱湯をかけて消毒します。もっと少量の場合は少し湿らせてからビニールに入れ、電子レンジで消毒します（ビニールの口は空けておく）。

多い場合は夏の間に土用干しするか、冬に寒ざらしをして再利用しています。土用干しはフルイにかけて根やゴミを取ってから少し湿らせ、黒いビニール袋に入れて真夏の暑い時期に1週間ほどよく日に当てます。寒ざらしは厳冬期に10日以上寒さに当てます。

古い用土は酸性になっているので苦土石灰を1ℓあたりティースプーン1杯（5g）と、ピートモスを2〜3割混ぜ、10日以上寝かせてから使います。

コンテナへの植え付け方

大型のコンテナや深さのあるコンテナには、コンテナの高さの3分の1まで発泡スチロールを砕いて入れ、水はけを良くします。ただし、二重底の排水槽のあるプランターは、水はけが良いので発泡スチロールは入れず、網目底にキッチンの三角コーナー用のネットを敷き、土がネットから出ないようにして用土を入れます。

用土はまず、縁から5〜8cmの所まで入れ、根鉢の高さがすべてコンテナの縁から1〜2cm下になるように、それぞれの草花を配置し、空いている部分に用土を入れていきます。割箸などで突いてすきまができないようにします。

入れ終わったらコンテナ（鉢）を持って軽く揺すったり、底をとんとんと地面に当てて、土を落ち着かせます。そして、底穴から流れ出るまでたっぷりと水やりすると、用土がやや沈み、ウォータースペースができます。

生長途中の小苗は間隔を広め（15cmくらい）に取り、開花株は少し葉がふれあうように植え付けます。花壇植えよりは詰めて植えます。

コンテナ栽培の用土 （元肥マグアンプK 6g/ℓ、球根用土は4g/ℓ）

草花用	一般草花	赤玉土（小粒＋中粒）5・バーミキュライト2・パーライト1・腐葉土（ピートモス）3
	酸性を嫌う草花	赤玉土（小粒＋中粒）5・バーミキュライト1・クンタン1・腐葉土3
花木用		赤玉土（中粒）7・腐葉土（ピートモス）3
球根用		赤玉土6・腐葉土4（球根によって砂やバーミキュライトなどを足す）
ハンギングバスケット用		赤玉土4・バーミキュライト2・パーライト1・ピートモス3

13 定植後の管理

定植後の追肥

元肥に緩効性肥料を施しておけば、ほとんど追肥は必要ありません。四季咲き性の草花や開花期の長い草花には、4カ月間効き目のあるIB化成大粒を株元に（5～10粒）与えると手間が省けます。

チッソ分が多いと花つきが悪くなるような草花は、リンサン、カリの比率の高い肥料を使います。また、夏前に切りもどして秋に再び咲かせる際には、切りもどし後に大粒化成を与え、中耕して勢いをつけてやります。

花ガラ摘み

種を稔実させると株が消耗します。花ガラはまめに摘み、種を採る場合以外は種を付けないようにします。また、梅雨時や秋雨時期に花ガラから病気になりやすいので、私は花後に切り詰めています。

高温多湿に弱い草花の苗の夏越し対策

私は図のようにスチール製の網棚2台を利用しています。一台は家の東側の落葉樹の横に置き、日当たりを好むアクレギアやフウリンソウ、フレンチハニーサックルなどを育て、もう一台は西日が当たらない西側の北の端に置いて、明るい日陰を好むクリスマスローズやジギタリス、ゲラニウムなどを育てています。

また、花壇に植えたアレナリアモンタナ、オーブリエチア、セラスチューム、ディアスキアなどは、梅雨時から夏の間は鉢植えにして、雨の当たらない風通しの良い日陰で夏越しさせます。

枯れ葉はまめに取って乾き気味に管理し、肥料は与えません。病気が出たらその株は捨て、殺菌剤（ダコニールなど）を散布します。

採種と採りまき

多くの種はサヤが褐色になるまでおくと種がはじけてしまうので、サヤが黄化したら採って、紙袋に入れて乾燥させて採種します。野草などは、早めに採種した種は発芽抑制物質が少ないので、すぐに採りまきすると発芽しやすいようです。また、こぼれ種が芽生えたものは、早めに掘り上げてポットに植え付けて育てます。

株分け

宿根草は植えたままにしておくと蒸れて病気になったり、花つきが悪くなります。3～4年に1回、2～3芽ずつに分けて株分けして植え替えます。3～4芽ずつの大株にすると花つきがよくなります。

株分けの時期は寒地では春、暖地では春（3～4月）または秋（9～10月）ですが、早春に咲くクリスマスローズ、プルモナリアは秋に行ないます。秋の株分けは早めに行ない、霜が降りるまでに根をよく張らせておきます。

連作する場合は天地返しをして、堆肥と苦土石灰をよく混ぜて植え付けます。

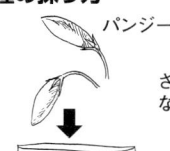

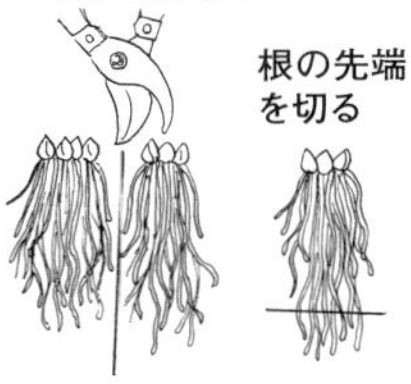

ラナンキュラスの発芽処理

球根の発芽処理

トレイに入れ濡れたティッシュペーパーをかけラップ
3～5日冷蔵庫へ

ふくらんでから植え付け

花壇への植え付け方

覆土

1
2
3
4

腐葉土を混ぜる

球根の植え付け深さ

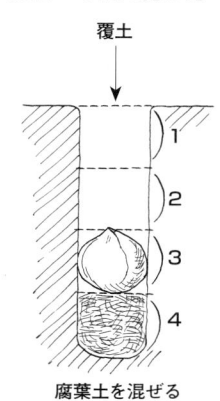

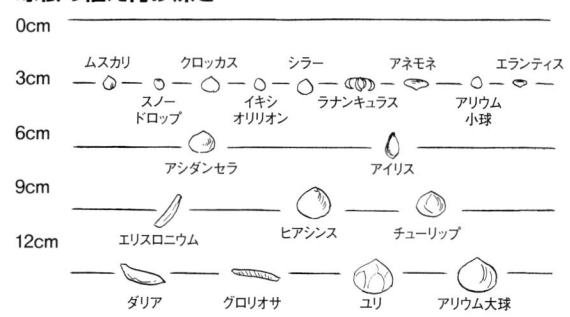

0cm
3cm　ムスカリ　クロッカス　シラー　アネモネ　エランティス
　　　スノードロップ　イキシオリリオン　ラナンキュラス　アリウム小球
6cm　アシダンセラ　アイリス
9cm
12cm　エリスロニウム　ヒアシンス　チューリップ
　　　ダリア　グロリオサ　ユリ　アリウム大球

14 球根の植え方と管理

球根の植え付け時期

　秋植え球根は気温が高いと腐ってしまうことがあるので、日中の気温が25℃以下になってから植え付けます。またアネモネやラナンキュラスなどの球根は急激に水を吸うと腐りやすいので、図のように徐々に吸水させて膨らませ、発根、発芽させてから植え付けます。

　春植え球根は気温が低いと発芽しないので、十分に気温が上がってから植え付けます。早く咲かせたいときは、ポットや鉢に仮植えして保温し、発芽させてから植え付けます。

　秋に咲かせるサフランや秋咲きスノーフレークなどは夏から初秋に植え付けます。

　どの球根も水はけが良いところに植えることが第一条件です。

花壇への植え付け方

　一般に球根の覆土は球根の高さの2倍です。まず、球根の高さの4倍以上の植え穴を掘り、その下をよく耕して腐葉土と緩効性肥料を混ぜ込みます。掘り上げた土にも腐葉土を混ぜておき、球根の高さの3倍の深さまで埋め戻し、球根を入れて埋め戻します。ただし、ユリは伸びた茎から出る上根で養分を摂るので、標準よりも深めに植え付け、埋め戻す土にも緩効性肥料を混ぜます。

　球根と球根の間隔は球根の直径の3倍、球根が2つ分入るくらいの間隔を開けます。

コンテナへの植え付け方

　鉢植えでは、特に水はけを好むフリチラリアなど以外は、水はけ水もちが良く、有機質に富む用土を使います。私は赤玉土6・腐葉土4の用土を作っておき、植え付ける球根によって砂やバーミキュライトなどを足して使っています。用土にはマグァンプKを規定量より少なめに（4g/ℓ）混ぜておきますが、肥料を入れると腐りやすいクロッカスには肥料は入れません。

　鉢植えの場合は根の伸びるスペースが少ないので、球根の先がやっと隠れる程度か、球根の肩を出して植え付けます。ただし、ユリはコンテナの中層に植え付けます。鉢植えの場合、密植したほうが見栄えがします。

　球根は開花期が短いので、深めのコンテナに開花時期の違う球根を2段、3段に植え付けて長く楽しんだり、同一品種を植えて花束のように豪華に咲かせる方法（ダブル・トリプルデッガー）もあります。

　発芽前の冬の間は球根鉢の上に鉢植えの草花を置いておくと、水やりを忘れま

せん。また鉢ごと土に埋めてその上に敷き藁や腐葉土などをかけておくと、乾燥しにくく、防寒にもなります。

秋植え球根を早く咲かせる方法

秋植え球根は冬の寒さに当てないと花が咲かない性質のものが多いので、早く咲かせようとしていきなり暖かい部屋に置いても花は咲きません。植え付け後、十分に寒さに当て、その後、室内に取り込むようにします。

私は1月中旬に暖房のない室内に取り込み、つぼみが見えてきたら暖房した部屋で咲かせています。大きい鉢は夜間玄関に入れるだけでも露地植えより早く咲きます。

球根の水栽培

秋植えの球根の多くは開花までの養分を貯えているので、水栽培ができます[注1]。球根は庭に植えるものより大きい球根を使います。10～11月中旬頃、清潔な容器に球根の底すれすれになるように水を入れ、根が出るまでは暗く涼しい所に置いておきます。根が5cmほど伸びたら球根の底の部分と水面の間が1cmほど空くように水を捨て、根が呼吸できるようにします。

容器の底まで根が伸びたら日の良く当たる窓辺に置くと、1～3月に開花します。寒い地方では容器の水が凍らないように注意します。水は濁ってきたら取り替えます。容器の底に炭や珪酸白土を入れておくと根腐れ防止になります。このほか色のついた砂やビーズ、水苔などを容器に入れ、球根の底に水面がつくようにすれば、どんな容器でもできます。

開花後の管理

翌年に咲く球根を育てるには、普通つぼみが見える頃から追肥を始め、花ガラを早めに摘みます。花後もよく日に当て、葉が枯れてきたら掘り上げ、陰干しして消毒、また陰干しして涼しい所に保管します。

しかし狭い庭で多くの草花を育てていると、なかなかこれが難しく、また掘り上げ時に傷がついて腐敗しやすいので、私は秋植え球根はほとんど植え放しにしています。数年は夏越しして咲いてくれます。

込み合ってきたら掘り上げ、分球して保存し、秋に植え付けます。また夏の間に腐ってしまう球根は一年草としてあきらめ、球根が少なくなったら新しい球根を足します。

鉢植えのものは、花後にじゃまにならない日当たりに移動して、球根用のリン、カリ分の多い肥料を2～3回与えます。葉が枯れてきたら鉢土の水を切って雨の当たらない縁の下で夏越しさせ、秋に掘り上げて新しい用土で植え付けます。

春植え球根は葉が少し枯れたころ、早めに掘り上げて陰干しします。このときエリスロニウム、フリチラリア、ユリ、ダリヤは乾かし過ぎないようにします。ふた付きのトロ箱に、バーミキュライトや土用干ししたよく乾いた土を入れ、その中に球根を埋めて春まで保存します。

また、ユリは掘り上げたときに出てくる小さい球根を鉢に上げて増やします。ヒメヒオウギや西洋セツブンソウは種がよくできるので、種から増やします。いずれも開花は2～3年後からです。

チューリップとパンジーの寄せ植え

二段植え

鉢植え　チューリップ　スイセンなど

チューリップとパンジーの寄せ植え

水栽培

珪酸白土

底面まで水を入れる

暗くて涼しいところに置く
根が5cm伸びたら1cmあける

注1●水栽培に向く球根
ヒアシンス、クロッカス、サフラン、スイセン、チューリップ、シラー（ステルンベルギア）。

15 病害虫の防除

チッソ肥料は控え風通しを良くする

　草花を育てていると病害虫はつきものです。チドリソウやヤグルマギクなど今まで元気に育っていたのに、急に萎れて地ぎわから腐ってしまったときなどは、本当にがっかりします。一晩で丸坊主にしてしまう食欲旺盛な虫や、黒点病のようにどんどん広がって葉が全部落ちて枯れてしまう病気もあります。

　こんなときは消毒をしなければなりませんが、丈夫に育ててなるべく消毒をしないで育てたいものです。そのためには、チッソ肥料は控え気味にし、株間を十分にとって風通しを良くし、枯れ葉や花ガラをこまめに取って、病気や害虫が付きにくくすることが大切です。また、水やりは花や葉に水をかけないように株元にします。

薬剤消毒による防除

アブラムシ	ほとんどの草花につき、ウィルス病を媒介する。定期的に予防散布	オルトラン粒剤
ハダニ	高温・乾燥時に発生する。発生初期は葉の裏に水をかけるとある程度は退治できるが、被害が大きいときは3～4日おきに消毒する。	マラソン乳剤
アオムシ・ケムシ	モンシロチョウの幼虫などで、新芽や柔らかい葉を食べる。アメリカシロヒトリは早期に見つけ枝ごと切り取り焼き捨てる。広がってしまった場合は早めに消毒する。	マラソン乳剤 オルトラン水和剤、オルトラン粒剤（予防）
ヨトウムシ	昼は株元の土の中に隠れ、夜にあらゆるものを食い荒らす。食害株の株もとの土を少しかきまぜると見つかることがあるが、夜に懐中電灯で照らし食害中の虫をピンセットで捕まえる。	オルトラン水和剤 オルトラン粒剤 捕殺
ネキリムシ	地際の茎を食いちぎって株全体を枯らす。株元の土をかきまぜると丸まった茶色い虫が出てくる。また冬越し中のポット苗の底にも隠れているので、時々取り出して点検する。オルトラン粒剤をまいておくと予防になる。	オルトラン水和剤 オルトラン粒剤 捕殺
ナメクジ	発芽したての苗などを一晩で軸だけにしてしまう。大切な苗は高いところに置いて保護する。ナメクジが通った光った筋を見つけたら、鉢底や周辺を探すと見つかる。	ナメトール 捕殺
カタツムリ	毎年梅雨時に大発生しやすい。特にマリーゴールドの被害が大きく、あまり薬も効かないので毎日捕って捨てる。	捕殺
コナガ	白い小さな蛾が葉裏につく。発生すると飛び回り、なかなか退治しにくいので予防が大切。	アクテリック乳剤 オルトラン粒剤
灰色かび病（ボトリチス病）	花ガラや枯れ葉に発生しやすいのでまめに取り除き、葉や花に水がかからないように株元に水やりする。比較的気温が低く、湿度の高いときに発生する。	ベンレート ダコニール
ウドンコ病	葉やつぼみ、茎がうどん粉をまぶしたようになる。リナリア、ベゴニア、フロックス、バーベナ、バラなどに付きやすい。	ベンレート サプロール
立ち枯れ病	発芽した芽が急にとろけるように枯れてしまう。清潔な種まき用土を使い、発芽したらよく日に当て、乾かし気味に育てる。1～2回、殺菌剤を予防散布する。発生しかけたらまだ小さくても移植し、広がるのを防ぐ。	ダコニール オーソサイド ベンレート
黒星病、さび病	葉に褐色、黒褐色の斑点ができる。キクやバラに発生しやすく、どんどん広がる。病気になった葉は取り除き、消毒する。	オーソサイド サプロール ダコニール
バイラス病（ウイルス病）	葉や花、茎がこじれたように萎縮したり、モザイク斑が出たりする。チューリップやユリなどの球根によく発生する。アブラムシが病気を媒介するので、アブラムシを予防する。また、チューリップの近くにはユリを植えない。	発生したら抜き捨てる

花名索引

ア
- アークトティス …… 69
- アイフェイオン …… 90
- アキレア …… 26
- アクレギア …… 26
- アグロステマ …… 69
- アゲラタム …… 11
- アサリナ …… 11
- アシダンセラ・ビコロール …… 48
- アジュガ …… 12
- アスクレピアス …… 12
- アスター …… 13
- アストランティア …… 70
- アドニス …… 51
- アナガリス・モネリー …… 95
- アネモネ …… 83
- アフリカホウセンカ …… 14
- アフリカンデージー …… 69
- アメリカセンノウ …… 99
- アメリカハナシノブ …… 72
- アラセイトウ …… 58
- アリウム …… 84
- アルケミラ・モリス …… 95
- アルテミシア …… 13
- アレナリアモンタナ …… 51
- アンゲロニア …… 27
- アンドロサセ・スターダスト …… 52
- イキシオリリオン・パラシー …… 84
- イソトマ …… 14
- イトシャジン …… 63
- イトバキキョウ …… 20
- イベリス …… 70
- イリス …… 86
- インパチェンス …… 14
- ウインドフラワー …… 83
- ウォールフラワー …… 60
- ウスベニタチアオイ …… 65
- ウンランモドキ …… 36
- エスコルチア …… 71
- エゾギク …… 13
- エノテラ …… 27
- エランティス …… 84
- エリゲロン …… 15
- エリスロニウム …… 85
- エロディウム …… 52
- オイランソウ …… 36
- オオアマナ …… 85
- オオアラセイトウ …… 65
- オオテンニンギク …… 15
- オーニソガラム …… 85
- オオバンソウ …… 47
- オーブリエタ …… 53
- オーブリエチア …… 53
- オカトラノオ …… 66
- オキザリス …… 86
- オキシペタルム・ケウレウム …… 28

カ
- ガイラルディア …… 15
- カウスリップ …… 53
- ガウラ …… 28
- 香りフロックス …… 23
- カザグルマ …… 16
- カスミソウ …… 71
- カタナンケ …… 54
- カッコウアザミ …… 11
- カップフラワー …… 20
- カラミンサ …… 29
- カラミント …… 29
- ガランサス …… 88
- カリフォルニアブルーベル …… 78
- カリフォルニアポピー …… 71
- カレンジュラ …… 54
- カンパニュラ …… 30
- カンパニュラ・パーシシフォリア …… 55
- カンパニュラ・ロツンデフォリア …… 63
- キク …… 29
- キバナセツブンソウ …… 84
- 黄花の九輪桜 …… 53
- キブネギク …… 18
- ギリア …… 72
- キャットミント …… 31
- キャンディタフト …… 70
- 球根アイリス …… 86
- キンギョソウ …… 55
- キンセンカ …… 54
- キンミズヒキ …… 32
- キンランジソ …… 33
- キンレンカ …… 19
- クジャクソウ …… 24
- グビジンソウ …… 75
- クマツヅラ …… 39
- クリサンセマム …… 72
- クリスマスローズ …… 16
- クリムソンクローバー …… 73
- グレープヒアシンス …… 91
- クレオメ …… 32
- クレピス …… 73
- クレマチス …… 16
- グローリーオブザサン …… 93
- クロタネソウ …… 77
- クロッカス …… 87
- グロリオサ …… 49
- ゲウム …… 37
- ケープストック …… 80
- ケマンソウ …… 17
- ゲラニウム …… 96
- ケリンテ …… 76
- 源平菊 …… 15
- コーンフラワー …… 81
- コドノプシス …… 96
- コムギセンノウ …… 62
- コリウス …… 33
- コレオプシス（宿根草）…… 33
- ゴンフレナ …… 37

サ
- サクラソウ …… 42
- サツマギク …… 13
- サポナリア・オキモイデス …… 56
- サポナリア・バッカリア …… 74
- サルビア …… 34
- サルピグロッシス …… 17
- サルメンバナ …… 17
- サンシキスミレ …… 61
- サンフラワー …… 40
- ジギタリス …… 35
- シナワスレナグサ …… 74
- ジニア …… 18
- シノグロッサム …… 74
- ジャコウエンドウ …… 75
- ジャノメソウ …… 21
- ジャパニーズアネモネ …… 18
- シャーレーポピー …… 75
- シュウメイギク …… 18
- 宿根アマ …… 64
- 宿根パンヤ …… 12
- 宿根ネメシア …… 36
- 宿根フロックス …… 36
- 宿根ラナンキュラス …… 24
- ショカッサイ …… 65
- シラー …… 87
- シレネ・ペンジュラ …… 56
- シロタエギク …… 97
- スイートアリッサム …… 57
- スイートウィリアム …… 62
- スイートクローバー …… 81
- スイートピー …… 75
- スイセン …… 87
- スイセンノウ …… 41
- スカビオサ …… 57
- スキラ …… 87
- スコッチモス …… 51
- スズランスイセン …… 88
- ストック …… 58
- ストロベリーキャンドル …… 73
- スナップドラゴン …… 55
- スノードロップ …… 88
- スノーフレーク …… 88
- スミレ …… 97
- スワンリバーデージー …… 79
- 西洋オダマキ …… 26
- 西洋カタクリ …… 85
- 西洋キランソウ …… 12
- 西洋ノコギリソウ …… 26
- 西洋フウチョウソウ …… 32
- 西洋マツムシソウ …… 57
- セキチク …… 58
- セラスチューム …… 59
- セリンセ …… 76
- センニチコウ …… 37
- センリンザクラ …… 59
- センボンタンポポ …… 73
- ソバナ …… 19

タ
- ダイアンサス …… 58
- ダイコンソウ …… 37
- タイツリソウ …… 17
- タイマツバナ …… 45
- ダスティミラー …… 97
- ダリア …… 49
- チェイランサス …… 60
- チオノドクサ …… 88
- チドリソウ …… 76
- チューリップ …… 89
- ツクバネアサガオ …… 23
- ツリウキソウ …… 40
- ツリガネヤナギ …… 44
- ツルキンギョソウ …… 11
- ツルコザクラ …… 56
- ディアスキア …… 98
- テッセン …… 16
- デルフィニウム …… 77
- テンジクボタン …… 49
- テンニンギク …… 15
- ドウカンソウ …… 74
- トウワタ …… 12
- ドクゼリモドキ …… 64
- トレニア …… 38

ナ
- ナスタチウム …… 19
- 夏咲き福寿草 …… 51
- ナツスミレ …… 38
- ナツユキソウ …… 59
- ナルキッサス …… 87
- ニーレンベルギア …… 20
- ニオイグラジオラス …… 48
- ニゲラ …… 77
- ニコチアナ …… 20
- ニシキジソ …… 33
- ニチニチソウ …… 38
- ニワナズナ …… 57
- ネペタムッシーニ …… 31
- ネモフィラ …… 78
- ノボリフジ …… 67
- ノラナ …… 21

ハ
- バーバスカム・フェニセウム …… 60
- バーベイン …… 39
- バーベナ …… 22
- バイオレット …… 97
- バイカイチゲ …… 98
- ハイナス …… 21
- ハクチョウソウ …… 28
- ハツユキカズラ …… 22
- ハツユキソウ …… 39
- ハナウリクサ …… 38
- ハナカタバミ …… 86
- ハナキンポウゲ …… 93
- ハナサフラン …… 87
- ハナシノブ …… 61
- ハナタバコ …… 20
- ハナニラ …… 90
- ハナネギ …… 84
- ハナビシソウ …… 71
- バプティシア …… 45
- 春咲きシュウメイギク …… 98
- ハルシャギク …… 21
- パンジー …… 61
- ヒアシンス …… 90
- ヒエンソウ …… 77
- ビオラ …… 61
- ビジョナデシコ …… 62
- ビスカリア …… 62
- ヒナゲシ …… 75
- ヒマワリ …… 40
- ヒメキンギョソウ …… 66
- ヒメオウギ …… 90
- ヒャクニチソウ …… 18
- ヒルザキツキミソウ …… 27
- ビンカ …… 38
- ピンパネル …… 95
- ファセリア・カンパニュラリア …… 78
- 斑入りテイカカズラ …… 22
- フウロウソ …… 96
- フォックスグローブ …… 35
- フクシア …… 40
- フクロナデシコ …… 56
- ブラキカム …… 79
- フラックス・レッド …… 80
- フランネルソウ …… 41
- フリチラリア …… 91
- プリムラ …… 42
- プルモナリア …… 79
- プルンバーゴ …… 48
- プレクトランサス …… 41
- フレンチハニーサックル …… 43
- フロックス・ディバリカタ …… 23
- ヘアーベル …… 63
- ヘスペリス・マトロナリス …… 63
- ペチュニア …… 23
- ベニバナアマ …… 80
- ベニバナキンバイ …… 44
- ベニバナツメクサ …… 73
- ヘリオフィラ・ロンギフォリア …… 80
- ベルフラワー …… 30
- ペレニアル・フラックス …… 64
- ヘレボラス …… 16
- ベロニカ …… 43
- ペンステモン …… 44
- ポーチドエッグフラワー …… 82
- ホクシャ …… 40
- ホスタ …… 31
- ポテンティラ …… 44
- ポレモニウム …… 61
- ホワイトレースフラワー …… 64

マ
- マツカサギク …… 99
- マツユキソウ …… 88
- マリーゴールド …… 24
- マルバ …… 65
- マロウ …… 65
- ミヤマカスミソウ …… 52
- ミヨソチス …… 83
- ミントリーフ …… 41
- ムギセンノウ …… 69
- ムスカリ …… 91
- ムラサキセンダイハギ …… 45
- ムラサキハナナ …… 65
- メリロット …… 81
- モウズイカ …… 60
- モナルダ …… 45
- モモイロタンポポ …… 73
- モモバキキョウ …… 55

ヤ
- ヤグルマギク …… 81
- ヤロウ …… 26
- ユウガオ …… 46
- ユーパトリウム …… 46
- ユーフォルビア …… 39
- ユキゲユリ …… 88
- ユリ …… 92
- ユリグルマ …… 49
- 洋種アズマギク …… 15
- 洋種フジバカマ …… 46
- ヨウラクユリ …… 91
- ヨルガオ …… 46

ラ
- ラークスパー …… 76
- ラナンキュラス …… 93
- ラナンキュラス・ゴールドコイン …… 24
- ラブインナミスト …… 77
- ラベイロージア …… 90
- ラミウム …… 47
- ラングワート …… 79
- リクニス・カルセドニカ …… 99
- リクニス・コロナリア …… 41
- リシマキア …… 66
- リナリア …… 66
- リムナンテス …… 82
- リューココリーネ …… 93
- ルッコラ …… 67
- ルドベキア …… 99
- ルナリア …… 47
- ルピナス …… 67
- ルリカラクサ …… 78
- ルリチョウチョウ …… 28
- ルリトウワタ …… 43
- ルリトラノオ …… 43
- ルリニガナ …… 54
- ルリハコベ …… 95
- ルリマツリ …… 48
- レッドバレリアン …… 59
- レディスマントル …… 95
- レンテンローズ …… 16
- ローレンティア …… 14
- ロケット …… 67
- ロベリア …… 82

ワ
- ワイルドベルガモット …… 45
- ワスレナグサ …… 83

著者略歴
渡辺とも子

わたなべ　ともこ●昭和25年東京生まれ。福島市に移り住み38年、子育てのかたわら花作り、ガーデニングにいそしむ。種まきから育てる楽しみ、喜びに惹かれ、15年前から花好きの輪を広げようと「リトル・ナーサリー・トモコ」を始める。

種(たね)から育てる
花つくりハンドブック

2012年8月31日　第1刷発行

著　者　渡辺とも子

発行所　社団法人 農山漁村文化協会
　　　　〒107-8668 東京都港区赤坂7丁目6-1
　　　　電　話　03(3585)1141（営業）
　　　　　　　　03(3585)1147（編集）
　　　　FAX　03(3585)3668
　　　　振　替　00120-3-144478

ISBN978-4-540-12190-6　　デザイン・DTP＝高坂　均
〈検印廃止〉　　　　　　　印刷・製本＝凸版印刷
Ⓒ T.Watanabe　2012　　　定価はカバーに表示
Printed in Japan
乱丁・落丁本は
お取り替えいたします。